Biblioteca de Derecho Penal y Procesal Penal

Carlos Pérez del Valle
(Director)

Carlos Antonio Agurto Gonzáles
Sonia Lidia Quequejana Mamani
Benigno Choque Cuenca
(Coordinadores Generales)

Karl-Heinz Gössel
Profesor de derecho penal y procesal penal de la
Universität Erlangen-Nürnberg

En búsqueda de la verdad y de la justicia. Fundamentos del procedimiento penal estatal con especial referencia a aspectos jurídico-constitucionales y político-criminales

Edición al cuidado de
Carlos Antonio Agurto Gonzáles
Sonia Lidia Quequejana Mamani
Benigno Choque Cuenca

Ediciones Olejnik

Título: En búsqueda de la verdad y la justicia
Fundamentos del procedimiento penal estatal con especial referencia a aspectos jurídico-constitucionales y político-criminales

Huérfanos 611, Santiago - Chile
E-mail: contacto@edicionesolejnik.com
Web site: http://www.edicionesolejnik.com

Primera edición en Ediciones Olejnik: 2023

ISBN: 978-956-407-355-2

Diseño de Carátula: Ena Zuñiga
Diagramación: Luis A. Sierra Cárdenas

Impreso en Argentina 2023 Printed in Argentina

ÍNDICE

CAPÍTULO II
LA MEDICIÓN DE LA PENA
EN EL SISTEMA DEL DERECHO PENAL

CAPÍTULO III
REFLEXIONES SOBRE LA RELACIÓN ENTRE NORMA Y TIPO. EL ERROR SOBRE EL PRESUPUESTO FÁCTICO DE UNA CAUSA DE JUSTIFICACIÓN

CAPÍTULO IV
LA VERDAD EN EL PROCESO PENAL ¿ES ENCONTRADA O CONSTRUIDA?

CAPÍTULO V
LA BÚSQUEDA DE LA VERDAD EN EL PROCESO PENAL
ASPECTOS JURÍDICO-CONSTITUCIONALES Y POLÍTICO-CRIMINALES

CAPÍTULO VI
MINISTERIO FISCAL Y POLICÍA CRIMINAL EN EL PROCEDIMIENTO PENAL DEL ESTADO DE DERECHO

CAPÍTULO VII
LAS INVESTIGACIONES GENÉTICAS COMO OBJETO DE PRUEBA EN EL PROCESO PENAL

CAPÍTULO VIII
LA PETICIÓN DE PRUEBA
EN EL PROCESO PENAL ALEMÁN

CAPÍTULO IX
LA PROHIBICIÓN DE PRUEBA

PRÓLOGO

Es un gran honor y motivo de satisfacción prologar la presente obra del científico alemán Prof. Dr. Karl-Heinz Gössel, catedrático de Derecho Penal y Procesal Penal en la Universidad de Erlangen-Nürnberg, quien cuenta con una amplia experiencia en el ámbito judicial como Magistrado del Tribunal Supremo de Baviera (República Federal de Alemania), además de ser un investigador incansable y ponente en activo en foros internacionales.

La prestigiada Editorial Porrúa, S. A. nos brinda la oportunidad de publicar en México la obra de tan destacado jurista, ubicando a los estudiosos de nuestro país a la vanguardia en América Latina en el conocimiento de la moderna Dogmática Penal, así como en la actualización en cuestiones relativas al procedimiento penal.

El profesor Gössel expresa en términos claros y comprensibles para el lector, los conceptos fundamentales relacionados con la búsqueda de la verdad y la justicia a través de los fundamentos del procedimiento penal, con referencia a aspectos jurídico-constitucionales y político-criminales.

En su capítulo primero aborda la esencia y fundamentación de las sanciones jurídico-penales como punto de partida de la lucha de diversas escuelas, cuyo campo de batalla más bien aparece vacío. De ahí que él, en forma firme, proponga una teoría de la unión modificada: Retribución como esencia de las sanciones jurídico-penales.

Las sanciones jurídico-penales real-materiales, sin excepción, son en su opinión la consecuencia real de una acción, como mínimo, típica y antijurídica. Todas las teorías de la retribución reconocen ideas fundamentadoras de la conexión de las sanciones jurídico-penales a un hecho previamente realizado, siendo ello válido no solamente para las penas, sino también para las medidas de seguridad y mejora, así como para las restantes sanciones jurídico-penales.

Les corresponde el carácter de retributivo, en la medida en que representan, de hecho, una respuesta al delito. Tal retribución no puede ser ya entonces considerada como fin de las sanciones jurídico-penales, ya que con las sanciones jurídico-penales no puede ser alcanzado en el futuro algo distinto a lo que ellas mismas ya son en esencia.

A propósito de la disertación sobre la medición de la pena en el sistema del Derecho Penal, establece una confronta del Código Penal español y el Código Penal alemán, último que por cierto no contiene ninguna regulación general sobre las penas para todos los delitos y tampoco señala grados de gravedad. Pero aclara que la medición de las penas queda abierta para el Derecho Penal, pues el carácter valorativo de las penas va en función de la culpabilidad del autor del delito, culpabilidad que siempre será el fundamento para medir la pena.

Es en las «Reflexiones sobre la relación entre norma y tipo. El error sobre el presupuesto fáctico de una causa de justificación», donde el autor inicia el planteamiento referente al «error de tipo de permisión», el cual además de ser objeto de reciente discusión científica, nos circunscribe a la consideración de las normas jurídicas que se dirigen a destinatarios y cuya infracción puede fundamentar la antijuricidad y el injusto, mismas que en el actual estado de discusión son generalmente descritas y reconocidas como normas de conducta.

Con relación a la naturaleza de las normas, nos refiere que éstas pueden configurarse, para todas las formas de delitos, como preceptos encaminados a la salvaguarda de determinados bienes jurídicos. Los delitos constituyen comportamientos incriminados, no sólo porque formalmente infringen el ordenamiento, sino además porque en cuanto formas de conducta antinormativa (y por ello constituidos en objeto de prohibición de la norma) al mismo tiempo comportan menoscabo de bienes jurídicos protegidos, al menos en la forma de la puesta en peligro de los mismos.

Acerca de la relación lógica entre norma de comportamiento y norma de permisión, refiere que junto a la configuración de una «norma global» se puede reconocer una singular posibilidad ulterior de teoría jurídica, en el entendimiento de que la «norma de permisión y la norma de comportamiento constituyen principios jurídicos autónomos para las acciones» que en ocasiones entran en colisión y ambas normas contrapuestas se paralizan. Su bloqueo ha de ser solucionado lógicamente en un plano superior del sistema por medio de específicas normas de conflicto que establezcan las condiciones para la prevalencia de una de las dos normas de colisión y precisa que: a causa de la prevalencia de la norma de permisión no rige la norma de comportamiento y falta el dolo al actuar, ya que el autor considerando erróneamente circunstancias que, si realmente concurrieren, harían que su comportamiento fuera jurídicamente permitido.

Al abordar el capítulo concerniente a la verdad en el proceso penal ¿es encontrada o construida? examina el cuestionamiento y plantea que es necesaria la búsqueda de la verdad en el proceso penal, pues quien quiere sólo reconocer una verdad legitimadora, llamada «verdad procesal», se mantiene sólo en el plano formal de la tramitación de la imagen judicial conforme a las normas del procedimiento, renunciando a una determinación substancial de la verdad y con ello de la justicia. Quien considera que la verdad sólo es susceptible de ser construida, se condena a aceptar toda imagen de la verdad un tanto conseguida por una tramitación conforme al ordenamiento procesal aunque contradiga la verdad real.

Certeramente analiza la búsqueda de la verdad en el proceso penal, aspectos jurídicos-constitucionales y político-criminales, en el estudio de la prohibición de la prueba, tema cuyo objeto de examen permanece en la oscuridad y pertenece a una materia escasamente investigada ya que no es un mero problema jurídico procesal-penal, sino que antes bien constituye una cuestión que responde a la comprensión general de las relaciones entre el Estado y el ciudadano. El interés legítimo a un proceso penal plenamente eficaz encuentra su límite en el interés y en la garantía de los derechos individuales de los ciudadanos. La prohibición de prueba tiene la misión de tutelar los intereses del individuo frente a la persecución penal del Estado y se entiende todo acto de práctica de improcedente averiguación de los hechos, así como toda inadmisible introducción de hechos probados en el proceso penal y en el juicio oral.

En Alemania, la función ejercida por el Ministerio Fiscal, en el pasado, fue extremadamente variada y dispersa; pero a raíz de la conversión de la República Federal Alemana en un Estado de Derecho democrático y social, constituido bajo la forma política de república, el Ministerio Fiscal ha ingresado en el procedimiento penal como una autoridad portadora de la función del control de la legalidad.

La data histórica de la introducción del Ministerio Fiscal en Alemania, fundada en el modelo francés y, en último extremo, en la «dimensión de poderes» del Estado, por influencia directa de la ideología revolucionaria del Iluminismo, es tratada en el estudio sobre el «Ministerio Fiscal y Policía Criminal en el procedimiento penal del Estado de Derecho».

El Ministerio Fiscal es ante todo un vigía de la ley y le corresponde específicamente vigilar el procedimiento penal, tanto frente a las funciones ejecutivas de investigación policial como frente a los órganos judiciales que conocen de la causa criminal. Su participación en el procedimiento judicial ha de procurar que la conducta del sospechoso sea examinada con estricta observancia a los principios del Derecho Penal. Y, al contrario, ha de instar el sobreseimiento de la causa cuando presuma que la persona acusada no ha de ser condenada, por la ausencia de responsabilidad criminal, liberándola de la persecución penal.

El profesor Gössel puntualiza, en relación a la petición de prueba en el proceso penal alemán, dos cuestiones fundamentales: qué ha de entenderse exactamente por petición de prueba y cuándo se le puede legalmente desestimar.

El objeto, en lo concerniente a los elementos de petición de prueba, sólo es un hecho constitutivo de los presupuestos de la culpabilidad y de la pena. Una eficaz petición de prueba ante el juez requiere de la acreditación de concretos y determinados hechos, a través de específicos y determinados medios de prueba. Aunque por opinión general no existe una petición de prueba, sino que falta la mención de un concreto y determinado medio de prueba.

Mientras que en la petición de prueba condicionada la admisión de la condición de referencia debe ser mediante resolución, en la petición de prueba adicional ésta se encuentra vinculada siempre a una petición principal por la defensa, generalmente, la absolución del acusado. La desestimación de las peticiones de prueba, por su parte, debe ser formalmente rechazada mediante resolución.

En su disertación sobre la prohibición de prueba contrasta el concepto de prueba y, señala a la prohibición de aprovechamiento de prueba en cuanto al contenido, como una prohibición de convertir ciertos hechos en objeto de la valorización de prueba.

Es de puntualizar que el procedimiento de la probatoria, en su opinión, se realiza tanto en el procedimiento preliminar como en el principal, a través de la utilización de objetos de prueba tales como testigos, peritos, documentos y percepciones sensoriales, no limitándose a su observancia, ya que también deberán ser valorados en cuanto a su existencia o inexistencia para su aprovechamiento.

La excepcional calidad expositiva del Prof. Dr. Karl-Heinz Gössel augura la obligatoria consulta de la presente obra por los juristas mexicanos, a cuyo nombre reiteramos nuestro más profundo agradecimiento a Don José Antonio Pérez Porrúa, por su incondicional apoyo en la publicación de la invaluable aportación científica alemana, entre la cual ya contamos con la *Moderna Dogmática Penal. Estudios Compilados,* del prestigiado Prof. Dr. Günther Jakobs.

Dra. Verónica Román Quiroz
Dr. Marco Antonio Chichino Lima
México, Distrito Federal, verano de 2002.

INTRODUCCIÓN

La justicia no existe en este mundo: esta dolorosa experiencia aún existe a pesar de todos los esfuerzos legales.

Jamás lograremos crear la sociedad justa, el orden jurídico correcto, simplemente porque la justicia no existe, realmente ni siquiera la conocemos, ¿cómo puede osarse entonces elegir a la justicia como el tema medular de nuestro ensayo, si ni siquiera podemos organizar nuestra propia vida?

Nadie conoce la verdad, nadie conoce la belleza, sin embargo, de manera directa, algo puede impresionarnos de la excelsa belleza de la cultura precolombina mexicana o de las creaciones de Bach o Beethoven, de la verdadera representación de las relaciones humanas a través de Proust o Joyce, así como la confianza y justicia que habremos de experimentar en múltiples relaciones con el prójimo.

Conceptos generales como verdad, belleza y justicia existen, por ende, a través de nuestro mundo, aunque éste ni perfecto, ni bello, y mucho menos justo sea. Estos conceptos existen, en realidad, sólo como realización de las ideas designadas bajo tales concepciones, de ahí que posean en sí mismas únicamente una existencia ideal. El hecho de que el ser humano no pueda vivir sin estos ideales, no es un argumento comprobable ni refutable, sin embargo evidente.

Ello nos obliga a aspirar, en la medida de lo posible, a una realización extensa y trascendente de dichos ideales en el mundo, para así tornarlos más humanos. De esta manera entiendo los esfuerzos explicativos acerca del Derecho Penal en la compila que yace ante sus ojos. Hacer realidad los esfuerzos hacia una justicia material implica, para mí, desarrollarlos a la luz del Estado de Derecho.

Con las nueve disertaciones aquí incluidas intento dar un panorama acaparador de mis investigaciones, que procuran proporcionar una muestra justa de lo que es el Derecho Penal. Al principio expongo dos ensayos acerca de la «esencia y fundamentación de las sanciones jurídico-penales» y «la medición de la pena en el Sistema del Derecho Penal», en los cuales mediante fundamentos teóricos desarrollo de modo ulterior a mi trabajo de doctorado, reflexiones sobre el significado del error en el Derecho Penal.

A la fundamentación de la pena y toda sanción jurídico-penal está dedicada la primera parte, en ella es tratada la esencia de tales sanciones y su rígidamente diferente fundamentación, a cuyo efecto es asociado el trabajo de SCHOPENHAUER sobre la raíz cuádruple de la composición de los fundamentos. Con la segunda aportación intento hacer fructífero, de un modo novedoso, el fundamento proporcionado para la problemática de la medición de la pena.

Así se divisa el problema de la fundamentación como el pilar básico de mis fundamentos teórico-jurídicos. Un segundo enfoque teórico-normativo en BINDING nos vuelve al punto de partida, con el que busque proseguir como discípulo de MAURACH la relegada tradición de BINDING, pasando por NAGLER y MAURACH.

El programa teórico-normativo es desarrollado en el tercer ensayo aquí presentado (reflexiones que nos llevan a las condiciones de la norma, el tipo y el error en la cuestión presente sobre algunas causas justificantes útiles para la dogmática del error).

Los siguientes ensayos abordados en la colección aquí publicada, son dedicados a temas del Derecho Procesal. Ambos estudios sobre «la verdad en el proceso penal» y aquel sobre «la posición del ministerio público en el Derecho procesal penal estatal no han sido colocados casualmente en la cúspide de estos trabajos: ellos contienen el programa del camino formalmente legal hacia una resolución de contenido justo. En la última contribución trato de explicar y describir el procedimiento penal en el Estado de Derecho partiendo del desarrollo histórico del proceso penal, ella es la más general revisión del tema, que he variado en los siguientes estudios sobre los análisis genéticos y la solicitud de prueba.

La concluyente aportación relativa a «la prueba y prohibición de prueba» puede seguirse desarrollando, a partir de la representación del estado actual (2002) de la Jurisprudencia y Literatura en relación con el tema, bajo la perspectiva de los métodos desarrollados de cada trabajo precedente hacia la adquisición del Derecho penal de una dogmática de la prohibición de prueba, esta problemática tiene ciertamente en todos los países del mundo un gran significado, pero hasta ahora sólo en pocos ha sido objeto de discusión científica (desde la aparición del trabajo de BELING en 1903, en torno a la prohibición de prueba como límite al hallazgo de la verdad).

Sin la desinteresada así como invaluable ayuda de mis incansables amigos y colegas mexicanos, Prof. Dra. Verónica Román Quiroz y Prof. Dr. Marco Antonio Chichino Lima de la Universidad Nacional Autónoma de México, este libro nunca hubiese surgido. A ellos mi más sincero agradecimiento, así como también a la prestigiada Editorial Porrúa por la honrosa acogida de mi obra en su programa editorial.

München, marzo del 2002
KARL HEINZ GÖSSEL

TABLA DE ABREVIATURAS

Abschn.	*Abschnitt*	párrafo
art., §		artículo
arts., §§		artículos
AT	*Allgemeiner Teil*	Parte general
Aulf.	*Auflage*	edición
BayObLG	*Bayerisches Oberstes Landesgericht*	Tribunal Superior de Baviera
Bd.	*Band*	Tomo
BGH	*Bundesgerichtshof*	Tribunal Supremo Federal
BGHSt	*Entscheidungen des Bundesgerichtshofs in Strafsachen*	Resoluciones del Tribunal Supremo Federal
BVerfG	*Bundesverfassungsgericht*	Tribunal Constitucional Federal
BVerfGE	*Entscheidungen des Bundesverfassungsgericht*	Sentencias del Tribunal Constitucional Federal
Cap.		capítulo
Cfr.	*Confere*	confróntese
Cit.		Citado
Cpa		Código Penal alemán
C.P.A.		Código Penal alemán
C.P.E.		Código Penal español
C.Pr.P.alemán		Código Procesal Penal alemán
DJT	*Deutsche Juristentag*	Día del abogado en Alemania
DM		marco alemán
Dr.		Doctor
DRiZ	*DeutschesRichterzeitung*	Periódico de la judicatura Alemana
ed.		Edición
esp.		especialmente
etc.		etcétera
f.	*forderung*	siguiente
ff.	*forderungen*	siguientes
Festschr.	*Festschrift*	Revista
FS	*Festschrift*	Revista
GA	*Goltdammer's Archiv für Strafrecht*	Archivo de Derecho Penal
GG	*Grundgesetz*	Constitución alemana

GVG	*Gerichtsverfasungs-Gesetz*	Constitución alemana
Hrgs.	*Herausgeber*	Editor
JR	*JuristischeRundschau*	Revista jurídica
JuS	*JuristischeSchulung*	Instrucción jurídica
JZ	*Juristenzeitung*	Periódico para juristas
Kap.	*Kapitel*	capítulo
Kg.		Kilogramo
LG	*Landgericht*	Tribunal estatal
Lib.		Libro
L.P.P.A.		Ley Procesal Penal alemana
LProPenAlem		Ley Procesal Penal alemana
LPrP		Ley Procesal Penal alemana
l.u.c.		lugar últimamente citado
m.		metro
MDR	*Monatsschrift fürd eutschesRecht*	Semanario de Derecho alemán
MSchrKrim	*Monatsschrift für Kriminalpsychologie und Strafrechtsreform*	Semanario de Psicología Cri Criminal y Reforma de Derecgi Penal
Nachw.	*Nachwort*	Epílogo
NJW	*Neue Juristische Wochen-Schrift*	Nuevo semanario jurídico
NStZ	*Neue Zeitschrift für Strafrecht*	Nueva Revista de Derecho Penal
núm.		número
núms.		Números
OLG	*Oberlandesgericht*	Corte Suprema
o.u.c.		obra últimamente citada
p.		página
pp.		páginas
parág.		parágrafo
par.		parágrafo
párr.		párrafo
p. ej.		por ejemplo
Prof.		Profesor
Ptas.		pesetas
Rnd.	*Rand*	margen
RG	*Reichsgericht im Strafrecht*	Tribunal Supremo del Reich
RGSt	*Reichsgerichtim*	Corte Imperial de Derecho Penal
s.		siguiente
ss.		siguientes
S.	*Seite*	página
StGB	*Strafgesetzbuch*	Código Penal alemán
StPO	*Strafprozessordnung*	Ley Procesal Penal alemana
StrRG	*Strafreformgesetz*	Ley de Reforma del Derecho Penal
StV	*Strafverteidiger*	Defensor en causas Criminales
StVollzG	*Strafvollzugsgesetz*	Ley Penitenciaria (sobre ejecución de las penas

		privadas de libertad y de las medidas de seguridad y mejoras privativas de libertad
T.S.		Tribunal Supremo
v. gr.	*verbigratia*	por ejemplo
Vid.	*videre*	véase
Z.	*Zeile*	línea
ZStW	*Zeitschrift für die gesamte Strafrechtswissenschaft*	Revista de Ciencia jurídico-penal

CAPÍTULO I

ESENCIA Y FUNDAMENTACIÓN DE LAS SANCIONES JURÍDICO-PENALES*

I. LAS SANCIONES JURÍDICO-PENALES Y SU PUNTO DE CONEXIÓN

1. Punto de partida

La lucha de escuelas aún no ha concluido. Incluso ha dejado el campo de batalla sin resultado y más bien aparece hoy vacío. Se conforman nuevos ámbitos de discusión, en especial bajo la consideración de nuevos principios sociológico-jurídicos bajo el influjo político-criminal.[1]

Pero antiguas polémicas son también objeto de consideración: así, una teoría de la prevención general positiva, que quiere satisfacer la protección de los bienes jurídicos a través de la obediencia jurídica de los ciudadanos.[2] A este respecto, efectivamente es sorprendente que al propio tiempo las antiguas posiciones de las denominadas teorías absolutas y teorías relativas apenas pueden ser abandonadas, sino únicamente sustentadas en una forma más o menos ampliamente modificada. Ello exige, pues, una toma de posición concerniente a las más modernas concepciones de las teorías absolutas y teorías relativas: ambas reconocen la dignidad humana, pero en tanto las unas lo hacen «porque la consideran el fin situada más allá de la propia persona (defensa social, seguridad estatal, utilidad social...)», las otras lo hacen «porque se satisface con la mera imposición de la pena».[3]

Represéntese un ladrón que ha sido sancionado varias veces por robo, que pone a su víctima por lo general en una situación de riesgo grave a la salud, y que en un nuevo robo coloca a la víctima en serio peligro de muerte. Los puntos de partida de la correspondiente consideración de esta situación tienen que ser aclarados según el planteamiento de la cuestión descrita de modo imperfecto con el concepto de la «teoría de la pena». En el hecho principal contra este autor, a causa del grave robo intentado, podría el fiscal exigir, en base a la gravedad del hecho

---

* Traducción española por Prof. Dr. MIGUEL POLAINO-NAVARRETE, Catedrático de Derecho Penal en la Universidad de Córdoba (España).

1 NEUMMAN/SCHROT, *Neue TheorienvonKriminalitätundStrafe*, 1980.

2 E. A. WOLFF, *Das neuere Verständnis von Generalprävention und seine Tauglichkeit für eine Antwort auf Kriminalität*, ZStW 97, (1985), 786.

3 BUSTOS RAMÍREZ, *Kriminalpolitik und Strafrecht «Gedächtnisschrift für Hilde Kaufmann»*, 1986, pp. 69, 72.

cometido, una pena privativa de libertad de seis años y además una medida de seguridad penal de cinco años, por cuanto el autor también revela un pronóstico de peligrosidad: la neutralización de la elevada energía criminal perjudicial del acusado parcialmente, no respecto de los delitos no violentos dirigidos contra el patrimonio ajeno como la estafa. El abogado defensor, por lo contrario, posiblemente habría de replicar que, en este caso extraordinario, falta por completo la exigencia de pena: junto a las consecuencias penales e incluso culpables ha perdido la pena estatal todo sentido fuera de la mera satisfacción de un sentimiento primitivo de venganza, y los temores de ulteriores hechos penales como fundamento de una medida de seguridad se han esfumado totalmente.

Con ello han sido planteados, por vía de ejemplo, los puntos de vista que aquí son objeto de consideración: de una parte, la distinción entre teorías absolutas y teorías relativas, y, de otro lado, la cuestión del punto de conexión de las sanciones jurídico-penales.[4]

2. Las sanciones jurídico-penales

Antes de afrontar esencialmente la cuestión fundamental, para facilitar una mejor comprensión del Derecho penal alemán por parte del observador extranjero, me limitaré a diseñar un bosquejo sobre el sistema positivo de las sanciones jurídico-penales en el Derecho penal alemán.

El Derecho penal alemán describe las sanciones jurídico-penales como «consecuencias jurídicas de la acción», que son reguladas en el capítulo III de la Parte general del Código penal alemán. La legislación penal alemana conoce tres grandes grupos de sanciones: las penas principales y accesorias, las consecuencias derivadas de la responsabilidad penal, y las sanciones jurídico-penales de amonestación de carácter punitivo y remisión de la pena (a); las medidas de seguridad jurídico-penales (b); y, finalmente, la privación del *«lucrum ex crimine»* y la incautación de los *«producto vel instrumenta sceleris»*.

a) La pena

1. El Código penal alemán conoce como penas únicamente la pena privativa de libertad y la pena de multa. Obviamente la pena privativa de libertad es la más grave sanción penal: abarca desde un mes, como mínimo, hasta quince años, como máximo, si bien prevé la pena de cadena perpetua (parágrafos 38, 39, del Código penal alemán). La pena de multa es distribuida en días-cuota desde cinco mínimo hasta 360 como máximo (o de hasta 720 para algunos delitos), que se evalúan desde dos DM, como mínimo, hasta 10.000 DM, como máximo (parágrafos 40, 54, párrafo 2, del Código penal alemán).

La ejecución de la pena privativa de libertad de hasta dos años como máximo puede ser remitida en régimen de prueba, del mismo modo que la diferencia penal de una pena privativa de libertad de mayor extensión hasta la mitad del tiempo total de duración. La ulterior ejecución de la pena de cadena perpetua puede ser suspendida en régimen de prueba después de cumplidos efectivamente 15 años de privación de libertad. En cambio, una exclusión de la pena de multa en régimen de prueba no es prevista, a diferencia de lo que acontece en el Código penal austríaco.

---

[4] E. A. WOLFF, 787, nota 2.

2. La pena accesoria de la prohibición de conducir desde uno hasta tres meses, así como la consecuencia adicional de la suspensión del cargo, profesión u oficio, o bien del derecho de sufragio activo o pasivo, solamente pueden ser establecidas junto a una pena principal, por lo que presuponen la determinación de una pena principal.

3. Respecto de la pena de multa de hasta 180 días-cuota, puede el juez declarar culpable al acusado de un determinado delito, y en su virtud puede amonestarle y al propio tiempo condenarle a la pena de multa en medida determinada dentro de los límites legales mencionados (parágrafo 59 del Código penal alemán).

En el caso de la condena a una pena de multa o a una pena privativa de la libertad de un año como máximo, puede el juez limitar la sentencia de culpabilidad y prescindir de la pena en el caso de que «las consecuencias del hecho que afectan al autor sean de tal gravedad que la ejecución de la pena evidentemente sería equivocada» (parágrafo 60 del Código penal alemán).

b) Las medidas de seguridad jurídico-penales

Como medidas de seguridad jurídico-penales han de mencionarse, en primer lugar, las tres medidas privativas de libertad de internamiento en establecimientos médico-psiquiátricos (parágrafo 63 Cpa), internamiento en un establecimiento terapéutico (parágrafo 64 Cpa) y en un establecimiento de custodia (parágrafo 66 Cpa). Es de observar que las indicadas hipótesis de internamiento, por regla general, han de ser llevadas a efecto con anterioridad a la eventual pena privativa de libertad correspondiente (parágrafo 68, párrafo 1, del Cpa), de suerte que, conforme al principio vicarial, el tiempo de ejecución de la medida de seguridad se computará en el tiempo de cumplimiento de la pena (parágrafo 67, párrafo 4 de Cpa); únicamente el internamiento de custodia ha de ejecutarse después de la pena sin que se derive un cómputo del tiempo penal por el cumplimiento de la medida de seguridad. El internamiento en un establecimiento terapéutico no puede rebasar la duración máxima de diez años, previa ejecución de un internamiento de custodia de dos años (parágrafo 67d, del Cpa). El internamiento en un centro médico psiquiátrico, por el contrario, puede durar todo el tiempo que sea necesario para el fin de la medida de seguridad, es decir, puede durar toda la vida. Y lo mismo es válido para todas las disposiciones concernientes al internamiento y subsiguientes al primer internamiento en un establecimiento de custodia. La ejecución de una medida de seguridad privativa de libertad (conforme a los parágrafos 67b del Cpa) puede ser reemplazada por la custodia, del mismo modo que la ejecución del tiempo restante de cumplimiento de una medida de seguridad en curso (parágrafo 67e del Cpa).

Junto a ello conoce la legislación alemana la medida de seguridad de vigilancia por un tiempo de duración de dos años como mínimo y de cinco años como máximo (parágrafos 68 y ss. del Cpa), que puede ser suspendida después de dos años de aplicación (parágrafo 68e del Cpa). Por lo demás, prevé la legislación alemana la privación del permiso de conducir como una medida de seguridad penal, que pueda abarcar a la prohibición de obtener un nuevo permiso de conducir desde seis meses como mínimo hasta cinco años como máximo; de forma excepcional es incluso prevista la retirada del permiso de conducción para siempre (parágrafo 69a del Cpa).

Por último, es prevista como medida de seguridad penal la prohibición de ejercicio de profesión que puede abarcar desde un año como mínimo hasta cinco años como máximo y, en casos excepcionales, para siempre (parágrafo 70 del Cpa); tras el transcurso de un año, puede la prohibición de ejercicio profesional ser reemplazada en régimen de prueba (parágrafo 70 del Cpa).

3. Los puntos de conexión de las sanciones jurídico-penales

Tras este cuadro esquemático sobre las sanciones jurídico-penales en la legislación alemana, nos remontamos a la cuestión originaria propuesta en el punto de partida con relación al caso del ladrón reincidente: ¿pueden las sanciones jurídico-penales ser conectadas al delito cometido, o a la peligrosidad del autor respecto de la comisión de ulteriores delitos futuros? ¿o deben ser tanto el hecho cometido como la peligrosidad futura el común punto de conexión de las sanciones jurídico-penales?

a) Un sistema que conecta las sanciones jurídico-penales sólo al delito tiene a su favor la ventaja de una cierta seguridad: delito y delincuente, por lo general, son constatables, y con ello se encuentra, al menos, un fundamento seguro para la ejecución de las sanciones jurídico-penales. Por lo demás, no es excusable una inseguridad: la congruencia de la clase y de la medida de determinadas sanciones al correspondiente delito, que es progresivamente investigada y cada vez más racionalizada a través de los nuevos resultados de la dogmática de la medición de la pena,[5] es dependiente, tanto antes como ahora, de partes relevantes del comportamiento irracional, resolutivo de la decisión judicial. Junto a este inconveniente no puede ocultarse uno ulterior: si las sanciones jurídico-penales se conectan sólo con el hecho cometido, quedan fuera de consideración los necesarios aspectos políticos-criminales concernientes a las realizaciones de la sanción, tanto respecto del autor como respecto de la sociedad, pues ahora necesariamente sólo respecto de la consideración judicial referida al pasado falta la previsión dirigida al futuro que limite el proceso de la sanción a aspectos parciales, al modo de unos anteojos que limitan el campo de visión.

b) Estos inconvenientes se muestran de tal modo relevantes que, en efecto, es comprensible exigir no tomar en consideración el acontecimiento invariablemente concluido del delito cometido y dirigir la mirada exclusivamente hacia el futuro. ¿A quién es útil castigar penalmente por lo realizado? O bien, por el contrario, ¿no sería mejor restringir las sanciones penales a la prevención de futuros delitos y, con ello, conectarlas sólo a la peligrosidad del autor referida a la probabilidad de la comisión de futuros delitos?

Si se trata de aplicar estas consideraciones al ámbito de la praxis criminal, inevitablemente se encuentran graves inconvenientes. Bajo tales presupuestos, surge una de las primeras cuestiones que puede ser planteada al respecto: la relativa a quién posee el poder de definición, la potestad de constatación de la peligrosidad del autor, y cómo puede ser definida y constatada la peligrosidad criminal del autor respecto a su comportamiento futuro. Junto a la ya nada clara determinación conceptual de la peligrosidad, se encuentra el peligro de ejercer abusivamente el poder de constatación y de definición, en la persecución de determinados fines políticos e ideológicos.

---

[5] *Cfr.*, por ejemplo últimamente, BRUNS, *Strafzumessungsrecht, Gesamtdarstellung,* 2. Aufl., 1974.

Junto a ello se encuentra el inconveniente de que se muestra como inevitable, en la conexión entre un delito y las sanciones jurídico-penales, la coordinación de la clase y la medida de las determinadas sanciones con la correspondiente peligrosidad criminal constatada. En esta perspectiva aparece el inconveniente en este contexto menos gravoso: si la peligrosidad es previamente constatada y definida, deriva un encuadramiento de sanción relativamente simple: las sanciones han de ser elegidas en su clase, intensidad y duración, de suerte que eliminen la peligrosidad criminal del sujeto. Ello revela que el problema de encuadernamiento aquí, en verdad, constituye un problema más grave que en el delito como posible punto de conexión de las sanciones jurídico-penales. En primer término, se suscita aquí, de nuevo, el problema de la facultad de constatación y de definición: ¿quién decide al respecto qué sanciones, y de qué duración e intensidad son necesarias para la eliminación de la peligrosidad criminal? También ha de preguntarse si no hay casos en los que la peligrosidad no puede ser eliminada, y si en tales casos no puede ser establecida ninguna sanción, o bien si, por el contrario, debe ser el autor peligroso sometido a una privación de libertad perpetua, lo que inevitablemente comportaría un aislamiento del mismo de la sociedad e incluso un retroceso a la pena capital. Así surge, al propio tiempo, el peligro de una relevante disparidad: ¿debe acaso ser correcto, por ejemplo, tanto en el asesinato como en la infracción de tráfico, solamente fijarse en el criterio de la peligrosidad? Ello podría conducir, en casos extremos, pero tal vez no excepcionales, a la no aplicación en el caso del asesino, por ausencia de peligrosidad, ni de una pena ni de otras sanciones, y, por otra parte, en el caso del infractor de tráfico, que ha rebasado un semáforo con luz roja con una consciente actitud profundamente antisocial, a la aplicación de una medida de terapia social intensiva, en un establecimiento cerrado, durante varios años, porque en él se aprecia la llamada actitud antisocial generadora de un peligro de la comisión de ulteriores delitos.

Esto apenas puede ser aceptado. Por ello, no cabe admitir una ulterior consecuencia que viene a reconocer a la peligrosidad criminal del autor como punto de conexión de la pena: para impedir los delitos de forma especialmente duradera, tendría que ser prevenida la peligrosidad criminal respecto de la comisión de delitos a través de medidas de seguridad preventivas antes de la comisión de los delitos, como ya se prevé, por ejemplo, en Costa Rica en la Ley de defensa social de 1950.[6] Si se extrae el convencimiento de que puede constatarse y definirse la peligrosidad, sería mejor y consecuente solamente, para trascender en verdad sobre la regulación de Costa Rica, investigar la completa población en las ordinarias diferencias, respecto a su eventual peligrosidad criminal para la comisión de acciones punibles; con otras palabras, verificar si es idóneo participar en el tráfico social con hechos no violentos y no delictivos, en el curso de una investigación que podría ajustarse al modelo de la investigación técnica de los automóviles y de su capacidad de conducción. Respecto del parque automovilístico del tránsito viario, se excluirían del tráfico social correspondientemente personas reconocidas como peligrosas: una auténtica representación horrorosa, que puede atraer sumamente a los dictadores, pero que nadie asume satisfactoriamente, y que únicamente representa la última consecuencia de un sistema que permite conectar las sanciones jurídico-penales sólo con la peligrosidad de hechos delictivos.

---

6 Citado por LANGE, *Das Rätsel Kriminalität,* 1970, p. 79.

Junto a estas objeciones, por el contrario, es de reconocer a una ventaja no discutible: incluso quien quiere conectar las sanciones jurídico-penales sólo y exclusivamente con la peligrosidad del autor, con ello, puede establecer la correspondencia entre el fin irrenunciable y político-criminalmente necesario con una ulterior evitación posible de hechos delictivos mejor que aquel que quiere conectar la sanción jurídico-penal exclusivamente en el hecho cometido.

c) Consecuencia

De las consideraciones que preceden cabe extraer un resultado provisional: ha de buscarse un sistema de sanciones jurídico-penales que combine entre sí las ventajas de ambos puntos de conexión aludidos de las sanciones jurídico-penales, excluyendo correlativamente los inconvenientes de ambos. Ello permite ya presumir que tanto el hecho como la peligrosidad del autor juegan un papel en orden al establecimiento de las sanciones jurídico-penales.

II. EL FUNDAMENTO DE LAS SANCIONES JURÍDICO-PENALES

1. EL PUNTO DE CONEXIÓN DE LAS SANCIONES JURÍDICO-PENALES COMO FUNDAMENTO DE LAS MISMAS

a) Debe ser ante todo planteada la cuestión de si y en qué medida las sanciones jurídico-penales pueden ser conectadas al hecho cometido o a la peligrosidad del autor. En verdad, ante todo es necesario determinar con la mayor exactitud posible esta aludida relación de conexión. Por ello, procede decir exactamente en qué forma pueden las sanciones jurídico-penales ser dependientes de un punto de conexión posible. A tal respecto, en primer término, es de reconocer el hecho de la dependencia de las sanciones jurídico-penales. Si las sanciones contuvieran en sí todas las condiciones de la existencia, se condicionarían a sí mismas y por ello quedarían sencillamente privadas de su propio presupuesto, por tanto, se reducirían absolutamente a la nada. A este carácter absoluto no responden nuestras sanciones, como es fácil de advertir: la pena de cadena perpetua requiere legalmente un juez que establece tal pena, y una persona que por este juez ha sido considerada culpable, por ejemplo, de asesinato. Así, es de reconocer que las sanciones jurídico-penales están sujetas al principio de la causalidad. Naturalmente no puede ser aquí suscitado ni debatido el problema filosófico del dogma del fundamento. Con base en la conocida tesis de SCHOPENHAUER sobre la cuádruple raíz del dogma del fundamento, en el año 1891, y bajo la adicional consideración de las investigaciones de LAUN[7] y SPENDEL,[8] han podido ser reconocidos cinco distintos fundamentos de las sanciones jurídico-penales: el fundamento real y el de conocimiento, el fundamento final o teleológico y, por último, el fundamento jurídico y el del deber ser.[9]

2. EL FUNDAMENTO OBLIGATORIO DE LAS SANCIONES JURÍDICO-PENALES

Con base en la tesis de LAUN, se ha de comprender como fundamento de obligación de las sanciones jurídico-penales el objeto del que derivan las sanciones jurídico-penales, por lo que el fundamento de la obligación puede ser descrito

[7] LAUN, *Der Satz vom Grande*, 2. Aufl., 1956.
[8] SPENDEL, *Grundfragen jeder Strafrechtsreform*, FS-Theodor RITTLER, 39, 40.
[9] *Vid.*, GÖSSEL, *Über die Bedeutung des Irrtums im Strafrecht*, 1974; pp. 44, 49 ss.

también como el fundamento del deber ser en el ámbito penal.[10] Este fundamento es fácilmente aprehensible: que tales sanciones han de ser establecidas se fundamenta en la voluntad del legislador, que se expresa en una concreta ley y que ha alcanzado una completa vigencia: el fundamento del deber ser de las sanciones jurídico-penales es la ley.

3. EL FUNDAMENTO REAL DE LAS SANCIONES JURÍDICO-PENALES

Que el hundimiento de un puente tiene otras causas distintas que un fenómeno mentalmente previsible, que concluye en el interior de una persona, es ciertamente fácil de comprender.

Con estricta base en SCHOPENHAUER, que ha reconocido un fundamento real solamente en el ámbito de una determinada clase de objetos, debe en su virtud ser empleado el concepto de «fundamento real» sólo en los objetos realmente existentes. Realmente fundamentado sólo puede ser un objeto que también existe realmente: una proyectada pero aún no construida casa aún no existe realmente, y por ello tampoco puede ser fundamentada realmente. De un fundamento real de las sanciones jurídico-penales, conforme a ello, sólo puede hablarse con plenitud de sentido cuando a esas sanciones corresponde una existencia real. Pero ello no puede ser negado seriamente: la concreta privación de la libertad en las penas y en algunas medidas de seguridad es ya completamente material a través de los correspondientes establecimientos, y en ellos, perceptible a través de las orientaciones de seguridad personal y material, así como igualmente ocurre en el pago de la pena de multa. Adicionalmente constituyen estas sanciones hechos sociales materiales-reales: a quien se priva de la libertad se le extrae del ámbito social precedente que se ha sometido a modificación; del mismo modo, constituye el pago de una cantidad un hecho social. Lo mismo puede decirse respecto de las demás sanciones. Por ello, es válido entender que las sanciones jurídico-penales pueden y tienen que encontrar un fundamento real.

Si se puede preguntar por un fundamento real de las sanciones jurídico-penales, se ofrece la ley como ayuda para la búsqueda de una respuesta. La ley, como fundamento de la obligación de las sanciones jurídico-penales, no sólo determina que han de existir jurídico-penales, sino también bajo qué presupuestos pueden ser aplicadas y ejecutadas.

a) El delito como fundamento real

1. Si se consideran bajo este punto de vista los tipos singulares de la Parte especial del Código penal, resulta que las acciones en ellos descritas han de generar una pena, que por consiguiente a los hechos allí descritos corresponde una pena: quien, por ejemplo, establece el párrafo 212 del Cpa, mata a una persona, será castigado con la pena privativa de libertad de 5 a 15 años.

Que a la acción homicida corresponde una existencia real-material, es evidente: porque a tal acción sigue la pena, ha de reconocerse al delito, según las precedentes consideraciones, como fundamento real de la pena.

2. Lo mismo es válido también para las sanciones de la amonestación con reserva penal, de la remisión de la pena, de la prescripción y del embargo: en todos

[10] LAUN, 287, ss., 300 (nota 7).

estos casos, se establece en los hechos descritos en los tipos legales un fundamento para las indicadas sanciones (*cfr.*, parágrafos 59, 60, 73, 74 del Cpa). Para las medidas de seguridad rige lo mismo. En las medidas de seguridad privativas de libertad, de internamiento en un centro psiquiátrico o en un establecimiento de custodia, y en la represión, son expresamente previstas tales medidas como consecuencia de un hecho (parágrafos 63, 64, 66 Cpa) respecto del que no es de determinar aquí si tal hecho en unos casos ha de ser realizado sólo antijurídicamente (por ejemplo, en los parágrafos 64, 73 Cpa) o en otros casos dolosamente (parágrafos 66, 74 Cpa): decisivo es que un hecho al menos típicamente antijurídico (parágrafo 11, párrafo 1, número 5 Cpa) ha de constituir el fundamento de una sanción jurídico-penal, que en concreto ha de mostrar determinadas características. Por ello se entenderá aquí, en lo sucesivo, como delito siempre una acción típicamente antijurídica. También por lo demás es sin excepción reconocido un delito como fundamento de la medida de seguridad: así, en la vigilancia de conducta (parágrafo 68, párrafo 1 del Cpa), en la privación del permiso de conducir y en la suspensión de profesión (parágrafos 69 párrafo 1, 70 párrafo 1 del Cpa).

b) La peligrosidad como fundamento real

Ya en las reflexiones introductorias se reconoció la peligrosidad del autor respecto de la comisión de futuros delitos como el punto de conexión posible de las sanciones jurídico-penales, por lo que existe ya motivo suficiente para que la ley pregunte si la peligrosidad del autor constituye también fundamento real de las sanciones jurídico-penales y, en caso afirmativo, en qué relación se encuentra aquella respecto del delito reconocido ya como fundamento real.

1. Ante todo ha de aclararse si la peligrosidad puede ser fundamento real respecto de la comisión de hechos punibles o meramente antijurídicos: peligrosidad es, en fin, no ostensiblemente ni siempre un juicio de prognosis.[11] Con todo, este juicio de prognosis estriba en las cualidades real-materiales y en las condiciones de la personalidad del autor, que asimismo son real-materiales, por ejemplo, la mala facultad visual. Con ello, viene en consideración la peligrosidad del autor como fundamento real de las sanciones jurídico-penales real-existentes.

2. Consideremos en primer lugar la pena. A primera vista, no parece la ley reconocer como fundamento de la pena la peligrosidad referida a la comisión de ulteriores acciones. En algunos supuestos ciertamente la pena es conectada con el fundamento real del delito en el marco de una actividad profesional (por ejemplo, encubrimiento profesional, caza y pesca ilegal, de los parágrafos 260, 292 párrafo 3, y 293 párrafo 3 del Cpa), en los que se comprende unánimemente que el autor a través de la repetida comisión de delitos quiere generar continua fuente de ingresos,[12] con lo que es claro que también aquí es establecida con fundamento en el peligro de ulteriores delitos la consecuencia de la pena. Asimismo es también válido en los supuestos de la amonestación con reserva de pena (parágrafo 56 del Cpa): en estos casos, la ausencia de peligrosidad es fundamento para la remisión de la pena o para la suspensión de la ejecución de la pena privativa de libertad.

3. En las medidas de seguridad privativas de libertad, la peligrosidad del autor respecto de la comisión de ulteriores delitos es expresamente establecida (en

---

11 EXNER, *Die Theorie der Sicherungsmittel*, 1914, pp. 59, 108.

12 DREHER/TRÖNDLE, StGB, 42. Aufl., Vor § 52, Rdn. 43.

los parágrafos 63, 64, 66 del Cpa) junto al hecho como adicional fundamento ulterior de estas medidas de seguridad: la aplicación conforme a los preceptos aludidos es establecida cuando se espera del autor la comisión de ulteriores delitos. Lo mismo es válido para la sumisión a vigilancia y para la prohibición de actividad profesional (parágrafos 68 párrafo 1, 70 párrafo 1 del Cpa), así como también para la privación del permiso de conducción. Ciertamente ésta es dependiente, según el parágrafo 69 del Cpa, de que el autor sea inadecuado para la conducción de vehículos automóviles; con todo, la ausencia de aptitud ha de afirmarse también cuando existe el peligro de que el autor cometa en el futuro acciones antijurídicas en el tráfico viario.

c) El delito puede reconocerse en todos los casos como el fundamento real de las sanciones jurídico-penales, pero en algunos casos conjuntamente con la peligrosidad del autor.

En cambio, es posible ciertamente decir que no es posible reconocer un doble fundamento: de una parte, no se puede estimar algo como real a través de otro concepto, y, por otra parte, como fundamento real viene en consideración solamente quién o qué hace necesaria la pena. Ambas objeciones, sin embargo, no pueden convencer.

1. A primera vista, aparece la primera objeción en todo caso demasiado justificada. Si se consideran las olas producidas en el lago por una pedrada, es difícilmente comprensible en el hecho hablar del fundamento del deber ser de un objeto realmente fundado: aparece en cambio «el deber ser..., referido a algo que materialmente resulta necesario, carente de sentido».[13] La necesidad material estriba sin excepción en una conexión natural entre la piedra arrojada al agua y la creación de ondas en el agua; con ello, la necesidad material es producida frecuentemente de propósito: por ejemplo, la creación de calor a través de la combustión de carbón o de gas. Con ello ha de reconocerse que algo realmente fundado puede también ser debido, y ello vale para lo contrario: lo fundado conforme al deber puede también basarse en un fundamento real. Así puede reconocerse la voluntad del instalador y del fabricante de los sistemas de calefacción como fundamento del deber ser de la generación de calor por la combustión del carbón, etc. El fundamento del deber ser para un objeto real-existente presupone que este objeto real pueda también ser realmente producido, fundamentado, y así utilizado en una relación realmente fundada para la consecución del fin debido.

En los ejemplos expuestos, ciertamente se trata de objetos entre los cuales existe una relación fundamentadora asentada en una ley natural. Así como las leyes naturales pueden establecer relaciones fundamentadoras, del mismo modo pueden determinarlas las demás leyes. Por ello se puede hablar de la pena como una consecuencia debida del delito: el Ordenamiento jurídico crea a través de la ley una relación fundada realmente entre ambos objetos citados. El fundamento real puede, por tanto, ser producido a través de lo debido, y lo debido (la pena) puede ser fundado realmente sin inconveniente alguno (en el delito).

2. Consideremos ahora la segunda posible objeción. Que un delito no exige necesariamente la pena ha de negarse ciertamente: el autor puede no ser descubierto o puede no ser convicto. En el círculo de lo real-material se buscará en vano la

---

[13] *Cfr.*, LAUN, 300, (nota 7).

necesidad, en el sentido de la definición de SCHOPENHAUER de «inevitabilidad de la consecuencia cuando existe el fundamento».[14] En este ámbito son siempre eficaces factores perturbadores que pueden dificultar la progresión de cada fundamento hacia la consecuencia hasta su impedimento. Por ello, tiene que ser incorporada la ausencia de tales factores perturbadores en la definición de la necesidad, de suerte que la necesidad sólo puede ser definida como realización de todas las condiciones del resultado incluida la ausencia de los factores perturbadores: ello significa que la necesidad también en el ámbito de lo real-existente puede ser siempre sólo real necesidad posible, en el sentido expuesto por NICOLAI HARTMANN.[15] Ahora bien, un concepto de necesidad así entendido permite hablar del delito como un fundamento real de la pena. Y lo mismo es igualmente válido respecto de las restantes sanciones jurídico-penales.

4. EL FUNDAMENTO DE CONOCIMIENTO DE LAS SANCIONES JURÍDICO-PENALES

Como el fundamento real sólo puede ser dado en el ámbito de los objetos real existentes, el fundamento de conocimiento únicamente puede operar en el ámbito de los conceptos como una proposición a través de la cual es reconocida otra: partiendo de las premisas dadas en el fundamento de conocimiento, resulta necesaria una determinada conclusión;[16] el fundamento de reconocimiento es por ello descrito también como fundamento lógico de un juicio de conocimiento.[17]

a) En el ámbito de las sanciones jurídico-penales sólo puede hablarse de un fundamento de conocimiento, y puede reconocerse a estas sanciones también la cualidad de un juicio de conocimiento. Este es ciertamente el caso: la respectiva sanción no es sólo real-material, sino que contiene al mismo tiempo el juicio de conocimiento de que la sanción real-material, es la consecuencia de un fundamento real-material, por tanto del hecho y en su caso también de la peligrosidad del autor.

b) Si se pregunta por el fundamento de tal conocimiento, se ofrece juicio penal.

Pero esta da también ocasión para cuestionarse sobre las consideraciones expuestas hasta ahora acerca de la aclaración del fundamento real: ¿no es producido en realidad este juicio sobre el delito y la peligrosidad en base a la consideración de que las sanciones jurídico-penales son incluso con anterioridad previstas, en el sentido de realmente necesarias, y no meramente en el de realmente posibles?

1. A ello habría, en primer término, que oponer que las singulares leyes penales no conectan la pena en absoluto a los juicios penales, sino, como se ha expuesto anteriormente, a los delitos y a la peligrosidad. No obstante, este argumento solo no es convincente: se podría también argumentar que la realidad material de la sanción en ejecución presupone un juicio penal coercitivo, porque la realización realmente fundamentada que establece la ley se refiere sólo al delito y a la peligrosidad constatados en el juicio. Estas consideraciones prueban que al juicio penal, de hecho, ha de reconocerse una realidad fundamentadora para las acciones jurídico-penales, y si esto es ciertamente una eficacia fundada realmente constituye una cuestión distinta.

---

[14] SCHOPENHAUER, *Über die vierfache Wurzel des Satzes vom zureichenden Grunde,* 1891, 8. Kapitel, § 49; NICOLAI HARTMANN, *Möglichkeit und Wirklichkeit,* 3.Aufl., p. 37.

[15] NICOLAI HARTMANN, 46, (nota 14).

[16] SCHOPENHAUER, 8 Kapitel, § 49, (nota 14).

[17] SPECHT, *Stichwort: causa cognoscendi, en Historisches Wörterbuch der Philosophie,* Bd. 1, 1971, p. 974.

2. En el juicio penal se establece, por ejemplo, que una determinada persona es juzgada por un hurto a la pena privativa de libertad de 7 meses, y, esta sentencia estriba en la constatación en el correspondiente juicio de un determinado hecho de una determinada persona, y en la ulterior constatación de que una determinada pena es la consecuencia adecuada para este hecho. Por tanto, contiene la decisión penal, llamada juicio, en sí misma un juicio: el juicio de que existe un delito y tiene una determinada consecuencia, que en el hurto se da el fundamento real de la pena privativa de libertad de 7 meses. Este juicio, sin embargo, es el fundamento de que la pena contiene, al mismo tiempo, el reconocimiento judicial de que la ejecución penal real-material es la consecuencia de un delito y, en su caso, de la peligrosidad del autor. El juicio de conocimiento contenido en la pena es con ello fundado en el juicio contenido en el juicio penal; en los restantes casos de sanciones jurídico-penales, tienen validez idénticas proposiciones. El juicio penal judicial es el fundamento de conocimiento de las sanciones jurídico-penales.

5. El fundamento jurídico de las sanciones jurídico-penales

Por fundamento jurídico de las sanciones jurídico-penales debe entenderse la legitimación del Estado de establecer y ejecutar tales sanciones. Esta cuestión no ha sido hasta ahora suficientemente investigada. Hace referencia a la justificación general del Estado para el establecimiento del Ordenamiento estatal, y con ello, en fin, para la legitimación de su propia existencia, la respuesta, por tanto, sólo puede erigirse en las teorías del Estado, lo que ciertamente no puede ser aquí realizado.[18]

A pesar de este tratamiento incompleto e insatisfactorio del fundamento jurídico de la pena, corresponde a estas breves observaciones una no irrelevante significación para el propósito aquí perseguido. Si se reconoce la existencia de un fundamento jurídico, se podría incurrir en el peligro de una confusión de este fundamento con otros fundamentos, un peligro que no puede ser minusvalorado: quien equiparara o confundiera el fundamento jurídico de las sanciones penales con el fundamento real o del deber ser de las mismas, renunciaría a preguntarse por el derecho del Estado a la fundación de tales relaciones de causa efecto. De forma completamente especial existe este peligro para los fundamentos finales o teleológicos.[19]

6. El fundamento final o teleológico de las sanciones jurídico-penales

Si se pregunta por el fundamento final de la pena, se pregunta por el fin al que está orientada la pena,[20] y de ello deriva que ha de diferenciarse la pena siempre de la meta o del fin por ella pretendida si se entendiera el fin de la pena como una parte contenida en la misma, se identificaría la pena con su propio fin, lo que conceptual -mente no puede ser en absoluto realizable. Con el fundamento de fin posible de la pena se desarrollan las denominadas teorías penales, que en parte no obstante no reparan en la diferencia existente entre la esencia de la pena y sus fines, y que con frecuencia los confunden entre sí.[21]

---

18 *Vid.*, E. A. WOLFF, 801 (nota 2).

19 GÖSSEL, 53, 57, (nota 9): *Vid.*, NEUMANN/SCHROT, 10 (nota 1).

20 SPECHT, «*causa finalis*», (nota 17).

21 GÖSSEL, 169 ss., (nota 9).

A pesar de este defecto, se han descrito en el marco de la discusión doctrinal de las teorías penales diversos fundamentos finales de las sanciones penales, que pueden encuadrarse en tres grupos: en las teorías absolutas de la pena, en las teorías de la retribución, y en las teorías de la prevención que también son denominadas teorías relativas.

a) Teorías absolutas

Las teorías absolutas entienden que no ha de reconocerse ningún fin a las sanciones jurídico-penales, e incluso renuncian expresamente a tales pretendidos fines de las mismas: consideran a la pena en sentido literal como desconectada de cualesquiera fines, «*absolutus a finibus*». Como el más famoso ejemplo de tales teorías puede mencionarse aquí la teoría de KANT: «la pena judicial... no puede nunca ser entendida meramente como medio para conseguir un bien, para el delincuente mismo o para la sociedad, sino que tiene que ser aplicada al mismo precisamente porque ha delinquido; pues el hombre no puede nunca ser tratado como medio para las intenciones de otros y ser rebajado a la condición de mero objeto del Derecho de cosas».[22] En su virtud, no puede perseguirse con la pena ningún fin, porque el hombre es degradado a la condición de cosa: si se le entiende como medio para un fin, como hoy diríamos, sería deshumanizado.

En el tratamiento de ulteriores concepciones sobre la libertad de fin de la pena,[23] debe aquí renunciarse a una completa exposición y valoración de la teoría de la pena de KANT, y aquí debe sólo quedar constancia de la prueba de la existencia de una concepción que prescinde del fin de la pena.[24]

b) Teorías de la retribución

Con frecuencia, las teorías de la retribución son también llamadas teorías absolutas,[25] o entendidas como teorías que conciben las sanciones jurídico-penales como el fin en sí mismas, portadoras de su propio fin.[26] Esta concepción no puede ciertamente seguirse conforme a sus presupuestos, porque aquí se considera como «*causa finalis*» a la propia pena, concebida «para que sea logrado algo a través de ella»,[27] y por ello no puede ser reconocido como fin de las sanciones jurídico-penales solamente algo que es distinto precisamente de esta misma sanción (*vid.* inciso a). Pero por lo demás tampoco parece convincente esta concepción. Si la pena portara en sí misma su propio fin, tendría que ser el medio para su propia realización, tendría por tanto que ser producida autónomamente por sí misma, lo que contradiría el postulado del fundamento de que algo solamente hace posible otra cosa distinta de ese algo. Pues el fundamento final, entendido como expresión, como especial categoría del principio del fundamento, implicaría una concepción que confundiría el fundamento final de un objeto con el propio objeto, y que tendría que negar la existencia del principio del fundamento y con ello la existencia del principio de fin.

---

[22] KANT, *Metaphysik der Sitten*, 1797, II. Teil, l. Abschnitt, § 49, Allgemeine Anmerkung, E I, p. 331, Zeilen 25 ss.

[23] *Vid.*, GÖSSEL, 179 ss. (nota 9).

[24] *Vid.*, SCHMIDHÄUSER, *Strafrecht, Allgemeiner Teil, Lehrbuch*, 2. Aun., Abschnitt 3/10.

[25] *Vid.*, GÖSSEL, 166 ss., (nota 9).

[26] *Cfr.* ROXIN, *Sinn und Grenzen staatlicher Strafe*, JuS, 1966, 377; *Vid.*, GÖSSEL 144 ss., (nota 9).

[27] SPECHT, «*causa finalis*», (nota 17).

[28] *Vid.*, 332, Zeile 35 ss., (nota 22).

Que las teorías absolutas tienen que ser descritas de nuevo como teorías de la retribución, encuentra su evidente aclaración en el hecho de que el propio KANT ha configurado a la pena como consecuencia de su concepción (ya descrita en el apartado *a)* como retribución.[28] A este respecto, es de recordar ciertamente que las teorías absolutas (como se ha destacado en el apartado *a)* citado) renuncian precisamente a un fin de las sanciones jurídico-penales. Ahora, sin embargo, interesan aquellas teorías que confieren a la pena un fin, el de alcanzar la «retribución» por las sanciones jurídico-penales, y tales teorías son formuladas de hecho.[29] Ellas han de ser diferenciadas de las teorías absolutas que renuncian a los fines y deben ser ahora consideradas.

En la presente discusión, se reconoce un posible fin de retribución regularmente como expresión de un sentimiento anticuado de venganza, lo que, si bien de hecho se advierte en la colectividad jurídica, no es, sin embargo, sostenido nunca en la discusión científica. En tanto se considera a la retribución como el fin de la pena, han de reconocerse en la misma tres fundamentales significaciones distintas: retribución como compensación, como curación y finalmente como afirmación del Derecho. A todas ellas como es común el hecho de que parten del delito cometido en el pasado, y en él ven el punto de conexión de las sanciones jurídico-penales entendido como fundamento real.

1. Muchos teóricos de la retribución confieren al delito la perturbación de un equilibrio ideal, que es producido, por ejemplo, por medio del Ordenamiento jurídico: a través de la pena retributiva, entendida como acto de justicia nivelador, se alcanza la igualdad y el restablecimiento del originario equilibrio.[30] Otros autores ven a la realización del delito como algo más concreto que como un acontecimiento que, junto al daño material, produce un perjuicio espiritual; si se mantiene la equiparación de los daños materiales en el ámbito jurídico civil, la pena debe proveer a la subsanación de los perjuicios ideales o intelectuales,[31] y estos daños ideales son apreciados por una de las más famosas teorías en una lesión del honor de la víctima que se muestra adecuada para perturbar la voluntad de la víctima, así como de la comunidad, de comportarse lealmente a Derecho.[32]

2. Una de las formulaciones de esta moderna concepción se encuentra ya en FEUERBACH, quien confiere a la pena el fin de realizar la amenaza penal que resultó ineficaz en relación con el delito cometido;[33] asimismo, posteriormente, HEINZE ve el fin de la pena en la «realización del Derecho».[34] BINDING ofrece una versión patético-solemne de este pensamiento: el delincuente, que ha «planteado la cuestión de fuerza», ha caído en el camino de la niveladora retribución jurídica de forma coercitiva, y en su virtud triunfa el Derecho «sobre su infractor».[35] En su originaria

---

29 *Cfr.*, BAUER, *Die Warnungstheorie nebst einer Darstellung und Beurteilung aller Strafrechtstheorien*, 1830; KÜHLER, *Deutsches Strafrecht, Allgemeiner Teil*, 1917, p. 41.

30 ARISTÓTELES, *Nikomachische Ethik*, Buen V, Kapitel8, 1133 b; BERNER, *Lehrbuch des Strafrechts*, 15. Aufl., § 7, 3; NAGLER, *Die Strafe*, 1918, p. 562; LAMPE, *Das personale Unrecht*, 1967, p. 229.

31 COCCEJI, citado por v. BAR, *Geschichte des deutschen Strafrechts und der Strafrechtstheorien*, 1882, p. 230.

32 WELCKER, *Die letzten Gründe von Recht, und Strafe, philosophisch nach den gesetzen der merkwürdigsten Völker rechtshistorisch entwickelt*, 1813, pp. 251 ss., 256 s.

33 FEUERBACH, *Revision der Grundsätze und Grundbegriffe des peinlichen Rechts*, I. Teil, 1799, pp. 19 y ss.

34 HEINZE, *Strafrechtstheorien und Strafrechtsprinzip*, en: v. HFOLTZENDORF, *Handbuch des deutschen Strafrechts*, Bd. 1, 1871, p. 329.

35 BINDING, *Die Normen und ihre Übertretung*, 1. Bd., 4. Aufl., 1922, p. 419; *Grundriâ des deutschen Strafrechts*, Allgemeiner Teil, 7. Aufl., 1907, p. 234.

sobriedad ha encontrado este pensamiento también acceso en el actual Código penal alemán: cuando la ley, en el parágrafo 47 del Cpa, permite excepcionalmente la aplicación de una pena privativa de libertad de hasta 6 meses «para la defensa del Ordenamiento jurídico», no se ha pensado otra cosa que la pena debe ser orientada al fin de realizar, y así hacer efectiva la amenaza penal y, con ello, el Ordenamiento jurídico frente al autor del delito.

c) Teorías de la prevención o las llamadas teorías relativas

En contraste con las teorías de la retribución, las teorías de la prevención, también llamadas teorías relativas de la pena, miran hacia el futuro: las sanciones jurídico-penales no son conectadas con la comisión de un delito, sino dirigidas a la evitación de futuros delitos.[36] Con precisión, BAUER, ya en 1832, describió estas teorías de la prevención,[37] la caracterización hoy predominante de las mismas teorías «relativas» estriba en que estas teorías quieren colocar las sanciones jurídico-penales portadoras de fin, en contraste con las teorías absolutas, pero este, en sí correcto, contraste se oscurece por el hecho de que las teorías relativas entran en estricto contraste con las teorías de la retribución y, por tanto, con aquellas que quieren dar a la pena el fin de la retribución en el sentido anteriormente indicado, con tal que también confieran un contenido finalista a la pena y, con ello, sean enumeradas en las teorías relativas.

Esta cuestión de la correspondiente descripción no debe, sin embargo, interesarnos ulteriormente. Antes bien, deseamos formularnos la cuestión relativa a la forma en que estas teorías quieren alcanzar el fin pretendido de la prevención de futuros delitos. Dos caminos se ofrecen por estas teorías para la consecución de la meta indicada: de una parte, la eficacia preventivo-general dirigida a la colectividad, y, de otro lado, el camino preventivo-especial de la eficacia referida al autor.

1. *El fin de la pena de la prevención de delitos futuros a través de la prevención general*

A través de la eficacia preventivo-general referida a la colectividad pueden evitarse los futuros delitos por dos vías: de un lado, a través de la conminación de la pena, y, de otro, a través de la intimidación penal de la sociedad.

Según la famosa teoría de la coacción psicológica de FEUERBACH, debe la representación del sufrimiento penal conectado con el delito motivar a cada persona —y con ello a la sociedad— a crear los estímulos psicológicos que excluyan la inclinación hacia el delito o al menos la neutralicen.[38] No puede aquí silenciarse que esta teoría no se ocupa ciertamente de los fines de las sanciones jurídico-penales: con razón distingue FEUERBACH la comisión penal nítidamente de la pena de las demás sanciones —como ya se ha indicado—. FEUERBACH atribuye a la pena el fin de hacer realidad una conminación penal, por lo que configura en el fondo una teoría retributiva *(vid., b ante 1)*. Ciertamente la teoría de la coacción psicológica tiene que ser mencionada a causa de su conocida difusión, y además porque ya aquí tiene que prevenirse frente a la confusión entre la conminación de la sanción y la propia sanción *(vid., III 1 b 2)*.

---

[36] *Vid.*, para la crítica, ya FEUERBACH, *Über die Strafe als Sicherungsmittel vor künftigen Beleidigungen des Verbrechers*, 1800, esp. pp. 36 s., 44 ss.

[37] BAUER, 325 (nota 29).

[38] FEUERBACH, 43 (nota 33); Vid., también FEUERBACH, *Antihobbes*, 1797, pp. 216 ss.

La conminación penal preventivo-general atiende sólo a eventuales delitos futuros; es independiente de cualesquiera delitos ya cometidos. Lo mismo es válido para el segundo camino de la prevención general: también la ejecución intimidadora de la pena quiere tener eficacia sólo respecto del futuro y no depender en absoluto de los delitos cometidos. A este respecto, es de invocar la precisa sentencia de SÉNECA: *«nemo prudens punit quia peccatum est, sed ne peccetur»*. Este pensamiento, a primera vista ciertamente convincente, debiera ser dudoso, si se recuerda el episodio de la generación de ondas por el impacto de la piedra sobre el agua, que SCHILLER ha transmitido en su historia de la guerra de los 30 años. La piedra de las ondas respondió a un presunto saqueador respecto a sus reivindicaciones de inculpabilidad: «si tú no eres culpable..., tiemble ciertamente el culpable». Tras un vano intento del presunto saqueador de acometer al duque, decide la piedra de la onda: «ahora déjame correr..., ha habido suficiente sobresalto».[39]

Como pueden ser inhumanas las sanciones jurídico-penales de esta forma establecidas, precisamente a causa de la ausencia de conexión con la comisión de delitos,[40] se muestra especialmente impresionante en el secuestro y en la ejecución de rehenes propios de nuestro siglo, en los que sin consideración a los rehenes no se practicaría otra cosa sino terror ciego para la intimidación de la colectividad ante acciones futuras no deseadas.

2. *El fin de la pena de la prevención de delitos futuros a través de la prevención especial*

Los delitos futuros de un determinado delincuente por medio de la influencia sobre él sólo pueden ser evitados a través de dos clases de actuaciones: de una parte, la seguridad, y de otra, la mejora.

La seguridad ante un determinado delincuente es especialmente fácil de lograr a través de medidas de seguridad sospechosamente inhumanas: a través de la pena de muerte —en Alemania, abolida—, a través de las denominadas penas corporales, que en muchos países del mundo y también en Alemania ya no existen, y con las que por ejemplo el robo era sancionado (mutilación de la mano para evitar de cuajo la posibilidad de realización de futuros robos), y asimismo también a través de la pena privativa de libertad de cadena perpetua.

La mejora puede, según algunos autores, conseguirse a través de sufrimientos penales intimidantes,[41] y, según otros, a través de la mejora moral o jurídica. La mejora moral pretende la educación para una vida virtuosa.[42] Quien ciertamente sea de esta opinión tiene que conferir al Estado el derecho, sumamente dudoso, de imponer a sus ciudadanos determinados valores morales y de educarles conforme a ellos; ya se debería aprender del testimonio aportado por las dictaduras fascistas y socialistas, ideológicamente fundadas, de nuestro siglo. Las teorías de la mejora jurídica se contentan con llevar al delincuente a la observancia futura del Ordenamiento jurídico de prohibiciones y de mandatos:[43] la mejora jurídica, según STELTZEL,

---

39 FRIEDRICH v. SCHILLER, *Geschichte des 30jährigen Krieges*, 4. Buch, Bd. II, der HANSER-Ausgabe1976, p. 276 s.

40 *Vid.*, también E. A. WOLFF 803, 828 s., (nota 2).

41 *Cfr.*, BAUER 336, (nota 29).

42 Así, PLATÓN, Cfr., PROTÁGORAS, núm. 324 b.

43 HEPP, *Darstellung und Beurteilung der deutschen Strafrechtssysteme*, 2. Abteilung, 2. Heft, 1845, p. 595.

estriba en la «promoción de la juridicidad o del espíritu jurídico de la persona en el mundo externo» o en el «estado de un tal espíritu jurídico».[44]

III. LA ACLARACIÓN DE LA PROBLEMÁTICA DE LA ESENCIA Y DE LA FUNDAMENTACIÓN DE LAS SANCIONES JURÍDICO-PENALES A TRAVÉS DEL DOGMA DE LA CAUSA

La revisión de los distintos fundamentos de las sanciones jurídico-penales, y en especial de la diversidad de sus posibles fines, quisiera ahora concluirla, recordando que esta revisión ha sido posible en virtud de la aplicación del dogma de la causa. En efecto, observemos el presente:

1. INTENTOS DE ACLARACIÓN DEL DESARROLLO CIENTÍFICO ACTUAL DESDE LA LUCHA DE ESCUELAS

Las precedentes consideraciones se han limitado esencialmente a la referencia del signo de la discusión de las teorías penales en el pasado siglo,[45] sin consideración de las concepciones sostenidas en la actualidad. Se ha procedido así de propósito: todas las cuestiones esenciales fueron ya suscitadas en la discusión científica del pasado siglo. No obstante, la discusión actual no puede permanecer sin consideración alguna. Es posible esencialmente reconocer, por virtud de la misma, que se advierte un cierto énfasis en la contradicción de algunos fines de la pena (incurriéndose en las denominadas antinomias de los fines de la pena: el fin de la pena de la mejora no puede ciertamente conciliarse con el de la seguridad derivada de la aplicación de la pena de muerte), esforzándose por lo demás en la mediación entre las distintas concepciones en controversia, y aún designándose algunos nuevos fines de la pena, que, sin embargo, esencialmente fueron ya conocidos con otra denominación en el curso de la discusión del pasado siglo.

Así, corresponde el fin fundamentador de la pena de la resocialización,[46] en esencia, al ya conocido fin de la pena de la mejora jurídica. Y lo mismo puede decirse también para la llamada teoría de la expiación. Se ve el efecto de la expiación de la pena en la reconciliación del culpable consigo mismo, a través de la cual el autor supera su hecho para el futuro y se resocializa a sí mismo,[47] pudiéndose en su virtud apreciar el fin penal de la mejora jurídica también cuando el mismo es perseguido de una manera esencialmente más convincente que antes. En tanto la expiación es entendida como reconciliación con la colectividad o bien solamente con la víctima,[48] es la misma entendida, por ejemplo en la teoría de WELCKER, como compensación de un daño ideal ocasionado a través del delito (examinado *supra II 6 b I*).

La teoría recientemente propagada de la «prevención general positiva» no significa sino vertir «vino viejo en odres nuevos»: la por ella pretendida «función social y normativamente estabilizadora de la sanción del comportamiento desviado»[49] tra-

---

[44] STELTZER, *Kritik über des Freiherm von Eggers, Entwurf eines peinlichen Gesetzbuchs für die Herzogtümer Schleswig und Holstein mit eingewebten Urteilen über verschiedene Materien des Kriminalrechts,* 1811, Vorrede, S. 5.

[45] *Vid.*, los trabajos de LAUN und SPENDEL (notas 7, 8).

[46] *Cfr.*, § 2, p. 1 del *Strafvollzugsgesetzes* (StVollzG) vom 16. März.1976.

[47] ARTHUR KAUFMANN, JZ 1967, 557.

[48] CFR., NEUMANN/SCHROTH, 17 s., (nota 1).

[49] NEUMANN/SCHROTH, 33, (nota 1).

tó ya de ser alcanzada, como se ha expuesto por WELCKERY por algunos que, como FEUERBACH, entienden que la pena quiere hacer eficaz al Ordenamiento jurídico *(supra II 6 b 2)*.[50]

a) Las teorías de la unión, mayoritariamente sustentadas, consideran la pena como acto correspondiente a la culpabilidad con el que, en el ámbito de la medida de la culpabilidad, pueden alcanzarse los distintos fines de la prevención general y de la prevención especial;[51] únicamente las medidas de seguridad no tienen carácter alguno de correspondencia con la culpabilidad del autor y tienen que ser directamente referidas a los fines de prevención (el llamado sistema de la doble vía). Otros autores asientan la formulación de esta teoría en un fin singular de la pena, pero una completa consideración de esta postura debe ser rehusada aquí.

b) Otros sectores de la doctrina se esfuerzan en conectar los distintos fines de la pena con los *diferentes puntos de conexión,* de suerte que se diferencie según los autores, según los diferentes estadios, desde el de la conminación legal de la pena hasta el de la ejecución de la misma.

1. Como una de las más famosas teorías de este sentido ha de mencionarse la formulada por V. LISZT, quien distingue en la escala del respectivo espíritu jurídico entre delincuente ocasional y delincuente de estado: mientras el delincuente de estado debe ser mejorado conforme a su capacidad de mejora, y ante el delincuente irrecuperable debe garantizarse a la propia sociedad.[52] Este ejemplo de una *correlación entre la pena y la distinción criminológica de tipo de autor* debe ser suficiente ante la representación de las principales pretensiones actuales de solución, es suficiente ofrecer el modelo de una singular pretensión de solución.

2. Aun incidentalmente son de citar aquellas teorías que dividen a la pena en *tres estadios distintos* y asignan a estos estadios distintos fines penales.

Al igual que en la antigua literatura se distinguió, por ejemplo por MAX ERNST MAYER, en su obra «Amenaza penal, medición de la pena y ejecución de la pena», «estaciones de la penalidad» existentes en una «conexión orgánica», que sirven respectivamente a distintos fines.[53] En el mismo sentido, se reconoce en la moderna literatura, por ejemplo por MÜLLER DIETZ, en la pena tres distintos «estadios procesales»[54], que aparecen como amenaza con *«causa finalis»* preventivo-general y preventivo-especial,[55] como resolución judicial con el fin de protección jurídica[56] y, finalmente, como ejecución con el fin de la socialización.[57] De forma muy análoga, contrapone ROXIN el Derecho penal al particular en una triple forma»: «conminación, aplicación y ejecución», a las que corresponde los estadios de la «realización del derecho», «satisfacción de la justicia» y «reconstrucción social», a las que se asigna «cada una de las sucesivas etapas de los preceptos jurídicos que le sirven de fundamentos».[58]

---

50 *Vid.,* también E. A. WOLFF, 799 (nota 2).
51 *Cfr.,* GÖSSEL, 306 ss., (nota 9).
52 *Cfr.,* V. LISZT, *Die psychologischen Grundlagen der Kriminalpolitik,* en: V. LISZT, *Strafrechtliche Aufsätze und Vorträge,* Band 2, 1905, p. 170.
53 MAX ERNEST MAYER, *Der allgemeine Teil des deutschen Strafrechts,* 1915, p. 419.
54 MÜLLER/DIETZ, *Strafbegriff und Strafrechtspflege,* 1968, p. 121.
55 MÜLLER/DIETZ, 111, 122, (nota 54).
56 MÜLLER/DIETZ, 112 s., (nota 54).
57 MÜLLER/DIETZ, 114, 122, (nota 54).
58 ROXIN, 381 s., (nota 26).

Ya NAGLER atribuye a los singulares estadios penales fines distintos, estimando un «concepto unitario de la pena en el sentido de la conminación, de la aplicación y de la ejecución penales».[59] Y, entre otros, sostiene; en contra de MAX ERNST MAYER, que «los singulares estadios de este proceso en modo alguno son orientados conforme a principios cambiantes», sino que, antes bien, «se ensamblan entre sí como componentes de una unidad armónica».[60] Expresamente en contra de ROXIN, y asimismo en contra de MAX ERNST MAYER y MÜLLER-DIETZ, ha objetado contundentemente HOERSTER que carece de fundamento la teoría de la intimidación en el plano del legislador, y la teoría de la retribución en el plano del juzgador»: si se acepta la «teoría de la intimidación», ha de reconocerse eficacia a la misma justificación moral por ella provista «en todos los planos de la pena». Esta crítica se revela justificada, porque a la pena sólo en el estadio progresivo pueden ser asignados los fines que a la misma anteriormente no se reconocieron, pues «el juicio penal y la ejecución penal logran su justificación precisamente porque sin ellos no sería alcanzable el fin penal pretendido por medio de la conminación punitiva».[61]

Por lo demás, es de objetar que la conminación penal, la aplicación de la pena por la sentencia judicial y la subsiguiente ejecución penal no representan estadios distintos de un mismo objeto, sino más bien tres objetos claramente diferenciables entre sí: ya se expuso anteriormente que toda sanción jurídico-penal sólo consigue alcanzar real eficacia a través de la ejecución de la pena *(supra II 3 ante a),* que la sentencia judicial constituye el fundamento de reconocimiento de este objeto real-material *(supra II 4),* en tanto que la conminación penal es evidentemente distinta, en cuanto mera posibilidad de la pena-materialmente ejecutada *(supra II 6 c 1).* La aplicación del dogma de la causa nos muestra que la teoría de los tres estadios conduce a una funesta confusión de causa y consecuencia y, en suma, de objetos reales y meramente posibles. Una de tales teorías no puede ser suscrita.

2. PROPUESTA DE SOLUCIÓN PROPIA

Debe anticipar que, a mi modo de ver, la solución de nuestra problemática reside en una teoría de la unión modificada.

a) Retribución como esencia de las sanciones jurídico-penales

1. Ha de reconocerse que las sanciones jurídico-penales real-materiales, sin excepción, son la consecuencia real de una acción, como mínimo, típica y antijurídica, y en su virtud todas las teorías de la retribución reconocen ideas fundamentadoras de la conexión de las sanciones jurídico-penales a un hecho previamente realizado y ello es válido —como se ha expresado *(supra II3 a)*—, no solamente para las penas, sino también para las medidas de seguridad y mejora, así como para las restantes sanciones jurídico-penales.

De ello ha de deducirse que a todas las sanciones jurídico-penales corresponde el carácter retributivo, en la medida en que representan, de hecho, una respuesta al delito,[62] y con ello al propio tiempo, se resuelve que una retribución así entendida no puede ser ya más considerada como fin de las sanciones jurídico-penales, ya que

---

59 NAGLER, 76, (nota 30).
60 NAGLER, (nota 59).
61 HOERSTER, *Zur Generalprävention als dem Zweck staatlichen Strafens,* GA1970, pp. 272, 276.
62 NEUMANN/SCHROTH, 6 (nota 1).

con las sanciones jurídico-penales no puede ser alcanzado en el futuro algo distinto a lo que ellas mismas ya son en esencia *(Supra II* 6).

2. Ciertamente no puede omitirse que en las medidas de seguridad, de corrección y mejora, así como también en otros casos, junto a la acción, adicionalmente también la peligrosidad del autor, respecto a la comisión de ulteriores delitos, constituye el fundamento real de las sanciones jurídico-penales *(supra II 3 b)*. A través de este elemento adicional, no se cuestiona el carácter de fundamento real del delito para las sanciones jurídico-penales; por el contrario, se ofrece la ocasión para probar si el sistema alemán de sanciones es de hecho un sistema de la doble vía *(supra la, 12)*. En la medida en que se entendiera que la acción culpable merece siempre la pena, y la acción peligrosa no culpable la medida de seguridad, sería preciso incorporar una corrección a esta teoría de la doble vía. De la ley resulta que la acción típica y antijurídica es la base común de todas las sanciones jurídico-penales. Ella sola puede fundamentar, por ejemplo, el decaimiento de un beneficio económico derivado de la comisión de una acción antijurídica (parágrafo 73 del Cpa), y asimismo puede tener como consecuencia el comiso de los instrumenta *vel producta sceleris* (parágrafo 74, párrafo 3 del Cpa). Si sobre esta base de la acción típica y antijurídica se constata una forma de comisión culpable, las consecuencias posibles son las penas, incluidas las penas accesorias y las consecuencias adicionales, o la remisión de la pena, o la amonestación con reserva de pena. Si concurren en la acción antijurídica solamente la peligrosidad del autor, o bien la culpabilidad y la peligrosidad, pueden ser las consecuencias reales de tales realizaciones de conducta (también) las medidas de seguridad.

b) Los fines posibles de las sanciones retributivas

Las sanciones jurídico-penales, comprendidas en su esencia como consecuencias reales de un delito, se pueden establecer para la consecución de determinados fines futuros. Con ello se logra la posibilidad de un desenlace pacífico de la lucha de Escuelas: no ha de suscitarse más, en lo sucesivo, la cuestión de si las sanciones jurídico-penales cumplen sólo una función de retribución o sólo una función de prevención, sino si con ellas ha de conseguirse correctos y adecuados fines con la sanción entendida como consecuencia de un delito y, en ese sentido, como sanción retributiva del mismo. En sus fundamentos reconoció esto ya el protagonista de la Escuela moderna, VON LISZT: en relación a los peligros, ya descritos *(supra 13 b)*, de la conexión de las sanciones jurídico-penales sólo a la peligrosidad del autor, exigió, sobre la base de fundamentos del Estado de Derecho, una vinculación de la pena a tipos legales de descripción de conductas delictivas: ahí estriba la significación de una de sus famosas afirmaciones: «el Derecho Penal es la barrera infranqueable de la Política Criminal».[63]

1. Si la idea portadora de todas las teorías retributivas se mantiene en la conexión de las sanciones jurídico-penales con el delito, se pueden encuadrar teóricamente todos los fines de la sanción así entendida, y proponer la realización tanto de las teorías retributivas como de las teorías preventivas: incluso cuando la pena es considerada como el fin de la satisfacción compensatoria de un daño ocasionado por un delito, puede servir la misma a la mejora resocializadora del delincuente, a la asunción de la culpabilidad expresiva de la responsabilidad del mismo,[64] así

---

[63] V. LISZT, *Die Forderungen der Kriminalpolitik*, 102, (nota 52); E. A. WOLFF, 795, (nota 2).
[64] ARTHUR KAUFMANN, *Das Schuldprinzip*, 2. Aufl., 1976, 272.

como a la eficacia preventiva referida a la comunidad. Por ejemplo, la privación del permiso de conducir puede ser entendida, tanto como consecuencia de un delito, cuanto como compensación de un daño ideal producido por la comisión de un delito, así como medida adecuada para la mejora del autor y también para la intimidación de la sociedad.

Una antinomia se puede apreciar entre los fines de la pena en general y aun entre la prevención a través de la seguridad y a través de la mejora: esta antinomia puede ser soportada a través de la decisión del caso concreto, en la que se pregunte sobre qué fines, en el caso concreto de una medición de la pena, pueden ser razonablemente pretendidos, debiendo también tenerse en cuenta las circunstancias concretas concurrentes en el caso particular y que pueden ser atendidas con distintos fines no antinómicos.

Así pues, se prosiguen los fines de la pena reconocidos por las antiguas teorías de la retribución, pero no los presuntos fines de retribución, que en realidad no lo son, por cuanto son realizados ya con la pena como características esenciales de la misma. De este modo, la pena, como consecuencia del delito, representa la realización de la conminación jurídica, y, con ello, necesariamente del propio Ordenamiento jurídico; y, con la realización con la pena ejecutada, entre el autor ya sin violencia bajo el dominio del Derecho, en el sentido de BINDING: pues la pena misma es confirmación del Derecho, y no puede ser empleada para la futura consecución de la confirmación del Derecho.

3. Ciertamente estas reflexiones no parecen, a primera vista, convincentes. Pero ello estriba en que la ausencia de la consideración del dogma de la causa no agrava meramente la necesaria diferencia entre fundamento real y fundamento final, sino también la propia distinción entre causa fundamental y consecuencia dimanante. En especial, los presuntos fines de retribución incurrieron muy frecuentemente en una inseparable esfera de la prevención general: ¿no es acaso reconocida precisamente mediante el establecimiento de la pena, con el fin de la afirmación del Derecho, una eficacia preventivo-general de la misma? ¿No puede ella, por tanto, establecerse para el fin de la afirmación del Derecho?

La respuesta sigue siendo «no». Si la pena es afirmación del Derecho, de ella deriva necesariamente una eficacia que necesariamente impide a los restantes ciudadanos la comisión de ulteriores delitos. La afirmación del Derecho, por consiguiente, no es prevención general; más bien, la pena misma es la *afirmación del Derecho, y* sirve en su propia esencia a la prevención de futuros delitos, tanto respecto del autor cuanto respecto de la propia sociedad como tal.

4. La requerida discusión del ineludible empleo de todos los posibles fines de la pena, anteriormente descritos y aun demás imaginables, sin embargo, no puede aquí ser ya más sostenida. Ello constituye el cometido propio de una específica investigación de los fines político-criminales que se pueden y deben perseguir con las sanciones jurídico-penales. A este respecto, no debe omitirse mencionar que los fines de la nivelación retributiva, o de la compensación retributiva, o de la subsanación jurídica de la situación antijurídica, apenas pueden mostrarse compatibles: la perdurable eficacia, vinculada con la inscripción en el Registro Central de todas las sanciones jurídico-penales, en mi opinión, excluye reconocer tales efectos. Por lo demás, serían sólo susceptibles de reconocimiento el fin de la mejora y, en determinados casos también el de la seguridad, así como el de prevención general,

en tanto el mismo se circunscribe a establecer la intimidación y, por medio de ella, a posibilitar que las sanciones jurídico-penales, en su propia esencia existencial, acrediten la eficacia del Ordenamiento jurídico. Con todo, los efectos preventivos verificados a través de la imposición intimidatoria de la pena no pueden ser ya reconocidos como adicionales fines de la pena, conforme a razones anteriormente expuestas.

Tanto el abogado defensor como el Ministerio fiscal, respecto del caso planteado como punto de partida de la discusión doctrinal, habrían de replicar que la pena privativa de libertad a que alude la acusación tiene que imponerse porque es establecida legalmente como *consecuencia jurídica* del delito cometido por el autor, en el entendimiento de que la realización del Derecho acredita dónde es aspirada y conseguida una irrenunciable eficacia preventivo-general. Una pretensión de mejora no se muestra ya más necesaria en relación con las consecuencias del delito, y, la garantía de la seguridad no puede ser ya más proclamada, porque no son de esperar ulteriores hechos del autor de esta naturaleza; para el caso de peligro de otros futuros delitos del acusado, no existen puntos de apoyo algunos.

c) Con lo expuesto, llego a un conciso resultado: la aplicación del *dogma de la causa fundamental* permite, en mi opinión, una resolución de la polémica sostenida por las llamadas teorías de la pena. La discusión del siglo pasado nos situó ya cerca de este resultado, pero en lugar de la aprehensión del mismo condujo superfinamente a la llamada lucha de Escuelas. La rememoración, en la conclusión de la investigación, de nuestros antepasados espirituales, y en especial del nominado «padre de la moderna Ciencia del Derecho Penal», VON FEUERBACH, debiera más bien, finalmente, conducirnos a una perdurable conclusión pacífica sobre tan debatida cuestión.

CAPÍTULO II

LA MEDICIÓN DE LA PENA EN EL SISTEMA DEL DERECHO PENAL*

I. PLANTEAMIENTO JURÍDICO-COMPARADO

A diferencia del Código Penal español, el Código Penal alemán no contiene ninguna regulación vigente de carácter general para todas las circunstancias del delito, como la normativa contenida en los artículos 9, 10 y 11 del Código Penal español, tanto para las penas privativas de libertad como para las penas pecuniarias, respecto de cuya determinación operan como fundamentos legales de agravación o atenuación en el sistema punitivo español (conforme a los artículos 58, 63 y concordantes del Código Penal español).

No debe tampoco sorprender a mis lectores españoles que en el Derecho penal alemán no existan grados legalmente establecidos de gravedad de la pena de multa, a diferencia asimismo de la previsión contenida en los artículos 28 y 76 del Código Penal español.

Del mismo modo, tampoco existe en el Derecho penal alemán ninguna disposición paralela a la establecida en el Derecho penal español con relación a los grados de la pena y a la determinación legal de los mismos, conforme al sistema de las escalas graduales contenidas en el artículo 73 del Código Penal español; ni la previsión de una pena pecuniaria de multa en la cuantía de 100,000 a 1,000,000 de pesetas considerada como la última pena o sanción penal inferior a todas las escalas graduales de las sanciones penales de la legislación española, según dispone el artículo 74 del Código Penal español.

A pesar del establecimiento de este sistema de regulación más precisa y más incisiva del Derecho penal español sobre la estructuración legal de la pena y su individualización, sin embargo, queda abierta, tanto en el Derecho penal alemán como en el Derecho penal español la cuestión de carácter valorativo básico de cómo se ha de determinar la sanción penal que corresponde, por ejemplo, al hurto de una caja de cigarrillos en un autoservicio por valor de 4 DM (aproximadamente 250 ptas.) y el hurto de un anillo de brillantes por valor de 25,000 DM (aproximadamente 1,600,000 ptas.), en atención a la repercusión que el valor del objeto material de la sustracción patrimonial tiene sobre la pena.

---

* Traducción por el Prof. Dr. MIGUEL POLAINO-NAVARRETE, Catedrático de Derecho Penal en la Universidad Hispalense.

Si tenemos en cuenta la previsión contenida en la propuesta de Anteproyecto del nuevo Código Penal de 1983,[1] principalmente en los artículos 227 y 592, el juez debe hacer depender la naturaleza de la pena (es decir, su carácter de pena privativa de libertad o de pena pecuniaria) y también su medición, entre otros factores, del valor del perjuicio patrimonial irrogado, si bien en todo caso cuenta el juez, según la citada Propuesta de Anteproyecto, con un marco de arbitrio judicial por cierto nada despreciable, en relación sobre todo con la medición de la pena.

Para apreciar de modo más preciso una regulación legal que atienda los casos concretos, de suerte que resulte adecuada a las exigencias singulares de la *praxis* jurídica, será necesario considerar los problemas que se hallan presentes en el sustrato fundamentador de la singular regulación legal.

Permítanme por ello que preste mi atención prioritariamente, aunque desde la perspectiva comparada, a la situación jurídica básica peculiar del Derecho penal alemán.

Puesto que el Código penal alemán, en el ámbito normativo de la medición de la pena, contiene muchas menos disposiciones que el Código Penal español, que incorpora un tratamiento regulativo bastante completo al respecto, la problemática de la medición de la pena ofrece en aquel sistema un carácter inevitablemente más inmediato y ostensible que en el marco regulativo del Derecho penal español. En efecto, veamos algún ejemplo.

Según el Derecho penal alemán, es posible sancionar al autor del hurto del paquete de cigarrillos con una pena pecuniaria, con una pena de veinte días-multa por importe de 10 DM cada cuota, por tanto, en conjunto, a 200 DM (aproximadamente 12,500 ptas.), y al autor del hurto del anillo de brillantes con una pena privativa de libertad de ocho meses.

Formalmente es posible, dentro del marco regulativo delimitado por el parágrafo 242 del Código Penal alemán, en relación con los parágrafos 40.1.2 y 54.2.2, incrementar la pena pecuniaria desde cinco hasta setecientos veinte días-multa y la pena privativa de libertad desde un mes hasta cinco años.

La evidente diferencia que las mencionadas disposiciones penales implican para el afectado justifica por sí misma el planteamiento de la cuestión de cómo han de constatarse legalmente los concretos hechos delictivos, dentro del marco previsto en el parágrafo 242 del Código Penal alemán.

Interesa advertir que, a tal efecto, surge el grave riesgo de perderse en el fragor del combate de los fines de la pena, los presupuestos fácticos y los fundamentos legales de medición de la misma, así como en la polémica del sistema de la pena fija y la teoría del ámbito de juego en el marco de determinación de la pena.

A fin de soslayar las aludidas posiciones, con frecuencia radicalizada, se procederá al reconocimiento de la pena en su naturaleza y en su dependencia de otros institutos jurídico-penales, con el propósito de encontrar una base firme que permita superar la polémica desplegada sobre los mencionados conceptos.

---

[1] Propuesta de Anteproyecto del nuevo Código Penal, 2ª ed., 1984.

II. LA RELACIÓN DE LOS PRESUPUESTOS DE LAS CONSECUENCIAS PENALES Y LOS FUNDAMENTOS DE LA MEDICIÓN DE LA PENA

1. Comencemos por mencionar lo evidente. El presupuesto de la regulación de las consecuencias jurídicas previstas en el parágrafo 242 del Código Penal alemán está constituido por un hurto (en los dos casos mencionados por vía de ejemplo).

Los presupuestos legales de la consecuencia jurídica correspondiente en ambos supuestos son idénticos: la comisión de un delito de hurto. Diversa es, en cambio, la intensidad del respectivo perjuicio patrimonial irrogado, que resulta decisiva para la diferenciación de la pena concreta a establecer en cada caso como consecuencia jurídica representada por la pena respectiva.

Tal circunstancia, la intensidad del perjuicio, no pertenece a los «presupuestos» de la consecuencia jurídica determinados en el parágrafo 242 del Código Penal alemán, sino que, por el contrario, según la opinión dominante, es un «fundamento» de la medición de la pena.[2]

Esta elemental reflexión nos lleva a la conclusión de que, en tanto en el Derecho penal español, por virtud de la separación entre las circunstancias agravantes (arts. 10 y 59 del Código Penal español) y las características esenciales del tipo de delito de hurto, encuentra expresión legal una tal delimitación, en el Derecho penal alemán es perceptible una regulación completamente diversa.

En efecto, para la separación entre los «presupuestos» de la consecuencia jurídica, denominados «delito» en sentido amplio o también «hecho punible», y los «fundamentos» de la medición de la pena, en la medida en que son exigidos por el parágrafo 46.3 del Código Penal alemán, no pueden considerarse los distintos elementos del delito, en cuanto características del tipo legal, como fundamentos de la medición de la pena.

El Tribunal Supremo Federal alemán, en sentencia del año 1970, ha tomado en consideración la naturaleza de la regulación del parágrafo 243 del Código Penal alemán, nueva redacción de 1969.[3]

La descripción de un hurto que realiza el tipo de parágrafo 243 del Código Penal alemán «como delito» o «como hurto cualificado» la hace depender el Tribunal Supremo Federal del carácter de este precepto, según sea estimado como tipo autónomo de delito o como singular cualificación típica.

En cuanto aquella redacción corresponde al principio de los «casos graves legalmente establecidos», en un sentido equiparable al de las circunstancias agravantes específicas del Código Penal español, no se da tal presupuesto, pues el parágrafo 243 del Código Penal alemán responde sólo a la «cuestión de la medición de la pena».[4]

Si bien se ha de diferenciar aún entre «presupuestos» de la consecuencia jurídica y «fundamentos» de la medición de la pena, el tribunal Supremo Federal, por desgracia, se ha desentendido pronto de esta consecuencia lógica, y en sentencia de

---

[2] I, StrRG, vom 25.6.1969.

[3] *Cfr.*, LK-G. HIRSCH, 10. Aufl., § 46, Rdn. 52; DREHER/TRÖNDLE, § 46, Rdn. 23b.

[4] BGHSt 23, 254, 256.

10 de julio de 1975 afirma que no existe una más profunda diferencia, conforme a su naturaleza, entre los tipos autónomos cualificados y las reglas de la medición de la pena,[5] y con ello entre las características del tipo de delito y los fundamentos calificantes de la medición de la pena.

Ha ratificado posteriormente esta toma de posición de forma expresa, si bien con especial referencia a la relación entre los parágrafos 242 y 243 del Código Penal alemán.[6]

En lugar de acoger el aludido criterio jurisprudencial, formulado en los años setenta, estimamos que es preciso clarificar los conceptos y establecer la diferenciación entre los presupuestos típicos de la consecuencia jurídica y la pauta de la medición de la pena, tal como ha resaltado la doctrina.[7]

Una de las consecuencias prácticas de esta conformista confusión de dos objetos de consideración completamente distintos es bien conocida. La estimación de la norma de cualificación de la medición de la pena por el parágrafo 243.1.2 del Código Penal alemán, y por consiguiente de su pretendida aplicación, debe condicionar la aplicabilidad del parágrafo 243 del Código Penal alemán,[8] de suerte que conduzca a una aplicación extensiva de la penalidad de la tentativa regulada en los parágrafos 22 y 23 del Código Penal alemán, que en cuanto aplicación analógica de la ley penal está prohibida por la Constitución.[9]

2. Si se consideran las normas de la medición de la pena y los presupuestos de la consecuencia jurídica como objetos distintos y necesariamente diferenciables entre sí, tal como se ha señalado, es preciso apreciar la fundamentación respectiva a la vista de la reciente jurisprudencia criminal.

Las reflexiones básicas sobre la relevancia del perjuicio patrimonial producido, en la conducta típica del hurto, pueden servir por vía de ejemplo como punto de partida.

Hasta ahora no se ha constatado doctrinalmente de forma coherente que la cuantía del daño patrimonial pertenezca a las características del delito y a los presupuestos de la consecuencia jurídica, y en su virtud, con razón, se ha afirmado que el parágrafo 242 del Código Penal alemán, en su alcance normativo, es independiente del hecho de si el valor concreto del objeto sustraído es de 4 DM o de 25,000 DM.

Por consiguiente, cuando ambos hurtos, en el proceso de medición de la pena, requieren la determinación de la consecuencia de una pena diferente, ésta se establecerá con independencia de las características generales del delito contenidas en la concreta configuración legal del mismo, es decir, con independencia de los presupuestos de la sanción penal.

Que la cuantía del perjuicio patrimonial irrogado no pertenece al tipo de hurto es algo evidente que no ha sido negado por nadie. Y de ello deriva otra consecuencia jurídica, que asimismo ha de considerarse irrefutable: la totalidad de los presupuestos materiales de la consecuencia jurídica descritos como «delito» han de diferenciarse con precisión del proceso de la medición de la pena.

---

5 BGHSt 26, 167, 173.
6 BGHSt 33, 370, 374.
7 Cfr., FABRY: NJW, 1986, 15, 19; con razón, en sentido de rechazo, KUPER: JZ 1986, 518, 524 y ss.
8 BGHSt 33, 370.
9 *Cfr.*, MAURACH/GÖSSEL, AT, 4. Aufl., § 40, Rdn. 121.

Los presupuestos de la consecuencia jurídica son el objeto material, que en el proceso de medición de la pena es valorativamente considerado como uno de los elementos de fundamentación y de mensuración de la misma: quien no reconoce una diferencia precisa entre presupuestos de la consecuencia jurídica y fundamento de la medición de la pena tampoco puede reconocer una diferencia entre un determinado objeto y la valoración jurídica del mismo.

Si se aceptara esto, la ley misma tendría que prever un abandono ciertamente apenas imaginable— de la aludida distinción. Pero éste no es el caso. La disposición contenida en el parágrafo 46 del Código Penal alemán es interpretado, por desgracia, predominantemente como una mera visión ecléctica de los puntos de vista que han de ser tomados en consideración en la medición de la pena.

En realidad, esta disposición constituye, al propio tiempo, la ley fundamental del régimen de medición de la pena y contiene las previsiones esenciales de la misma.

El punto de partida de la determinación de la pena es el parágrafo 46.1 del Código Penal alemán, que considera a la «culpabilidad del autor» como el «fundamento» de la medición de la pena.

Este precepto justifica la tesis desarrollada de que la valoración del objeto que se contiene en la medición de la pena ha de ser diferenciada del propio objeto de valoración, lo que ciertamente no deja de ser una «verdad de Perogrullo»: el valor de 300 DM, por ejemplo, de un Libro-Homenaje ha de diferenciarse, obviamente, del Libro-Homenaje mismo. La necesidad de la distinción también entre la medición de la pena y las consecuencias que de ella derivan se deducen del texto literal del parágrafo 46 del Código Penal alemán.

III. MEDICIÓN DE LA PENA AL TENOR DEL PARÁGRAFO 46 DEL C.P.A.

1. SIGNIFICADO DEL PRECEPTO LEGAL

«La culpabilidad del autor es el fundamento de la medición de la pena», dispone el parágrafo 46.1 del C.P.A.

El significado exacto de este precepto legal resulta ciertamente impreciso, porque en él dos «desconocidos» son puestos en contacto con un tercer «desconocido». En efecto, precisan aclaración diversos conceptos: la «culpabilidad» del autor, la «mediación» de la pena y el «fundamento» de la misma.

Por ello esta fórmula ha sido harto criticada en la literatura, de suerte que se la ha calificado como una «fórmula que todo lo cubre y sólo consigue enmascarar la problemática»[10] o, aún más gravemente, como «defecto legislativo de primera magnitud»[11]

Los materiales legislativos y la jurisprudencia del Tribunal Supremo Federal, entre tanto aportan al respecto sólo desorientación. «Fundamento de la medición de la pena, desde la perspectiva de consideración de sus diversas funciones, es la culpabilidad del autor. De su determinación ajustada a la culpabilidad del autor. De su determinación ajustada a la culpabilidad no puede apartarse la pena, ni hacia arriba ni hacia abajo».[12]

---

10 LACKNER, GALLAS-Festschrift, 1973, S. 136.

11 STRATENWERTH, *Tatschuld und Strafzumessung*, 1972, S. 13.

12 BGHSt 24, 132, 133 y ss.; BT-Drucks, V 4094, p. 5.

La única información válida sobre el tenor literal del parágrafo 46.1.1 del C.P.A. reside en la determinación de una sanción penal que sea ajustada a la culpabilidad del autor. Afirmación ésta que, aunque ciertamente no reconocida en forma generalizada, en todo caso, cuando menos, trata de determinar, conforme a la naturaleza, el significado de uno de los conceptos desconocidos.

Es preciso además tener presente al respecto que la discusión científica desplegada nos puede servir de efectiva ayuda sólo muy escasamente, pues siempre incurre, como ha señalado BRUNS, en la «configuración de un concepto no unitario e impreciso».[13]

a) El concepto de «medición» de la pena, conforme a su significado literal, es relativamente fácil de delimitar. La pena es susceptible de medición, del mismo modo que se mide, por ejemplo, el precio de algo. La «medición» puede ser entendida como un acto relativo a la constatación de un objeto al que se aplica justamente una acción de mensurar. De esta suerte, el acto de la medición y la constatación del objeto de la misma están en una relación de causalidad entre sí. Cuando se establece una pena adecuada a la culpabilidad de autor, como cuando se determina el precio de una cosa, al efectuar la medición, se procede a decidir sobre la determinación concreta de la pena o del precio correspondientes. Por tanto, es de reconocer que el resultado de la medición está constituido por la indicada determinación. Al medirse un objeto, el mismo es siempre valorado (por ejemplo, como un objeto de 3 kg de peso, 6 m de largo, 60 DM de valor). En suma, «medir» significa siempre «valorar». Y esta «valoración» constituye el «fundamento» de la correspondiente determinación, sea del precio, sea de la pena.[14]

b) Estas simples reflexiones lingüísticas nos permiten extraer algunas ulteriores consecuencias, por cuanto nos conducen a la cuestión de qué es lo «medido» o valorado en el proceso de la medición de la pena. Y tal cuestión nos lleva a la obtención de un resultado intermedio esencial: el de reconocer que al texto del citado parágrafo 46.1.1 del C.P.A. sólo puede corresponder la «culpabilidad» de autor. Esta explicación, desde la perspectiva de consideración del carácter de las normas jurídicas como abstractos preceptos del «deber ser», permite entender de forma más precisa el significado de la norma contenida en el parágrafo 46.1.1 del C.P.A., en cuanto disposición que establece que la «determinación» de la pena ha de fundamentarse en la «medida» de la «culpabilidad» del autor. Este significado es también apreciado por la literatura científica, referente al comentario de la citada disposición legal.[15]

c) Lo anteriormente expuesto no es todavía suficiente. Es preciso aún aclarar qué se entiende por «culpabilidad» de «autor».

Es obvio que no se va a entrar aquí en la discusión sobre el contenido y la naturaleza de la culpabilidad. Para los fines ahora pretendidos basta una consideración de carácter formal. Ante todo, y sobre ello pienso que no debería existir discusión, es de tener presente que la «culpabilidad» del autor no se refiere sólo al autor en sentido estricto, conforme al parágrafo 25 del C.P.A., sino a todos los sujetos, sean autores o partícipes, a quienes por uno u otro título abarca la responsabilidad penal.

---

[13] BRUNS, *Strafzumessung*, 2. Aufl., p. 36.

[14] En el sentido de CARNAP, *vid.*, CARNAP/STEGMULLER, *Induktive Logik und Wahrscheinlichkeit*, 2. Aufl., p. 36.

[15] DREHER/TRÖNDLE, § 46, Rdn. 4. *cfr.*,LK-G. HIRSCH, § 46, Rdn. 5.

Es de decisiva importancia asimismo el hecho de que la «culpabilidad», en el sentido del parágrafo 46 del C.P.A., no ha de entenderse como un concepto autónomo, sino como característica (estrictamente accesoria) de otro objeto relativo a lo que el sujeto ha hecho. La «culpabilidad» significa aquí, pues, «acción culpable».

En este sentido, DREHER/TRÖNDLE configuran el concepto de «culpabilidad», en la acepción del parágrafo 46 del C.P.A. como la «medida del reproche que ha de formularse al autor por el hecho cometido»[16] y, por su parte, G. HIRSCH como la «medida de la reprochabilidad personal del injusto».[17] En general, la «culpabilidad es entendida por la doctrina científica como una característica del delito que hace referencia a la reprochabilidad personal del autor del injusto.[18]

Procede aún efectuar una ulterior precisión: la «medida» de la «culpabilidad» por el acto fundamenta la determinación de la «pena». Si se entiende, con la opinión dominante, a la «culpabilidad» como un juicio de reproche sobre el autor, el objeto de la valoración relevante en la mediación de la pena está representado por el acto culpable, es decir, por la acción y el autor de la misma, como expresamente exige STREE[19] y reconoce el Tribunal Supremo Federal: «la medición de la pena estriba en una unitaria consideración de la ejecución del acto y de la personalidad del autor, una global consideración de todas las circunstancias del acto, en el sentido más amplio, así como de la personalidad del autor».[20]

2. DETERMINACIÓN DEL CONTENIDO DE LA MEDICIÓN DE LA PENA

Hasta ahora ha quedado expuesto que, en el proceso de «medición de la pena, el acto culpable es objeto de valoración de la medición y, sobre la base de esta valoración, objeto de determinación legal de una pena.

Queda abierta ahora la cuestión de cómo ha de realizarse el proceso de valoración del objeto y de medición de la pena.

a) Procedamos de nuevo a efectuar una comparación con la determinación del precio de un objeto de mercado. Por ejemplo, si a una manzana se asigna un determinado precio por singulares condiciones, como su clase, origen, peso..., en tanto factores determinantes del precio, tales cualidades constituyen criterios de valoración del producto, pues tales cualidades permiten valorarlo en el mercado. De forma análoga se muestran también, en el proceso de la medición de la pena, cualidades del objeto de valoración —la acción culpable— que operan como criterio de valoración del objeto y como factores de determinación de la pena.

b) Las características del objeto —la acción culpable—, que operan como pauta de valoración y como factores de determinación de la pena, han de distinguirse del objeto mismo. Ello implica, en la hipótesis de los objetos mercantiles tangibles, ciertas dificultades: por ejemplo, la cualidad de pesar tres manzanas un kilogramo apenas puede separarse precisamente de esas tres manzanas. Y aún es posible observar que las manzanas, en cuanto objeto material tangible, requieren ser diferenciadas del criterio —»metafísico», en el sentido literal del término— de determina-

---

16 DREHER/TRÖNDLE, § 46, Rdn. 4.

17 LK-G. HIRSCH, § 46, Rdn. 5.

18 *Vid.*, sobre ello, GÖSSEL, *Über die Bedeutung des Irrtums im Strafrecht*, 1974, pp. 104, 107 y ss.

19 SCHÖNKE/SCHRÖDER/STREE, § 46, Rdn. 4.

20 BGH NStZ 1981, 389.

das unidades de peso que les ha sido aplicado. La cualidad de pesar un kilogramo es establecida por virtud de la aplicación, a un objeto concreto, de un criterio externo, que es determinado en el sistema métrico decimal en gramos y kilogramos y no precisamente en onzas y libras.

Del mismo modo, en la valoración del objeto «acción punible» se debe separar el propio objeto de su cualidad para determinar la gravedad de la pena, en relación con la energía criminal aplicada en la producción de un perjuicio patrimonial de 4 DM o de 25,000 DM.

Esta diferencia ha sido prevista legalmente. Si se entiende, con una interpretación extensiva, por tipo la descripción legal de una determinada lesión de un bien jurídico protegido,[21] se está comprendiendo en el tipo el concepto de «acción punible», y por ello, conforme a las reflexiones anteriormente expuestas, resultaría adecuado y necesario, al tenor del parágrafo 46.3 del C.P.A., que las características del tipo, y entre ellas el elemento esencial del objeto constituido por la «acción culpable», no deben ser ponderadas sino con el criterio de valoración del acto, que ha de ser erigido asimismo en su propio criterio.

3. MEDICIÓN DE LA PENA EN RELACIÓN CON EL DELITO Y LA PENA

Las consideraciones que preceden han llevado al reconocimiento de la «medición» de la pena como un acto de valoración y con ello a una determinación de la pena basada en el mismo. El parágrafo 46 del C.P.A. ofrece, por lo demás, el criterio de una tal valoración, a través de los factores de valoración allí contemplados, en su significación de individualización de la pena, conforme a los cuales, a los fines perseguidos por el parágrafo 46 del C.P.A., y en su virtud, en la medición de la pena en el sistema general del Derecho penal, es irrelevante la circunstancia de que existan otros factores determinantes de la pena más allá de los expresamente mencionados en el parágrafo 46.2.2 del C.P.A.

A este respecto querría referirme brevemente, de nuevo, a la regulación prevista en el Derecho penal español. Así como el parágrafo 46 del C.P.A. permite, partiendo de la realización del acto, considerar el ánimo del autor como criterio para la valoración del delito, el artículo 10 del Código Penal español contiene algunas agravantes, como la quinta y la sexta, de la responsabilidad penal en las que valora la actitud anímica del sujeto, del mismo modo que el artículo 9.8 valora como circunstancia atenuante obrar por causa o estímulo tan poderosos que hayan producido arrebato, obcecación u otro estado pasional de semejante entidad. Aún más, el artículo 9.9 del Código Penal español valora también como circunstancia atenuante la de haber procedido el culpable, antes de conocer la apertura del procedimiento judicial, y por impulsos de arrepentimiento espontáneo, a reparar o disminuir los efectos del delito, a dar satisfacción al ofendido o a confesar a las autoridades la infracción. Y el artículo 9.10 del Código Penal español deja aún abierta la posibilidad de apreciación de circunstancias atenuantes por analogía a las anteriormente aludidas.

a) Una más precisa consideración de la problemática planteada requiere considerar la relación de la «mediación» de la pena, en conexión con la relación del objeto de «valoración» y con la pena misma.

---

[21] *Vid.*, sobre ello, GÖSSEL, OEHLER-Festschr., 1985, pp. 97, 100.

En otro lugar he expuesto que la pena se corresponde con la propia realidad social, y por ello, entre otras razones, encuentra su «fundamento real» en la real acción culpable.[22]

El juicio contenido en la decisión jurisdiccional penal sobre la existencia del fundamento real constituye el fundamento de conocimiento incorporado en la propia resolución judicial, relativo a que la acción culpable comporta como fundamento real la consecuencia de la pena, pues implica el reconocimiento de la acción culpable como fundamento real de la determinación de la consecuencia real de la pena.

Los fines de la pena constituyen el fundamento final de la sanción penal, y la disposición legal de que la pena precisa ser entendida como el fundamento del «deber ser» —*Sollensgrund*—, es tanto que el fundamento jurídico —*Rechtsgrund*— de la pena es la legitimidaddel Estado para la incriminación de los delitos y la conminación de los mismos con penas.[23]

b) En tanto han de diferenciarse en la pena diversas clases

de fundamentos, en el proceso de medición de la pena el «fundamento real» de ésta —la «acción culpable»— ha de ser reconocido como objeto de una valoración jurídica dirigida a la valoración de tal acción culpable conforme a determinados factores que conducen a la individualización legal de la pena.

Con tal diferenciación se llega a alcanzar el siguiente resultado: los fundamentos de la medición de la pena constituyen el criterio de la valoración de la acción culpable, y en su virtud han de ser delimitados de ésta, porque necesariamente procede distinguir el objeto respecto del criterio de medición del mismo.

Toda vez que los fines de la pena, en cuanto fundamentos finales de la misma, han de diferenciarse del criterio de valoración aplicado a la acción culpable, no pueden aquellos entrar en consideración como fundamentos de la medición de la pena. Sin embargo, no carecen de todo influjo en orden a la medición de la pena.

Si se reconoce a la pena el fin de subsanar la infracción jurídica subsistente en la acción culpable, la gravedad de la infracción y la intensidad de la culpabilidad del acto han de ser consideradas como criterios de valoración de la acción culpable que inciden en la medición de la pena.

De este modo puede reconocerse, a los «fines de la pena», la «función determinante» del criterio de la medición legal: qué criterio de medición ha de aplicarse al fundamento real de la pena —*Realgrund*—, qué factores deben ser estimados como determinantes de la pena, de conformidad con los fines de la misma.

El catálogo contenido en el parágrafo 46.2.2 del C.P.A. puede entenderse como una determinación de los factores conformadores de la pena, ajustada al ulterior criterio —*Metamassstab*—, y con ello del propio criterio de valoración jurídica del fundamento real del delito.

IV. CONCLUSIONES DOGMÁTICAS

La significación resaltada del parágrafo 46 del C.P.A., en orden a la determinación de la naturaleza de la medición de la pena, permite resolver algunas cuestio-

---

22 GÖSSEL, *Esencia y fundamentación de las sanciones jurídico-penales,* en MIGUEL POLAINO NAVARRETE, Estudios jurídicos sobre la reforma penal, 1987, pp. 47, 59.

23 *Vid.,* Fn. 22, pp. 58, 66.

nes concretas de relevancia práctica, que a modo de conclusión pueden sintetizarse en algunos postulados singulares.

1. La diferencia establecida, en base al parágrafo 46.3 del C.P.A. y al artículo 59 del C.P.E., entre el criterio aplicable a la medición de la pena y los correspondientes factores del objeto susceptible de la medición —la acción culpable—, conformadores de la pena, conduce a una estricta separación entre los «presupuestos» de la consecuencia jurídica y los «fundamentos» de la medición de la pena, en especial entre los «caracteres» del tipo legal (por ejemplo, del hurto descrito en el parágrafo 243 del C.P.A.) y los «fundamentos de medición de la pena».

Conforme a la voluntad expresa del legislador, las singulares características mencionadas del parágrafo 243 del C.P.A., representan el criterio de graduación normativa de la gravedad del hurto, pero no constituyen genuinos presupuestos de la consecuencia jurídica.

El desconocimiento de esta esencial distinción por parte del Tribunal Supremo Federal[24] ha hecho malograr en sus fundamentos la propia decisión del legislador penal y ha permitido quebrantar la diferencia que media entre la medición de la pena y los presupuestos de la consecuencia jurídica.

Pues bien, si no se atiende al sentido de la diferenciación aludida, no se logra obtener soluciones inequívocas, empero para una serie de cuestiones dudosas.

a) Si no existe una característica típica agravante (por ejemplo, la fractura en el sentido del parágrafo 243.1.2.1 del C.P.A.), en contra del criterio sustentado por el Tribunal Supremo Federal[25] y en concordancia, en cambio, con el criterio sentado por la jurisprudencia del Tribunal Superior,[26] no puede estimarse como especialmente relevante, para la valoración de la acción culpable, la voluntad del autor de realizar este elemento conformador de la pena, *v. gr.*, la producción inmediata de la fractura en el parágrafo 243.1.2.1 del C.P.A.[27]

Únicamente es posible considerar la realización de una característica conformadora de la pena de muerte como un supuesto cualificado diferente fuera de las hipótesis reguladas a que se ha aludido (parágrafo 243.1.1 del CP.A.).

b) El dolo tiene que circunscribirse a los elementos del tipo objetivo, según la opinión generalmente reconocida. Por ello, el erróneo conocimiento de los factores conformadores de la pena *(v. gr.*, el autor no conoce que el objeto del hurto del parágrafo 243.1.2.4 del C.P.A. se halla destinado a funciones religiosas) no puede llevar a la exclusión del dolo, no siendo por lo demás posible ninguna aplicación analógica del parágrafo 16 del C.P.A.[28]

La ausencia de conocimiento en el ámbito de valoración de la acción culpable (por ejemplo, en conexión con la actitud anímica correspondiente al hecho) no puede estimarse suficiente. Por el contrario, la aceptación errónea de un factor conformador de la pena (por ejemplo, la afectación del objeto a un fin religioso) tampoco puede conducir a la penalidad por la vía de la tentativa inidónea del tipo

---

24 *Vid.*, Fn. 5 y 6.
25 BGHSt 33, 370.
26 BayObLG JR 1981, 118; OLG Düsseldorf NJW 1983, 2712; OLG Stuttgart NStZ 1981, 222.
27 *Vid.*, MAURACH/GÖSSEL, *Strafrecht, Allgemeiner Teil, 7.* Aufl.,§ 40, Rdn. 122.
28 WESSELS, MAURACH-Festschr., 1972, pp. 295, 300.

de delito descrito en el parágrafo 243.1.4 del C.P.A., pues sólo pueden ser objeto de tentativa las acciones punibles conforme al principio de legalidad y no los meros fundamentos conceptuales de la medición de la pena.[29]

c) Del mismo modo, tampoco pueden apreciarse en el partícipe los factores conformadores de la pena, en relación con el parágrafo 28 del C.P.A.[30]

El parágrafo 28 del C.P.A. es un precepto de atenuación de la accesoriedad que sólo puede ser aplicado en el ámbito de la accesoriedad típicamente existente, por tanto, según el criterio de la opinión dominante, en el ámbito típico de la acción principal antijurídica, y en todo caso no corresponde al círculo de las causas de medición de la pena.

Conforme a ello, la aplicación del parágrafo 28 del C.P.A. resulta superflua en este ámbito, porque también aquí el parágrafo 46 del C.P.A. posibilita el logro del resultado a que aspiran los sustentadores de la teoría rechazada.[31]

En efecto, si faltan en el partícipe determinadas causas de cualificación típica, que inciden en la agravación de la pena (por ejemplo, el ánimo de enriquecimiento en el hurto del parágrafo 243.1.2.3 del C.P.A.) y que por el contrario, están presentes en el autor, han de considerarse tales características, en relación con el partícipe, comprendidas en el ámbito del parágrafo 46.2.2 del C.P.A.

d) Los factores conformadores de la pena no están en condición de concurrir con cualesquiera tipos legales de delito. Por ejemplo, el hurto, dentro de los caracteres determinados en el parágrafo 243.1.2 del C.P.A. (*v. gr.*, la fractura), no puede apreciarse en concurrencia con la causación típica de daños o con el allanamiento de morada.[32] Si es de aplicación la disposición de medición de la pena contenida en el parágrafo 243 del C.P.A., procede decidir, según el tenor del parágrafo 46 del C.P.A., el alcance con el que han de apreciarse en la medición de la pena los ulteriores tipos realizados, conforme al parágrafo 242 del C.P.A.[33]

2. La opinión fundamentalmente asumida hace posible también resolver la ostensiblemente controvertida cuestión de relevancia de los «fines últimos» para la penalidad de algunos tipos de delitos, como la coacción.[34]

Los «fines últimos» perseguidos por el autor de la coacción pertenecen a los fundamentos determinantes de conducta del autor, y con ello a los factores conformadores de la pena, pero no constituyen características del tipo de la medición de la pena —la acción culpable de coacción—, de tal suerte que únicamente pueden apreciarse en el marco de la medición de la pena del parágrafo 46.2.2 del C.P.A.[35]

3. En conjunto, cabe consignar la procedencia del reconocimiento de la «esencia de la medición» de la pena, y con ello el reconocimiento conexo de la «exigencia de una diferenciación» conforme a naturaleza, entre los factores conformadores de

---

[29] *Cfr.*, MAURACH/GÖSSEL, *Fälle und Lösungen nach höchstrichterlichen Entscheidungen*, 5. Aufl., 1988, pp. 202 y ss.

[30] DREHER/TRÖNDLE, § 28, Rdn. 13; SCHÖNKE/SCHRÖDER/CRAMER, § 28, Rdn. 6.

[31] MAURACH/GÖSSEL, AT, 7. Aufl., § 53, Rdn. 133 y ss.

[32] DREHER/TRÖNDLE, § 243, Rdn. 45 m. w. Nachw.

[33] MAURACH/GÖSSEL, wie Fn. 29, pp. 204 y s.

[34] GÖSSEL, *Strafrecht, Besonderer Teil*, Band 1, 1987, § 19, Rdn. 28.

[35] *Cfr.*, DREHER/TRÖNDLE, § 240, Rdn. 27.

la pena, que son aplicables en el proceso de medición de la misma, y la acción culpable, como objeto de una valoración a la que abre un campo de aplicación seguro el parágrafo 46 del C.P.A.

Por el contrario, las opiniones rechazadas en esta toma de posición limitan en especial la aplicación del parágrafo 46 del C.P.A. al ámbito del injusto, de suerte que luego exigen una aplicación analógica de preceptos que, a nuestro modo de ver, evidentemente, no son en absoluto aplicables a los fundamentos de medición de la pena, conforme a los propios principios en que se inspira constitucionalmente el Sistema de legalidad del Derecho penal de culpabilidad.

CAPÍTULO III

REFLEXIONES SOBRE LA RELACIÓN ENTRE NORMA Y TIPO. EL ERROR SOBRE EL PRESUPUESTO FÁCTICO DE UNA CAUSA DE JUSTIFICACIÓN*

I. PLANTEAMIENTO

El denominado «error de tipo de permisión» es objeto de consideración en la más reciente discusión científica.[1] Ello puede parecer sorprendente, pues el debate entre la teoría estricta de la culpabilidad y las distintas versiones de la teoría limitada de la culpabilidad alcanzó de hecho la situación de una especie de «guerra de posiciones»,[2] en la que los contendientes esencialmente se limitan frente a sus contradictores a intercambiar argumentos de todos conocidos,[3] en especial unos de naturaleza político-criminal (como la fidelidad jurídica de quien actúa en error de tipo de permisión),[4] y otros de carácter dogmático acerca de la construcción de la teoría del delito (como con la estructura bipartita o tripartita del concepto de delito).[5] Pero precisamente los últimos argumentos dogmáticos citados hacen comprensible el resurgimiento de la discusión sobre el denominado «error de tipo de permisión».

La estructuración en dos o tres planos del concepto jurídico del delito se halla influida de una manera determinante por los conceptos de antijuridicidad e injusto típico. La más moderna discusión sobre la teoría de la norma[6] aporta también necesariamente nuevos impulsos para la discusión sobre el denominado «error de tipo de permisión».

---

* Traducción española por el Prof. Dr. MIGUEL POLAINO-NAVARRETE, Catedrático de Derecho Penal en la Universidad de Sevilla.

1 Así, por ejemplo, DIECMANN: Jura, 1994, p. 178; GRÜNWALD: GS-NOLL, 1984, p. 183; PAEFFGEN: GS-ARMIN KAUFMANN, 1989, p. 399; SCHÜNEMANN: FS-SCHMIDT.

2 *Cfr.*, PAEFFGEN: GS-ARMIN KAUFMANN, 1989, p. 401.

3 *Vid.*, entre otros, JESCHECK: *Lehrbuch des Strafrechts Allgemeiner Teil,* 4. Aufl., par. 41, III, 2; ROXIN: *Strafrecht Allgemeiner Teil,* 2. Aufl., par. 14, Rn. 51 y ss.; JAKOBS: *Strafrecht Allgemeiner Teil,* 2. Aufl., 11. Abschn., Rn. 42 y ss.

4 *Vid.*, al respecto, por ejemplo, KÜHL: *Strafrecht Allgemeiner Teil,* 1994, par. 13, Rn. 72; respecto de la teoría limitada de la culpabilidad basada en exigencias político-criminales en el Derecho Penal español; MIRPUIG: DPPG, 3. Aufl., 1990, pp. 668 y ss.

5 *Cfr.*, sobre ello, por ejemplo, ROXIN: o.u.c., par. 14, Rn. 70.

6 *Cfr.*, al respecto KINDHÄUSER: Gefährdung als Straftat, 1989, esp., p. 111; LIPPOLD: Reine Rechtslehre und Strafrechtsdoktrin, 1989, pp. 46 y s.; TOEPEL: Kausalität und Pflichtwidrigkeitszusammenhang beim fahrlässigen Erfolgsdelikt, 1992, pp. 16 y ss.; VOGEL: Norm und Pflicht bei den unechten Unterlassungsdelikten, 1993, pp. 37 y s.; HRUSCHKA: Verhaltensregeln und Zurechnungsregeln, Rechtstheorie, 1991, p. 449.

Tales impulsos deben ser seguidos aquí sobre la base regulativa del Código Penal alemán, sin detrimento de las sugerencias que el parágrafo 8 del Código Penal austríaco ha dedicado OTTO TRIFFTERER, uno de los autores que también ha investigado la delimitación de tipo y antijuridicidad desde los puntos de vista de la teoría de la norma.[7]

II. PRESUPUESTOS

Debo ante todo recordar lo más conocido. Cuando el autor realiza la conducta descrita en la Ley penal, no se comporta precisamente «contra» la misma, pero sin lugar a dudas actúa antijurídicamente. Por ello debe reconocerse con BINDING[8] la existencia de preceptos jurídicos autónomos, independientes de las leyes penales, que son denominados normas y que son infringidos por el autor del acto punible: precisamente por la contradicción a tales normas, la conducta del autor es desvalorada como antijurídica.

1. ESTRUCTURA Y CONTENIDO DE LA NORMA

Sobre la estructura y contenido de las normas existe ciertamente ni unidad ni claridad, pero con el general reconocimiento de un fundamento normativo de cada delito y de la punibilidad correspondiente, y sobre él del ampliamente predominante reconocimiento de las normas de conducta y normas sancionadoras, podría traerse a colación un sólido fundamento para la ulterior construcción.

Las normas sancionadoras, que incumbe aplicar a las autoridades competentes durante la sustanciación del proceso penal, aunque impliquen consecuencias penales,[9] quedan fuera de consideración en las presentes reflexiones.

Para los objetivos aquí propuestos, nos circunscribiremos a la consideración de las normas jurídicas que se dirigen a destinatarios y cuya infracción puede fundamentar la antijuridicidad y el injusto, y que en el actual estado de discusión son generalmente descritas y reconocidas como normas de conducta,[10] porque, como con razón señalaba BINDING, «el delincuente sólo puede infringir la norma que le prescribe la pauta de su comportamiento».[11]

2. NATURALEZA DE LA NORMA

Dejando ya el ámbito del fundamento seguro, trataremos de considerar la norma en su propia naturaleza esencial. Ciertamente puede reconocerse como generalmente aceptado que la norma de comportamiento establece prohibiciones y mandatos, y a tenor de ello, lo prohibido o mandado es valorado por el ordenamiento jurídico como conforme a Derecho o como antijurídico.[12]

---

7 TRIFFTERER: *Österreichisches Strafrecht Allgemeiner Teil,* 2. Aufl., 1993, Kap. I, 1, Rn. 13 y ss.

8 BINDING: *Die Normen und ihre Übertretung,* Bd. I, 4. Aufl., 1922, pp. 3 y s.

9 *Cfr.,* TOEPEL, 16h.

10 *Cfr.,* KINDHÄUSER, 29; TOEPEL, 16; VOGEL, 28; HOERSTER: JZ, 10. En cambio, de otra opinión, SCHMIDHÄUSER: *Form und Gehalt der Strafgesetze,* 1988, y JZ, 1989, p. 419, así como RÖTTGER: *Unrechtsbegründung und Unrechtsausschluss,* 1993, p. 236, quien parte del entendimiento de que todas las normas son exclusivamente aplicadas por los órganos estatales del ejercicio de la acción penal. Una explícita disidencia con esta opinión no puede ser desarrollada en este lugar.

11 BINDING, 7.

12 *Cfr.,* ARMIN KAUFMANN: Lebendiges und Totes in Bindings Normentheorie, 1954, p. 281; VOGEL, 28.

Con ello se observan en primer lugar *aspectos formales:* la norma de comportamiento como prescripción de conducta y como valoración jurídica, como indicación de la conducta que es adecuada a Derecho.

Pero más allá de esta perspectiva, es de reconocer que la prescripción y la valoración de las normas tienen también un *contenido materia:*[13] las normas tienden a un determinado comportamiento sustantivo.

Si el delito *formalmente* es quebrantamiento del Derecho, *materialmente* puede ser determinado como lesión de las «bases consustanciales al ordenamiento social estimadas jurídicamente».[14] que pueden ser calificadas como bienes jurídicos, apareciendo caracterizado en general como comportamiento socialmente nocivo.[15]

Conforme a mis propuestas sustentadas en otro lugar, unitariamente pueden configurarse las normas, para todas las formas de delitos, como preceptos encaminados a la salvaguarda de determinados bienes jurídicos. El «deber de proteger la vida humana» se puede normativamente expresar en una «prohibición» («¡tú *no debes* matar a nadie!») o en un mandato («¡tú *debes* proteger la vida humana!»).

Los delitos constituyen comportamientos incriminados, no sólo porque formalmente infringen el ordenamiento, sino además porque en cuanto formas de conducta antinormativa (y por ello constituidas en objeto de prohibición de la norma) al mismo tiempo comportan menoscabo de bienes jurídicos protegidos, al menos en la forma de la puesta en peligro de los mismos.[16]

III. RELACIÓN LÓGICA ENTRE NORMA DE COMPORTAMIENTO Y NORMA DE PERMISIÓN

1. Si no se considera el dolo conforme a la concepción de la consciencia del injusto, es posible aplicar fructíferamente las reflexiones sobre la teoría de la norma expuestas en el apartado anterior al plano de la discusión sobre el denominado error de tipo de permisión. También en este ámbito se asume lo conocido, lo fiable: la tipicidad de una conducta es ciertamente presupuesto necesario, pero no suficiente, para el enjuiciamiento de un acto como antijurídico —sólo en el caso de ausencia de una causa de justificación— el comportamiento típico será valorado como antijurídico.

Por ello, según la opinión ampliamente dominante, para el tratamiento del denominado «error de tipo de permisión» es de relevancia la distinción entre dolo y consciencia de la antijuridicidad de la acción. Es aconsejable traer a la vista la relación entre tipo y causa de justificación, porque, como nuevamente ha señalado la opinión mayoritaria, la realización del tipo objetivo constituye el objeto del dolo, y para la aclaración de esta relación pueden ser útiles las reflexiones sobre la teoría de la norma.

2. Partiendo de la contradicción de la conducta a la norma de comportamiento, estimada en el sentido de la antijuridicidad que exige la afectación nociva del bien jurídico protegido (*supra,* I, 2), la doctrina dominante se aferra al entendimien-

---

[13] JESCHECK: par. 24. I. 1.

[14] ZIPF: *Kriminalpolitik,* 2. Aufl., 106.

[15] GÖSSEL: FD Oehler, 1985, pp. 97, 99 y s.

[16] MAURACH y GÖSSEL: *Strafrecht Allgemeiner Teil,* 2. Teilb., 7. Aufl., par. 42, Rn. 5 y s.

to de que la lesión típica de un bien jurídico, por ejemplo la vida humana (en el sentido del parágrafo 212 del Código Penal alemán), cuando dicha lesión es amparada por una causa de justificación, como la legítima defensa, la acción, aun siendo típica, no es contraria a la norma y no puede ser desvalorada como contraria al ordenamiento jurídico.

Este resultado se puede alcanzar por diversos caminos. Por un lado, puede pensarse que la norma de conducta se halla desde el principio limitada por una condición: el deber de proteger la vida decae cuando el ordenamiento permite una lesión de la misma. Por otro lado, pueden concebirse las causas de justificación como configuraciones de normas jurídicas autónomas, como normas de permisión independientes de las normas de conducta, que hacen retroceder a éstas y que derogan las prescripciones impuestas por las normas de conducta.

a) Con la opinión dominante, también TRIFFTERER considera acertada la concepción últimamente mencionada: la prescripción normativa retrocede, la lesión de la norma se excluye, y con ello decae la antijuridicidad de la acción.[17] Con ello se colocan a la norma de comportamiento y a la norma de permisión en un mismo lógico plano: la errónea captación de los presupuestos fácticos de las causas de justificación descritas en la norma de permisión tiene que ser tratada como el no conocimiento, erróneamente condicionado, de la existencia de los elementos fácticos de las lesiones de bienes jurídicos previstas en las normas de comportamiento. En ambos casos, partiendo de este punto de vista, ha de afirmarse la exclusión del dolo según el parágrafo 16 del C.P.A.[18]

Al mismo resultado conduce la concepción, citada en primer lugar, de la norma de comportamiento condicionada y desde el principio limitada mediante las lesiones amparadas por una causa de permisión, y al propio tiempo conduce a una «norma global» de la prohibición del comportamiento no justificado positivamente.

b) Antes de oponer objeciones a esta concepción, ha de prestarse atención a una opinión que ha desarrollado la teoría de la existencia de la norma de permisión, entendida como norma autónoma e independiente respecto de la norma de comportamiento. Junto a la configuración de una «norma global», quiere KINDHÄUSER reconocer como una singular posibilidad ulterior de teoría jurídica el entendimiento de que la «norma de prohibición y la norma de permisión constituyen principios jurídicos autónomos para las acciones»[19] que «a veces entran en colisión» y entonces «ambas normas contrapuestas se paralizan», y este «bloqueo de ambas partes» ha de ser solucionado «lógicamente en un plano superior del sistema» por medio de específicas normas de conflicto que establezcan las condiciones para la prevalencia de una de las dos normas en colisión.[20] También partiendo de este punto de vista, se llega al mismo resultado aludido respecto del denominado «error de tipo de permisión»: a causa de la prevalencia de la norma de permisión no rige la norma de comportamiento, y falta el dolo, al actuar «el autor considerando erróneamente circunstancias que, si realmente concurrieren, harían que su comportamiento fuera jurídicamente permitido»[21].

---

17 TRIFFTERER: Kap. I, 1, Rn. 15; asimismo, LIPPOLD, 46; RUDOLPHI: GS-SCHRÖDER, 1978, 73, 80 y GD ARMIN KAUFMANN, 1989, pp. 371, 377.

18 Así, HRUSCHKA, p. 460.

19 KINDHÄUSER, pp. 107 y s.

20 KINDHÄUSER, p. 110; asimismo TOEPEL, p. 18; VOGEL, pp. 37 y s.

21 KINDHÄUSER, p. 111.

IV. LA NORMA DE PERMISIÓN COMO «METANORMA» PARA LA RESOLUCIÓN DE SUPUESTOS DE COLISIÓN CON NORMAS DE COMPORTAMIENTO

1. La moderna discusión sobre la teoría de la norma se propone decidir el debate sobre el denominado «error de tipo de permisión» definitivamente según los postulados de la teoría limitada de la culpabilidad, en el sentido de las tres versiones más rigurosas de esta teoría: la aplicación directa del parágrafo 16 del C.P.A., la aplicación analógica del mismo y la mera remisión a las consecuencias jurídicas derivadas del indicado precepto.

2. En mi opinión, sin embargo, sobre la base de las reflexiones acerca de la teoría de la norma, se logra precisamente lo contrario. El resultado que deriva de la discusión hasta ahora desarrollada de la teoría de la norma sobre el denominado «error de tipo de permisión» se basaría aún en una deficiencia significativa: hasta ahora se ha dejado fuera de consideración el aspecto material de la norma de comportamiento y sólo se ha tomado en cuenta el carácter preceptivo de la norma.

A) De decisiva importancia son, ante todo, aquellas reflexiones de las que deriva la apreciación de una realización del tipo justificada penalmente a través de una norma de colisión, configurada como una «metanorma» para el tratamiento de los casos en que entran en colisión normas de comportamiento a distintos niveles jerárquicos, en diferentes planos.[22]

a) Si se advierte, conforme al planteamiento de una extendida posición doctrinal, en la situación de justificación una *colisión entre bienes jurídicos,*[23] entonces pueden considerarse, incluso yendo más allá que KINDHAUSER,[24] las causas de justificación mismas como «metanormas», que regulan la colisión entre los bienes jurídicos en conflicto entre sí. Si el ladrón que comete un robo es matado en legítima defensa por su víctima, entran en colisión la propiedad y la libertad del ofendido con la vida del autor del robo, y conforme a las normas de conducta protectoras de los bienes jurídicos, que están en la base de las disposiciones jurídico-penales (en el ejemplo propuesto, los parágrafos 240, 242, 249 del C.P.A., por un lado, y los parágrafos 223, 212 del C.P.A., por otro, en relación con el parágrafo 32 del C.P.A., regulador de la legítima defensa), habrá de decidirse *in concreto* en esta colisión si los bienes jurídicos de la víctima prevalecen sobre los del autor, y si el agredido ha matado a su agresor conforme a permisión en concordancia con las disposiciones del ordenamiento jurídico.

Ciertamente, no hay un conflicto *formal* entre las formas de comportamiento derivadas de las respectivas normas de conducta, si se observan ambas normas de conducta. La colisión surge sólo en relación con los respectivos bienes jurídicos afectados. Las causas de justificación rigen únicamente los supuestos de conflicto *material,* en cuyo ámbito regulan la prioridad, presupuestos y consecuencias de la colisión de los bienes jurídicos que entran en conflicto, pero no dirigen de cualquier modo instrucciones de acción a los portadores de los bienes jurídicos afectados por el conflicto y a sus eventuales auxiliadores. El ordenamiento jurídico no obliga a la víctima a defenderse frente al ladrón del ataque a los bienes jurídicos afectados por

---

22 *Vid.,* al respecto *supra* II, 2.b); además MAURACH y GÖSSEL: par. 44, Rn. 9.
23 MAURACH y GÖSSEL: par. 44, Rn. 9.
24 KINDHÄUSER, pp. 107 y ss.

el robo (eventuales posiciones de garantía por parte de terceros, condicionadas por la norma de conducta, quedan fuera de consideración).[25] Las normas de permisión no son normas de conducta, precisamente porque son *sólo* normas de colisión.

b) Aquí se ofrece una nueva perspectiva para la consideración del denominado error de tipo de permisión. Quien cree erróneamente ser atacado por el autor de un robo, se representa equivocadamente un supuesto fáctico en el que entran en colisión la salud y la vida del (putativo) agresor con la propia libertad y propiedad del (erróneamente) agredido, quien tiene plena consciencia de que con su ataque lesiona la vida y salud del (putativo) agresor. Un error sobre la existencia de una tal colisión es diferente de un error sobre el ataque a bienes jurídicos ajenos. Sólo en este último caso el desconocimiento del carácter lesivo de bienes jurídicos de una acción (el sujeto no sabe que causa una muerte) excluye el dolo sobre la realización del tipo, mientras que en el primer caso el sujeto claramente reconoce la existencia de su ataque, que cree permitido a causa de una colisión. Su error afecta a un supuesto fáctico (situación de colisión), que no puede ser comprendido por la norma protectora de la vida del agresor (norma de conducta), pero que es abarcado por la (jerárquicamente superior) «metanorma» (norma de permisión) reguladora de la causa de justificación de la legítima defensa: con la teoría estricta de la culpabilidad, ha de admitirse el error de prohibición.[26] En este último supuesto, necesariamente se ha de probar si el ataque a la vida y salud de la otra persona, reconocido como lesivo de tales bienes jurídicos, entra realmente en una situación de colisión, en la que la norma de permisión (en tanto norma de colisión) valora como conforme a Derecho el ataque realizado.

Con ello alcanza su acreditación la jurisprudencia, sin fundamento repudiada por ROXIN como obsoleta, según la cual «en una causa de justificación, la justificación presupone a través del autor una comprobación, adecuada a deber jurídico, de las circunstancias que sirven de fundamento a aquélla», y ha de ser combatido el parecer de quienes, de manera consecuente desde su punto de vista, sostienen la opinión contraria, aquí rechazada.[27]

a') Con ello se ofrece asimismo la posibilidad de reconocer; en la situación de colisión, elementos subjetivos del injusto justificantes, más allá del dolo del tipo. Quien en el caso de un ataque mortal a una persona lleva a cabo por sí mismo una acción homicida contra el agresor, pero sólo porque ha reconocido en éste a su deudor y con el *exclusivo fin* de solucionar la satisfacción de un derecho de crédito que sobre él tiene, no puede *in concreto* solucionarse el conflicto entre bienes de igual valor (la vida de dos personas) justificándose la conducta del defensor, porque éste sólo pretendía frente al agresor resolver su problema económico crediticio. Sólo la colisión entre los bienes jurídicos de la vida y salud del agresor y de la libertad y propiedad del agredido puede justificar la conducta del defensor; pero en el caso propuesto éste no quiere solucionar tal conflicto, él quiere matar al agresor sin acreditar la voluntad de defensa. Es dogmáticamente posible y político-criminalmente deseable, en este caso, no valorar como justificada y permitida la causación de la muerte del agresor de la vida de un tercero.

---

[25] *Vid.*, sobre esto también KINDHÄUSER, p. 110.

[26] *Vid.*, al respecto HIRSCH: Die Lehre von den negativen Tatbestandsmerkmalen, 1960, p. 344.

[27] ROXIN: par. 14, Rn. 81 y ss. *Cfr.*, JAKOBS, p. 11, Abschn., Rn. 24 y ss.; PUPPE: FS-STREE y WESSELS, pp. 183, 193 y ss.

b') De lo expuesto derivan ulteriores consecuencias. Quien no sabe que existen los presupuestos fácticos de una norma de permisión y en su desconocimiento lesiona corporalmente a una persona, produce una plena agresión al bien jurídico salud, y actúa antijurídicamente, sin que pueda cambiar nada un suplementario supuesto fáctico de colisión. Por ello, en estas hipótesis, ha de estimarse la consumación de un hecho delictivo, y no una mera tentativa.

B) Surge así un *posible* camino para el tratamiento del llamado error de tipo de permisión. En contra de su exactitud se podría aducir que en los dos supuestos planteados, tanto en el del desconocimiento de la lesión de la vida o la salud ajenas como en el desconocimiento del supuesto fáctico de justificación, el ataque no está prohibido y el autor del robo pierde, frente a su víctima que actúa en legítima defensa, la protección del ordenamiento jurídico conforme a los principios normativos de las causas de justificación, llegándose a la conclusión de que nos encontramos ante un caso de prohibición.

a) Es cierto que un comportamiento no puede ser prohibitivo y permitido al mismo tiempo. Pero no es correcta la conclusión, frecuentemente propuesta, de que un comportamiento justificado no puede infringir ninguna prohibición ni por tanto infringir ninguna norma de comportamiento.[28] Esta conclusión, que es sugerida por el «usual sentido lingüístico» de los términos «prohibido» y «permitido»,[29] se basa en un uso acrítico del lenguaje, pues con ello la norma es limitada y considerada sólo en el aspecto formal del carácter dispositivo, no tomándose en cuenta el aspecto material de la disposición, sin el cual la disposición carece de sentido y no puede alcanzar existencia. *Lo* determinante es que «el ordenamiento jurídico no pretenda establecer una obediencia ciega frente a las disposiciones formales del Estado, sino la plena aceptación de los contenidos materiales de la norma».[30]

b) Es decisivo, como ha significado PUPPE, si la realización del tipo, independientemente de su permisibilidad jurídica en base a una causa de justificación, constituye objeto de una autónoma valoración jurídica negativa, que permanece en cuanto tal a pesar de la justificación.[31] La consideración efectuada a propósito del aspecto material de la norma *(supra I)*conduce a la afirmación de esta cuestión.

a') Las normas establecen zonas de protección para concretos bienes jurídicos, que es obligatorio respetar por los destinatarios de la norma.

Quien mata a un ladrón en legítima defensa, incide en esta zona de protección y destruye el bien jurídico protegido de la vida del ladrón; quien por el contrario quiere objetar que, habiendo lesionado la vida ajena, no ha lesionado ningún bien jurídico protegido por el Derecho porque la norma de permisión del parágrafo 32 del C.P.A. levanta esta protección, pasa por alto que el ordenamiento jurídico no desprovee de derechos incluso a los seres más infames, en modo alguno respecto de los bienes jurídicos más elementales constitucionalmente protegidos, como la vida o la libertad.

También quien, en situaciones como el estado de necesidad justificante (parágrafo 34 C.P.A.) o el consentimiento relevante en las lesiones (parágrafo 228 del

---

28 *Vid.*, nota 17, así como PAEFFGEN, p. 409.
29 ARMIN KAUFMANN, p. 249.
30 PUPPE, p.193.
31 PUPPE, p. 192; ulteriores indicaciones sobre esta «antigua polémica» en PAEFFGEN, p. 408, Fn. 45.

C.P.A.), tiene que soportar un ataque a su vida, libertad, honor o propiedad, no es desprovisto de la titularidad de bienes jurídicos, de suerte que tales bienes pierden su carácter de bienes jurídicos protegidos, por el hecho de que el portador de los mismos incida en una de las situaciones indicadas.

No rige algo distinto para quien es provisionalmente detenido, en los supuestos previstos en el parágrafo 127 de la Ley procesal penal alemana; lo mismo habrá de entenderse en el supuesto del apartado 2 del parágrafo 127 de la L.P.P.A., cuando un funcionario policial, pese a haber practicado las debidas comprobaciones de las circunstancias, yerra sobre la existencia de los presupuestos de la detención, por el extraordinario parecido del detenido con un delincuente sobre el que recae una orden judicial de busca y captura:[32] no puede conferirse al error del funcionario policial el valor de suprimir la protección de la libertad del erróneamente detenido.

De manera correspondiente, el Tribunal Constitucional Federal, en su reciente Sentencia de 28 de mayo de 1993, sobre el aborto, determina como bienes tanto la vida del no nacido como el derecho de la personalidad de la mujer embarazada, incluso cuando en determinados momentos prevalece uno de estos bienes sobre el otro: la temporal prevalencia del derecho a la vida del no nacido no excluye el carácter del derecho a la personalidad de la madre como bien jurídico protegido.[33]

El ordenamiento jurídico quiere que sean respetados todos los bienes jurídicos protegidos, incluso cuando permite expresamente ataques a los mismos, justificados por la existencia de una causa de justificación: incluso en estos casos, el ataque justificado y permitido no puede ser considerado como el fin pretendido por el ordenamiento jurídico.

Quien entienda que el que actúa en el supuesto del denominado error de tipo de permisión lo hace «sobre la base de una finalidad completamente coincidente con las normas jurídicas»[34] no comprende que las causas de justificación en modo alguno prescriben imperativamente el ataque permitido, y no obligan a nadie a su observancia.[35]

En estos casos, únicamente por vía de excepción, se renuncia a la consecución del fin normativo consustancial del mantenimiento incólume de todos los bienes jurídicos, pero no se erige el ataque justificado a la consideración de propio fin del Derecho ni tampoco a la estimación del mismo como un fin plenamente coincidente con él. Partiendo de este fundamento, no puede acreditarse el conocido argumento de que quien actúa en error de tipo de permisión se comporta de manera «jurídicamente leal».[36]

b') La concepción expuesta, también ya aludida por ARMIN KAUFMANN, encuentra su fundamento en la Ley. Incluso los ataques duraderos a bienes fuera de su ámbito de protección jurídico-penal (por ejemplo, a la salud psíquica de una persona), o a bienes no protegidos por completo jurídicamente (la vida de las plantas), son admisibles ilimitadamente, en la medida en que no sean aplicables normas de permisión justificantes por falta de existencia de objeto.

---

32 *Cfr.*, KLEINKNECHTy MEYER-GOSSNER: StPO, 41. Aufl., parágrafo 127, Rn. 19.
33 *Cfr.*, Sentencias del Tribunal Constitucional Federal 88, 203, 255 y ss.
34 Así, ROXIN, par. 14, Rn. 62.
35 *Vid.*, sobre ello supra III, 1.a), así como KINDHÄUSER, p. 110.
36 Sentencias del Tribunal Supremo Federal en materia Penal 3, 105, 107.

La norma de permisión presupone necesariamente la existencia de una norma garantizadora de la protección jurídica: sólo la colisión de los correspondientes bienes protegidos, por tanto de los bienes jurídicos, es regulada por las normas de colisión.[37] Tales normas de protección jurídica no son los mandatos de respeto de las normas de conducta ya examinados *(supra I).*

V. CONCLUSIÓN

De lo expuesto se deduce el entendimiento de que las normas de permisión de las causas de justificación constituyen reglas para el supuesto de la colisión de bienes jurídicos, bienes cuya observancia establece el ordenamiento jurídico. Tales mandatos de respeto sirven de base a todas las leyes penales, pero no son necesariamente ni de modo omnicomprensivo sancionados penalmente. Los mandatos de respeto representan en el Derecho penal un primer grado de la valoración jurídica y un error en este ámbito (por ejemplo sobre si existe ataque a un bien jurídico) no es de la misma naturaleza que un error sobre si, en caso de una colisión de bienes jurídicos, puede ser atacado uno u otro de ellos.

En tanto la teoría limitada de la culpabilidad en el denominado error tipo de permisión quiere aplicar, directa o analógicamente, el parágrafo 16 del C.P.A. (error sobre las circunstancias de hecho), ambas versiones de esta teoría deben ser justamente tan poco seguidas como la versión de la remisión a las consecuencias jurídicas.

En consecuencia, tampoco debe reconocerse al error de tipo de permisión a la inversa (el autor no conoce la existencia de un supuesto fáctico objetivamente justificante) la cualidad de enjuiciar la plena lesión de un bien jurídico como una mera tentativa de delito.

Al reconocimiento de la protección jurídica a través del mandato de respeto de la norma de conducta, como uno de los niveles independientes de valoración frente a la antijuridicidad y a la culpabilidad, se hallan irremisiblemente conectadas la renuncia a una mera construcción bipartita del concepto de delito, la negativa a la teoría de un tipo de injusto conjunto, así como la desestimación de la existencia de elementos negativos del tipo.

---

[37] ARMIN KAUFMANN, p. 255; MAURACH y GÖSSEL, par. 44, Rn. 8.

CAPÍTULO IV

LA VERDAD EN EL PROCESO PENAL ¿ES ENCONTRADA O CONSTRUIDA?*

I. PLANTEAMIENTO

«Todo lo que puede llegar a ser verdadero de lo falso es, en último extremo, poder».[1] Con estas palabras de THOMAS MANN, iniciamos nuestras reflexiones sobre la Verdad en el Proceso penal.

1. ¿QUÉ ES VERDAD? ¿QUÉ ES FALSEDAD?

No se debe esperar una respuesta mía a estas cuestiones. Y quizá nadie en el mundo pueda darla. Por eso no me planteo este dilema. Trataré en cambio de conseguir algo distinto: mostrar que es necesaria la *búsqueda* de esta cuestión, como es necesaria la *búsqueda* de la verdad en el Proceso penal. Y para ello quisiera invitarles a que realicemos una breve incursión en el Pensamiento clásico hasta los tenebrosos tiempos de la Edad Media, antes de que en una segunda parte nos ocupemos de la idea de la Verdad en el Proceso penal, para seguidamente en una tercera parte reflexionar sobre el Sujeto en el Mundo, y en una cuarta parte considerar el Sujeto ante el Proceso penal, para concluir con unas formulaciones de Síntesis final.

2. FALSEDAD Y VERDAD

a) Son casi increíbles los resultados de la investigación histórica que se obtienen de la mano del medievalista HORST FUHRMANN, en su «Invitación a la Edad Media»: los documentos sobre la famosa donación de Constantino, con el que el Emperador Constantino, en el año 330, donaba Roma y Occidente al Papa Silvester, es una falsificación y «debió ser fabricada en la segunda mitad del siglo XIII por la Iglesia romana», como falsos son cerca de 100 de entre los 270 documentos de Carlos el Grande, y la mayor parte de las primitivas y antiguas Cartas papales encontradas», obra de un grupo de falsificadores del siglo IX, que «confiaron su obra a un tal Isidor Mercator», y cuyos documentos son conocidos como «falsificaciones pseudo-isidóricas».[2] La lista de las falsificaciones de la Edad Media es caso interminable, y sus autores espirituales fueron los barones de la Iglesia y hasta los Papas.[3]

---

* Traducción española por Prof. MIGUEL POLAINO-NAVARRETE, Catedrático de Derecho Penal en la Universidad de Sevilla.

1 Citado por FUHRMANN, Mittelalter-Zeit der Fälschungen, en FUHRMANN, *Einladung ins Mittelalter*, 1997, p. 197.

2 FUHRMANN, pp. 195, 196 (nota 1).

3 FUHRMANN, p. 197 (nota 1).

Aun más increíble parece que todos los documentos falsos hayan sido aplicados en la vida del Derecho, a pesar de que algunos de los que se vinculan a ellos supieron que tales documentos eran falsificados, si es que no lo fueron, en ocasiones, por ellos mismos.[4] En tales actuaciones se implicaron, no sólo elementos mendaces de aquella sociedad sino Personalidades íntegras, que se sentían obligadas a la Verdad y hacían de ella aparentemente un criterio de vida, por lo que ahora conocemos.

b) Todo esto sólo es comprensible sobre la base de plantearnos la cuestión de *qué es* propiamente Falsedad. De la mayor relevancia me parece un tratamiento diferenciador de ésta, que ha permitido demostrar ya en la Edad Media la inautenticidad de muchos documentos falsificados. Así, famosos críticos como CUSANUS pudieron demostrar la inautenticidad de los documentos sobre la Donación de Constantino, mientras la Iglesia, a pesar de haber tenido conocimiento de la prueba de la inautenticidad de los mismos, insensiblemente blindó tales documentos falsos y echó los cimientos para una ampliación de sus pretensiones mundiales. De otra parte, la Iglesia ya en el siglo XII condenó como hereje a todo el que rehusaba a los documentos probadamente falsos de la Donación de Constantino, invocando la inautenticidad de los mismos, y consideraba injustas las pretensiones de la Iglesia en ellos fundadas.[5]

1. A nosotros, ciertamente, un tratamiento diferenciador de esta naturaleza, a primera vista, nos parece incomprensible. En una segunda visión del problema, pudiera parecer comprensible el fundamento de ello. Los famosos críticos citados vieron como una posible explicación en la actitud de la Iglesia, a pesar de la inautenticidad de los documentos señalados, que ella actúa investida de un poder divino, independiente de la presentación de unos documentos falsos.[6]

Quisiéramos comprender también estas razones, ya que desde luego no podemos aceptarlas. Para nosotros, la falsificación de un documento y también su aplicación en el tráfico jurídico son acciones punibles como falsedades documentales, frecuentemente concurrentes con estafas, y la pérdida de valor de un documento demostrado falso o inauténtico en un Proceso penal, generalmente, fundamenta la reapertura del procedimiento, en perjuicio incluso de la firmeza de la cosa juzgada (*cfr.*, parágr. 359, núm. 1, 362, núm. 1, 363, 364 LProPenAlem.).

Tenemos que considerar además que las falsedades de la Edad Media han sido también examinadas a la luz de una interpretación completamente distinta. FUHRMANN aporta una moderna interpretación de los textos de la Edad Media en los siguientes términos: «lo que en la perspectiva científica es falsificación» de un nombre, de una fecha, de un documento, en una comprensión histórica de otra naturaleza puede ser sólo la ingenua elaboración de la coincidencia entre el acontecimiento y el «Ordenamiento jurídico»[7] —y nosotros no estaríamos tampoco completamente cerrados a este entendimiento—. Si se cimenta una pretensión justa en un documento falso, en todo caso puede descartarse estafa procesal,[8] pero no falsedad documental.

---

[4] Así, por ejemplo, las falsificaciones verificadas por FUHRMANN, p. 204 (nota 1), del arzobispo Hinkmar von Reims en la segunda mitad del siglo IX.

[5] FUHRMANN: *«mundus vidt decipi»*. Über den Wunsch der Menschen, betrogen zu werden, en: *Einladung ins Mittelalter* (nota 1), pp. 211, 216.

[6] FUHRMANN, p. 207 (nota 1).

[7] FUHRMANN, p. 202 (nota 1).

[8] GÖSSEL, *Strafrecht, Besonderer Teil* 2, 1996, § 21, p. 223.

2. Demos un paso más decisivo en el camino de la respuesta a la cuestión de lo que en la Edad Media fue considerado como inauténtico y falso: *Verdadero* fue sólo el santo Ordenamiento divino, *verdadero* fue todo lo que es conforme con él, y *falso* todo lo que lo contradice. Ello es también válido para el texto de los documentos, pues citando de nuevo a FUHRMANN se puede afirmar: «Dios vive también en las palabras»,[9] y lo decisivo es si las palabras de los documentos son concordantes con el ordenamiento de Dios, pero no si tales palabras son falsas. Y sólo puede parecer consecuente que OTTO I, en el año 967, promulgara un Edicto, según el cual la autenticidad de un documento, en caso de duda, debe resolverse en un duelo», y «se confía en el firme acto de fe de que Dios hará vencer a quien defiende la cosa justa».[10] Si un documento falsificado se estima verdadero en la medida en que coincide con la voluntad divina, tal concepción medieval no puede verse afectada por el mencionado aforismo de THOMAS MANN: «¿cómo puede ser —pregunta THOMAS MANN— que las leyendas conocidas en el mundo puedan ser consideradas como la verdad, y que las mentiras sean fundamento de la verdad histórica?... Ella es una contradictoria clase de poesía, la poesía del poder, pues todo lo que puede llegar a ser verdadero de lo falso es en último extremo poder».[11]

Podemos afirmar que los *documentos* constituyen una *imagen* de la *verdad*, que pueden coincidir con la verdad o no. Una de tales imágenes fue irrefutable en la Edad Media: donde está la sagrada ley de Dios, allí está la verdad.

Pero hemos de preguntarnos: ¿qué tiene que ver la *voluntad de Dios* con el moderno Proceso penal alemán?

II. EL ORDENAMIENTO JURÍDICO-PENAL Y LA VERDAD

El art. 20, párrafo 3, de la Constitución Alemana asienta el ejercicio del poder estatal en el Derecho y la Justicia. Y este precepto constitucional ha encontrado en el parágrafo 244, párrafo 2, de la Ley Procesal Penal una concreta formulación, pues no es posible que otra cosa represente un juicio justo. Y el Ordenamiento procesal penal nos dice también *qué* objeto tiene que investigarse conforme a la verdad. Según el parágrafo 264, párr. 1, éste es el «acto descrito en la denuncia», y éste es el comportamiento que se imputa al acusado en cuanto culpable y responsable de su comisión. La cuestión que cada juez del acto ha de investigar es la siguiente: ¿es cierto que el acusado realizó aquel comportamiento que le es imputado?, lo que significa: ¿ha llegado él *fácticamente* a producir el comportamiento, tal como se le imputa, o no?

a) Se nos presentan al respecto no pequeñas dificultades, ya conocidas por las consideraciones que hasta ahora se les ha dispensado: ¿cómo es posible verificar que se ha producido un determinado comportamiento y no otro en la *realidad?* En nuestro tiempo, con sus secularizadas guerras de consciencia sobre el debate de la vida y la muerte, al que en modo alguno es ajeno el ordenamiento justo, el único verdadero, nadie quiere ni puede hoy, tras el aludido Edicto de OTTO el Grande, emplear el procedimiento del duelo para encontrar la verdad de Dios y con ello la verdad real. ¿Cómo puede constatarse, conforme a la verdad, la realización de un comportamiento?

---

9 FUHRMANN, p. 205 (nota 1).
10 FUHRMANN, p. 214 (nota 4).
11 *Vid.*, nota 1.

b) También aquí el Ordenamiento procesal penal nos ofrece un determinado punto de apoyo. Según el principio consagrado en el parágr. 261 de la Constitución Alemana de la «libre apreciación de la prueba», el Juez tiene que llegar al convencimiento de que se ha cometido un determinado comportamiento, y no otro. Así como en la Edad Media el documento aparece como sólo una *imagen* de la verdad, las representaciones del Juez se dirigen a la convicción, exigida por el parágr. 261 de la Ley Procesal Penal Alemana, de la existencia de la comisión del mismo.

Aquí nos topamos con una primera dificultad. No sólo el Juez se forma una representación de lo que ha sucedido, sino también todos los demás *intervinientes* en el proceso, como testigos, defensor, acusador y Fiscal. Y estas distintas *representaciones, que* podemos denominarlas *imágenes* de la verdad, difieren por lo general, con frecuencia de forma no intrascendente, de suerte que todos los intervinientes son el ciego de la fábula, que tienta distintas partes del cuerpo de la especie para ellos desconocida del elefante. Una contradicción de las necesariamente diferentes imágenes de la verdad es ineludible y asumible, en cuanto el Ordenamiento procesal penal conduce dicho contraste hacia una equiparación, impuesta por disposiciones normativas: según los páragr. 261 y 264, la Sentencia se ha de fundar en la imagen de la verdad alcanzada por el Juez, en base al concepto fundamental del comportamiento.

III. SUJETO Y MUNDO

Quien quiera comprender un comportamiento conforme a la verdad, y por tanto alcanzar una imagen decisiva de la verdad, se enfrentará a una ulterior dificultad, que apenas parece soluble, y que el Ordenamiento procesal penal no resuelve. ¿Alcanza el Juez una *imagen* del comportamiento verdadero, o más brevemente de la verdad? ¿Puede haber una verdad distinta de esa imagen, que nos permita juzgar la imagen de la verdad alcanzada por la persona como coincidente o no con la verdad? Si hay sólo *imágenes* de la verdad, y no una *verdad* distinta de ellas, el hombre se crea el mundo en sus *propias* representaciones: no hay ningún objeto independiente del sujeto, que nos pueda permitir juzgar como determinantes o no determinantes nuestras *imágenes* de la verdad.

a) Como prueba de la supuesta *dependencia* del sujeto respecto de los objetos de percepción humana, ya la investigación física muestra que el conocimiento humano sobre los objetos de conocimiento se codetermina a través del orden de la experiencia, y puede modificarse con la modificación del orden de la experiencia. Para KARGL, es un «hecho comprobado en el ámbito microscópico que una descripción de los procesos atómicos necesariamente incluye un observador, en cuya virtud se puede apreciar y describir la materia. Con cada observación y cada teoría aprehendemos el objeto de nuestra percepción».[12]

b) ¿Se puede ya considerar como probada la dependencia del sujeto respecto de los objetos de la percepción humana? En mi opinión, en modo alguno.[13]

1. Probado está sólo, aunque esto parezca trivial, que el hombre forma sus *representaciones* sobre objetos existentes fuera del sujeto. A esto también apunta KARGL, cuando escribe que «los instrumentos experimentales permiten decidir qué

---

[12] KARGL, *Handlung und Ordnung im Strafrecht, Grundlagen einer kognitiven Handlungs und Straftheorie*, 1991, p. 28, nota 18.

[13] *Cfr.*, al respecto, mis consideraciones, en: FS-MYAZAWA, 1995, p. 317.

singularidades muestra el objeto».[14] Ello puede apreciarse en la necesidad de diferenciar entre un determinado *objeto* de la investigación humana y las *representaciones del investigador* sobre dicho objeto, pero de ahí no puede derivarse que el investigador por medio de su observación se inserta en el objeto de su percepción, de suerte que él mismo pueda *cambiar este objeto*. El astrónomo, que observa los astros y sus movimientos, ciertamente, puede alcanzar con la disposición de sus aparatos de observación distintos conocimientos, pero desde luego él no está jamás en disposición de modificar el orden de las estrellas o las leyes que rigen su movimiento. Algo distinto rige para los experimentos químicos o físicos. Ciertamente en ellos pueden incidirse, por ejemplo a través de reacciones químicas en un determinado metal de forma que el mismo se modifique; pero nunca la mera *observación* produce dicho cambio, sino la reacción química según las leyes de la naturaleza, que por su parte permiten ciertamente observaciones y reconocimientos sobre las leyes de la naturaleza y las características del metal correspondiente. Ello se muestra con un simple proceso: si se observa una moneda por la cara en que se expresa el valor de la misma, una tal observación ciertamente varía respecto de observación de la otra cara; las percepciones de la moneda, ciertamente, son distintas en ambos casos; ahora bien, con la diversidad de las percepciones no se modifica la pieza, la cual permanece invariada e independiente del sujeto, y también existe aunque no se tenga ninguna percepción de su existencia —con la que contamos seguro si pensamos que alguien ha llenado nuestro monedero, sin tener concreta representación del número y valor de las monedas o billetes en él introducidos— desgraciadamente no podemos llenar nuestra cartera con el mero poder de nuestras representaciones, aunque por fortuna tampoco vaciarla.

2. Se puede aquí objetar que, si bien los objetos existentes en la realidad sólo pueden ser captados mediante percepción sensorial, la percepción sensorial puede hacer imposible a las personas reconocer la esencia de un objeto,[15] y de esta esencia podemos en nuestra representación formarnos una imagen.

En esta formación, sin duda, es exacto que nosotros no podemos comprender completamente los objetos de nuestro reconocimiento. Pero ello, en nuestra opinión, no justifica negar la existencia de objetos independientes de la representación, y no porque estimemos una contradicción querer reconocer algo que sólo existe en nuestra representación. El reconocimiento que conduce a representaciones subjetivas ¿no presupone un objeto del que hasta ahora, al menos en parte, no nos hemos formado nunca imagen, o un objeto que en todo caso es independiente de la representación?

Tampoco es de aceptar la concepción de que los objetos sean comprobables sólo sensorialmente. Me parece carente de sentido negar el carácter de objetos subjetivamente independientes de las leyes de la naturaleza. La ley de la gravedad no puede ser observada, aprehendida ni percibida con los cinco sentidos humanos, sino a través de criterios como el espacio, el tiempo, la velocidad, que son comprobables matemáticamente o en otro tiempo espiritualmente. Estimo que es decisivo que las leyes de la gravedad rigen independientemente del reconocimiento humano y no son producidas por éste. Así, es reconocible, por ejemplo, que el campo de gravedad de un cuerpo celeste existía antes de que el hombre conociera

14 KARGL, como en la cita de la nota 12.

15 *Cfr.*, sobre el concepto jurídico-penal de acción, HRUSCHKA, *Strukturen der Zurechnung*, 1976, p. 4.

las leyes de la naturaleza referentes al mismo. También las leyes de la naturaleza son determinados objetos perceptibles del mundo de la experiencia. La percepción humana de estas leyes de la naturaleza puede ser más o menos determinante, pero no puede conseguir que las leyes de la naturaleza se produzcan, se modifiquen o se suspendan. Pueden producirse situaciones experimentales, en las que no exista campo de experimentación, o cuya estructura sea alterada o modificada, pues tal incidencia no puede considerarse como certificación, falsificación o mejora de la consciencia humana sobre la eficacia de las leyes de la naturaleza, pero no pueden ser modificadas ellas mismas, entendidas como objetos de la experiencia humana independientes del sujeto.

3. Lo expuesto muestra que los objetos de percepción han de ser claramente diferenciados de la percepción de los objetos, y esta diferenciación presupone, en cada investigador que trate de reconocer algo mediante la experimentación, las leyes de la naturaleza, pues sólo porque hay objetos con estructura propia, existentes con independencia de la observación, trata aquél de conocer, mediante la experimentación, el objeto y sus características. Sólo así puede el sujeto poner a prueba o ampliar su representación y reconocimiento sobre el objeto: que el investigador parta de hipótesis y teorías sobre el objeto de la investigación no es incompatible con la existencia de éste independiente del sujeto.

Lo expuesto alcanza también al estado actual de investigación de las Ciencias naturales: «si lo que nosotros consideramos real depende de nuestras respectivas teorías, ¿cómo podemos hacer de la realidad el fundamento de nuestra filosofía?», reflexiona STEPHEN HAWKING, quien afirma: «yo quisiera decir que soy un realista, en tanto creo que nos circunda un universo, que espera ser estudiado y comprendido. La posición solipsística, según la cual todo no es más que un producto de nuestro poder de pensamiento, la considero pura pérdida de tiempo. Sobre esta base no actúa ninguna persona. Pero sin una Teoría no podríamos reconocer lo que es real en el Universo».[16]

4. Naturalmente no es algo pleno de sentido impugnar que nuestro *conocimiento* del mundo se limita a nuestras *representaciones* del mundo. Por ello, también constata con *razón* STEPHEN HAWKING: «no tiene ningún sentido preguntar si nuestra representación de la realidad coincide con ésta, pues nosotros no sabemos qué se entiende por realidad». De ello no se ha de extraer obligatoriamente la conclusión de que el *mundo* existe sólo en las *cabezas* de las personas como mera *representación* —pero también debe aceptarse que el mundo existente con independencia de nuestras representaciones puede representarse de manera más o menos determinante—. Para poder existir en el mundo, afirma con razón STEPHEN HAWKING, de hecho «no tiene ningún sentido preguntar si nuestra representación de la realidad coincide con ésta, pues nosotros no poseemos de la realidad un concepto que sea independiente de todo modelo»:[17] antes bien, tiene pleno sentido, para la persona que se encuentra en el mundo real, partir de que las representaciones humanas sobre la

[16] HAWKING, Mein Standpunkt, en: *Einsteins Traum, Expeditionen an die Grenze der Raumzeit,* deutsche Ausgabe, 1993, pp. 55, 58. Con base en los mismos fundamentos, se defiende KARGL, p. 90 (nota 11), del reproche por mí formulado (GA, 1993, p. 134) en relación a que «la pieza constructiva resulte equiparable para un escepticismo teórico-cognitivo, para un idealismo o para un solipsismo». La interesante cuestión de si no es justificado este reproche a la posición de KARGL no puede ni precisa ser respondido a los fines aquí perseguidos.

[17] *Vid.*, p. 59 (nota 11).

realidad, generalmente consideradas hasta ahora como determinantes, a pesar de sus posibles deficiencias, son en verdad decisivas en la medida en que fácticamente coinciden con la —para nosotros desconocida— realidad.

Cuando la persona quiere realizar algo en el mundo, si quiere conseguirlo, ha de partir necesariamente de la *exactitud* de sus representaciones (y en la consciencia de su posible inexactitud) sobre el mundo, y de este modo reconocer la realidad. No es posible, por ejemplo, operar a través de meras representaciones la modificación espacial de un objeto deseado. Ninguna persona actúa sobre la base de la aquí rechazada posición de la dependencia de todos los objetos de la experiencia de un sujeto, y de la consecución de estos objetos sólo por la representación humana. Quien conduce su yate por el océano o pilota su avión sobre un continente con un determinado fin, presupone la existencia de un espacio cósmico que posee determinadas características, como la forma (aproximadamente) esférica de la tierra, cuya rotación sobre sí misma y traslación en torno al sol y sus correspondientes leyes naturales son características *objetivamente dadas y* no modificables por los vigilantes preceptores de la realidad.

c) Queda planteada la cuestión de si está probada la existencia de los objetos del mundo de la experiencia independientes del pensamiento, con sus propias estructuras y características. Parece *razonable* partir de esta existencia. Sólo así puede el hombre orientarse y actuar conforme a un plan. Pero asimismo parece razonable, tanto reconocer sólo una *imagen* de la verdad, existente en la representación del Juez, como un objeto *independiente* de esta representación, al que puede corresponder más o menos la imagen de la verdad del Juez. Y esto no parece *verdaderamente* nuevo: las antiguas consideraciones sobre las falsedades en la Edad Media condujeron ya a este resultado. Una ulterior decisión puede ahora alcanzarse: en la lucha de las teorías sobre la *verdad,* es *razonable* seguir la ampliamente conocida teoría de la correspondencia *(«adaequatio intellectus et rei»)*:[18] Verdadera es aquella representación que se adecúa o coincide con el objeto representado.

IV. SUJETO Y MUNDO EN EL DERECHO PROCESAL PENAL

A esto se opone vehementemente una parte de la más moderna literatura jurídica procesal penal. Así, leemos en GRASNICK que toda declaración de un interviniente discrecional en el proceso no puede ser colocada precisamente junto a la realidad en sí existente sólo putativamente, y tampoco oponerse con exigencias al otro interviniente: «Mirad aquí, comparad ambos, y veréis que lo representado por mí es un fiel retrato de la realidad».[19] De igual modo similar argumenta PAULUS cuando afirma: «la verdad (procesal) no es algo previo ontológica o axiológicamente, susceptible de reconocimiento, sino siempre algo que va a ser, o que se pretende construir, en la concreta decisión jurisdiccional».[20]

a) Hemos visto antes que la *existencia* de objetos independientes del sujeto puede ser tan poco susceptible de demostración como su *no-existencia,* pero también que es *razonable* reconocer la existencia de objetos independientes del sujeto, porque sólo podemos orientarnos en el mundo y actuar conforme a un plan racional.

---

18 LIPPOLD, *Reine Rechtslehre und Strafrechtsdoktrin,* 1989, pp. 16 y ss. *Cfr.*, en sentido contrario, GRASNICK, Wahres über die Wahrheit —auch im *Strafprozeß, en:* WOLTER (Hrsgbr.), 140 Jahre Goltdammer's Archiv für Strafrecht— Eine Würdigung zum 70. Geburtstag von PAUL GÜNTER PÖTZ, 1993, pp. 74 y s., quien aboga por la teoría del discurso o del consenso.

19 GRASNICK, p. 69 (nota 16).

20 PAULUS, Prozessuale Wahrheit und Revision, en: FS-SPENDEL, 1992, pp. 687, 697.

1. Lo expuesto no es suficiente para poder encontrar una teoría que entienda la Verdad en el Proceso penal como algo a encontrar, a hallar, sino como que es construido en el propio procedimiento penal. Las teorías aludidas anteriormente se fundamentan en las investigaciones de LUHMANN y en la concepción más recientemente mantenida por MÜSSIG, según el cual «la persona no ha de ser entendida como algo substancial, indisponible materialmente, preexistente a toda realidad social, sino como construcción social».[21] Si la persona en el Proceso penal es una construcción normativa, ¿cómo puede ser la *verdad* como objeto de hallazgo del juicio sobre la construcción normativa «persona» (concepto normativo de «persona») algo distinto a la construcción normativa que carece de toda substancia y realidad?

Parece dudoso si ha de considerarse a LUHMANN verdaderamente a favor de esta concepción. Es cierto que él ha afirmado que «todo observador es el producto del propio observador», pero ello no permite en modo alguno justificar la conclusión de que fuera del observador capaz de reconocer no hay *nada.*[22] No obstante: toda teoría se puede mantener en algún punto. En el proceso penal cada interviniente se forma su propia imagen sobre el acontecimiento y la conformidad del mismo a la verdad. Ello es igualmente válido para el juez, para el acusado y su defensor, para el acusador y los testigos. Esto lo pudimos constatar ya antes, a propósito del ejemplo de los ciegos de la fábula. ¿Pero puede esto ser razonablemente contradicho por las teorías que consideran imposible la existencia y el hallazgo de la verdad en el Proceso penal, y que como punto de partida sólo estiman posible en el Proceso penal la construcción de la verdad?

2. En este punto quisiera recordar las iniciales reflexiones sobre falsedades en la Edad Media. Hemos visto en qué relevante forma se diferencia entre la *imagen* de la verdad ofrecida por los documentos y la *verdad* misma. Igual sucede hoy en todas las teorías sobre la falsedad de una expresión, según el sentido de los parágr. 153 y 154 del Código Penal Alemán.[23] Tanto es ello así que todos los intervinientes en el Proceso penal conforman una *imagen* de la verdad, pero se ha de distinguir entre la *imagen* del acontecimiento conforme a la verdad y el propio acontecimiento en cuanto *objeto* de esa imagen de la verdad. Esto ya lo hemos estimado razonable en nuestras anteriores consideraciones.

b) Ahora bien, lo que sea *razonable* es sólo algo cierto pero no exacto. Nadie puede demostrablemente excluir la mera existencia de *imágenes* de la verdad, y no en cambio la propia *verdad* en cuanto algo diferente de aquéllas. Sólo permanece entonces el llamamiento a la *plausibilidad.* Planteemos el caso: si sólo existen *imágenes* de la verdad, pero no la propia *verdad,* ¿qué consecuencias se derivan de ello?

1. Consideremos en primer lugar el derecho al recurso en el Derecho procesal penal. En la instancia de la apelación se producen sólo consecuencias referidas a la comprobación del juicio impugnado. Una tal comprobación debía referirse cuando menos a si las *imágenes* de la verdad formadas por el Juez de primera instancia fueron determinantes o no —y ello sólo se puede conseguir mediante una comparación entre tales imágenes de la verdad y el real *comportamiento* conforme a la

---

21 MÜSSIG, *Beweisverbote im Legitimationszusammenhang von Strafrechtstheorie und Strafverfahren,* GA, 1999, pp. 119, 124.

22 LUHMANN, *Gibt es in unserer Gesellschaft noch unverzichtbareNormen?,* 1993, p. 41. *Cfr.,* además, LUHMANN, *Erkenntnis als Konstruktion,* pp. 13, 16.

23 *Cfr.,* por ejemplo, LACKNER/KÜHL, StGB, 23. Aufl., 1999, Vor § 153, p. 3.

verdad–. Esta reflexión ayuda en todo caso en un primer momento, pero no ulteriormente. En la instancia de la apelación no se comprobará la exactitud de la resolución judicial recurrida, sino que se decidirá completamente de nuevo sobre la impugnación consignada en la denuncia, y ciertamente con independencia de la Sentencia recaída en primera instancia.

¿Por qué he efectuado yo estas reflexiones? Ciertamente no de forma arbitraria. Pues ellas nos serán útiles en la instancia de casación. En efecto, según el parágr. 244, párrafo 2, de la Ley Procesal Penal, el Juez tiene el deber de alcanzar la *verdad* –y una lesión de este deber puede dar lugar a las exigencias derivadas del derecho de explicación, y fundamentar la denominada demanda de explicación–. Si se partiera aquí sólo de la existencia de *imágenes* de la verdad, el Tribunal de casación sólo podría comprobar si el Juez del hecho ha formado su convicción, y con ella su imagen de la verdad, conforme al ordenamiento procesal. Se sustentaría así la concepción según la cual no se precisa ninguna comprobación ulterior acerca de si la *imagen* de la verdad coincide con el *objeto,* con la misma *verdad.* En todo caso, según la concepción dominante, el Juez del hecho no ha cumplido su deber de hallazgo de la verdad con su mera convicción de haber cumplido tal deber, sino que, como resalta el Tribunal de casación, él ha de haber satisfecho tal deber también *fácticamente,* con independencia de su representación subjetiva.[24] Si partiera de esta exigencia el Juez del hecho, la apreciación de un suceso que supuestamente se habría producido a las 22 horas, del día 24 de diciembre, en München, a plena luz del sol, tendría que ser revocada por el Juez de casación, porque la imagen del Juez del hecho sobre el comportamiento conforme a la verdad no coincide con el acontecimiento real, por lo que se hace precisa una comparación entre la imagen de la verdad del Juez del hecho y la propia verdad. La imaginable objeción de que aquí el Juez de casación se limita a comparar su propia imagen con la del Juez del hecho, no la considero yo relevante. Cierto es que también el Juez de casación tiene su propia imagen sobre el curso del acontecimiento conforme a la verdad, pero ello sólo después de que él haya comprobado si la imagen de la verdad del Juez de instancia, y si esta imagen comprende un real curso de acontecimiento. Una comprobación de esta índole parece plena de sentido, en tanto existe fácticamente un acontecimiento real fuera de la representación judicial. Con otras palabras: en el caso planteado de la comprobación por el Juez de casación de las constataciones fácticas, se prevé la existencia de la verdad como objeto de una imagen de la verdad posiblemente formada de manera defectuosa.

Lo mismo es válido para la exigencia de explicación de una defectuosa *apreciación* de la prueba. En una Sentencia del Tribunal Supremo Federal, publicada a finales de mayo de 1999, sobre el denominado «caso de los pistachos»,[25] el Juez del hecho estimó que un niño de 7 años resultó envenenado por medio de un pistacho que contenía arsénico, que le había llevado la hermana del padre. El Tribunal Supremo Federal revocó la Sentencia recurrida y dejó en libertad a la hermana acusada, porque no podía excluirse otro posible comportamiento por parte de la acusada, distinto de aquel que le había sido imputado, y que el Juez *a quo* había tomado como fundamento de su convicción. También aquí el Tribunal de casación ha comprobado si la *imagen* de la verdad del Juez del hecho puede corresponder a la *verdad,* tratada de manera distinta por la imagen de la verdad.

---

[24] KK-HERDEGEN, StPO, 4 Aufl., § 244, p. 21.

[25] BGH NJW 1999, p. 1562.

3. Algo similar sucede respecto de la *reapertura de procedimiento* en favor del condenado, conforme al parágr. 359, núm. 5 de la Ley Procesal Penal. Según este precepto, el mandato jurídico sólo es admisible cuando se muestra como no determinante la anterior imagen de la verdad del Juez del acto por nuevos hechos o medios de prueba, adaptada ahora *sólo* a la verdad; en todo caso, según la concepción dominante en la jurisprudencia, el Tribunal de reapertura del procedimiento, tomando como punto de partida la posición sobre el reconocimiento adoptada anteriormente por el Juez, tiene que juzgar si el Juez del acto se habría formado *otra* imagen de la verdad si hubiera conocido los hechos nuevos que ahora son conocidos.[26] Pero esto sólo se puede conseguir, según mi convicción, mediante una comparación de la anterior *imagen* de la verdad con los *hechos actuales,* por tanto a través de una comparación de la *imagen* de la verdad con la propia *verdad* independiente de aquélla. Solamente si yo *presupongo* que el anterior Juez ha configurado su imagen de la verdad en un hecho realmente existente, puedo de ahí deducir que él ante el conocimiento de los hechos nuevos se habría formado una representación *diferente* del comportamiento objeto del procedimiento.

c) Estamos ya en condiciones de hacer la siguiente aseveración: la negativa de una realidad *independiente* del sujeto no es concordante con el vigente Derecho procesal penal alemán. Sin embargo, no quisiera yo contentarme con este criterio de plausibilidad. Pues: ¿qué ocurriría si no existiera la verdad, y por ello no fuera posible comparar con ella las imágenes de la verdad?

El puro arbitrio sería, según mi convicción, la consecuencia. Faltaría un *criterio* para evaluar la exactitud inherente a la imagen de la verdad judicial, y no podríamos en absoluto encontrar tal criterio.

1. Se ha aludido que el Proceso no se dirige a una decisión *verdadera,* sino a *legitimar* el ejercicio del poder del Estado respecto del inculpado,[27] o al reconocimiento del mismo respecto de un inculpado en un Proceso sin prepotencias.[28] Con ello puede desconocerse lo esencial del ejercicio del poder del Estado: el espíritu de toda actuación estatal.[29] Al respecto, de modo convincente, ha escrito ZIPPELIUS lo siguiente: « el mero poder no pierde su mezquindad en un proceso legal».[30] Y aun, hoy por hoy, tengo por exacto lo que, por mi parte, escribí en 1993, en el Libro Homenaje para mi colega polaco MARIAN CIESLAK: «el poder aunque se desarrolle necesita de la nobleza de su sumisión al fin de la Justicia», y sólo puedo considerar correcta una resolución judicial cuando la misma constata los hechos sometidos a su conocimiento conforme al *criterio de la verdad.*[31]

2. Quien quiere sólo reconocer una verdad legitimadora llamada la verdad *procesal,* se mantiene sólo en el plano formal de la *tramitación* de la imagen judicial *conforme a las normas del procedimiento,* renunciando a una determinación substancial de la verdad y con ello de la Justicia. Y ello infringe el art. 20, párrafo 3, de nuestra Ley Fundamental, la cual *vincula* también *todos* los Poderes del Estado a la Justicia

---

[26] LR-GÖSSEL, 25. Aufl., § 359, pp. 133, 157 y ss.

[27] *Cfr.,* al respecto, LUHMANN, *Legitimation durch Verfahren,* 3. Aufl., 1978.

[28] ROTTLEUTHNER, *Kritische Justiz,* 1971, pp. 60 y ss.

[29] BEULKE, *Der Verteidiger im Strafverfahren,* 1980, p. 28.

[30] ZIPPELIUS, *Allgemeine Staatslehre,* 6. Aufl., 1978, p. 311.

[31] GÖSSEL, *Das Rechtsstaatsprinzip in seiner Bedeutung für Strafverfahren,* en: FS-CIESLAK, KRAKAU, 1993, pp. 313, 320.

material, en la medida en que ésta es alcanzable por el conocimiento humano. Quien considera que la verdad sólo es susceptible de ser *construida,* se condena a aceptar toda imagen de la verdad en tanto conseguida por una tramitación conforme al ordenamiento procesal aunque contradiga la verdad real. El Ordenamiento renunciaría a un *medio de control* a mi juicio irrenunciable sobre la imagen de la verdad del Juez del acto, y la prescripción legal de la reapertura del procedimiento por nuevos hechos o medios de prueba no podría admitirse porque hubiera podido extraerse de un hecho realmente existente en el pasado, sino sólo si la anterior imagen de la verdad se hubiera obtenido en la tramitación procesal. Considero que todos los caminos mentalmente imaginables de salida están cortados. Puede en tal caso estimarse que el nuevo medio de prueba acredita sólo que la anterior resolución no fue alcanzada con observancia de las normas procesales. Pero quien así argumente haría depender, de manera ciertamente contradictoria, la verdad *procesal* de un criterio substancial: la coincidencia de aquélla con un supuesto fáctico verdadero existente en la realidad, o más brevemente expresado, de la verdad *material.*

c) Puedo compendiar las precedentes reflexiones: *a)* en el Proceso penal se elabora *en todo caso* una determinada *imagen* judicial de la verdad, *b)* junto a esta imagen judicial, es de reconocer la existencia de un acontecimiento real, del que puede desviarse la imagen del Juez, afortunadamente susceptible de verificación por medio de recurso, *c)* la verdad sobre el hecho es *aprehendida,* pero no *construida,* si bien tal aprehensión tiene procesalmente lugar a través de una *imagen* de la verdad, que en su libre convicción se forma y, en este sentido, «instaura» o «crea» el Juez.

V. SÍNTESIS

Con esto se cierra el círculo. Entiendo que quien impugne las anteriores conclusiones se expone a renunciar a una *verificabilidad substancial* de las *imágenes de la verdad,* posibilitando con ello que «mitos, fábulas, falsedades y mentiras» que el mundo conoce como tales «lleguen a ser la base de la verdad histórica», configurando de hecho —para concluir con palabras de THOMAS MANN, cuyas reflexiones invocamos como punto de partida— una «contradictoria clase de poesía, la poesía del poder, pues todo lo que puede llegar a ser verdadero de lo falso es, en último extremo, poder».[32] Y así entraríamos en unas tinieblas más profundas que las de la ya tenebrosa Edad Media: los falsificadores de la Edad Media tuvieron conocimiento de las falsedades y también de la verdad. Quien sólo reconozca la existencia de una exactitud *procesal* y *niegue* la existencia de una verdad independientemente del sujeto, pierde consciencia sobre la verdad y la falsedad, y con ello también de la diferencia que media entre ambas. Y precisamente ello representa la razón por la que nosotros, también en el Proceso penal, *tenemos* que buscar la verdad a pesar de que jamás podamos alcanzarla plenamente.

---

[32] *Vid.,* nota 1.

CAPÍTULO V

LA BÚSQUEDA DE LA VERDAD EN EL PROCESO PENAL ASPECTOS JURÍDICO-CONSTITUCIONALES Y POLÍTICO-CRIMINALES*

I. PRELIMINARES

Quien quiera reflexionar o, cuando menos, informar sobre la *prohibición de la prueba* se encuentra ante un dilema: ha elegido un objeto de examen que permanece en la oscuridad, y que pertenece a una materia escasamente investigada.

Al propio tiempo, habrá de reconocer siempre este ignoto objeto lo más rápidamente posible y en la forma precisa alcanzable: la problemática conexa a la *prohibición de la prueba* existe en todo Ordenamiento penal, aunque ha sido concebida en forma muy divergente. Y además, en realidad, no existe propiamente una dogmática que sea predominante y generalmente reconocida sobre la prohibición de la prueba.

II. PROHIBICIÓN DE LA PRUEBA Y POLÍTICA JURÍDICA

En este punto de partida, parece ser necesario aludir, en primer término, al ámbito político-jurídico, en el que nuestro desconocido objeto de estudio ha sido predominantemente considerado hasta ahora como un «espectro huidizo».

a) Hipótesis de partida

En el punto de partida quisiera invocar a título de ejemplo dos hipótesis criminales, que pueden plantearse en cualquier momento y en cualquier lugar del mundo: una mujer es golpeada por su marido; un sujeto viola a una mujer.

Ambas hipótesis criminales tienen en común que, con gran frecuencia, el autor puede *no llegar a ser juzgado:* la esposa teme ulteriores maltratos en el momento de interponer la denuncia penal e incluso prevé amenazas a su familia en el caso de que su marido fuera realmente condenado, con lo que puede incluso ponerse en quiebra el propio sostenimiento familiar, por lo que aun cuando la esposa en su primera comparecencia ante la policía formula denuncia, con relativa frecuencia, posteriormente hace uso de su derecho de retracto y no ratifica la misma ante el juez; la mujer violada siente incluso temor cuando se encamina hacia la policía,

---

* Traducción española por el Prof. Dr. MIGUEL POLAINO NAVARRETE, Catedrático de Derecho Penal en la Universidad de Sevilla.

verdadero temor y pudor ante el comportamiento de muchos funcionarios masculinos, y temor ante la «rueda de interrogatorios», pues siempre de nuevo ante cada interrogatorio tiene que rememorar el desagradable suceso y vivenciar el sufrimiento padecido, acrecentado por las no infrecuentes preguntas cínicas y desconsideradas formuladas, *v. gr.*, por parte de la defensa.

Para poder llegar en estas situaciones a un juicio, ciertamente es comprensible, por ejemplo, que las feministas exijan que la mujer violada deba ser *oída una sola vez y* que su declaración fundamentalmente alcance el mayor valor probatorio; y asimismo que, respecto al testimonio de la esposa golpeada, deba estimarse que llegó a aquél solamente a impulsos de su primera y genuina necesidad.

Sin embargo, tan comprensibles propuestas pueden también residir en las siguientes consideraciones. Tales casos pueden, pero no deben, tener lugar en el proceso penal, según el Derecho procesal penal alemán. Más exactamente dicho: las aludidas situaciones denunciadas contradicen las normas del Ordenamiento procesal penal relativas a la dirección de las pruebas y a la estimación de las mismas.

De ello derivan dos puntualizaciones: por una parte, las hipótesis de nuestro punto de partida están incursas en el ámbito de la *prohibición de la prueba; y,* por otro lado, demuestran que la problemática de la prohibición de la prueba no es un mero problema jurídico procesal-penal, sino que antes bien constituye una cuestión que responde a la comprensión general de las *relaciones entre el Estado y el ciudadano.*

b) El conflicto de intereses

1. Cuando en nuestras hipótesis de partida las reglas procesales impiden un enjuiciamiento, es comprensible que se apelen a un Estado firme, que no permita impedir, a través de pequeños y burocráticos formalismos jurídicos, que se sancione a los culpables. Naturalmente, el Estado debe sancionar a los culpables, pero solamente a través de la puntual constatación, precisamente por medio del proceso penal, de quién ha sido realmente considerado y probado como tal.

En las hipótesis de ejemplo, simplemente he aludido a los hechos de que un marido maltrata de obra a su mujer y de que un determinado sujeto ha violado a una mujer. Sin embargo, ello aún constituye sólo una dudosa imputación. En el proceso penal, ha de constatarse, en el primer término, si se ha cometido un delito y, en su caso, si concretamente se ha cometido por determinados inculpados. De este modo, claramente se advierte que ha de estimarse improcedente otorgar a la *declaración de la víctima* del delito un más elevado valor probatorio, pues con ello no se lesionaría una mera norma reglamentaria formalista, sino el derecho fundamental de la general *presunción de inocencia.*

Las reglas representadas como simples formalismos jurídicos sobre pruebas improcedentes se consideran *no susceptibles de prueba,* exclusivamente, en cuanto sean necesarios medios de aseguramiento jurídico-estatal, frente a cualquier agresión injustificada.

2. El problema de la *prohibición de la prueba* viene a encuadernarse en la encrucijada entre los intereses del Estado a un efectivo procedimiento penal, en cuanto comunidad jurídica, y los intereses del individuo a la protección de sus derechos personales.

La problemática de *la prohibición de la prueba es* inmediatamente influida por la singular concepción del Estado. Naturalmente, no puede examinarse con detalle este aspecto aquí. Baste sólo bosquejarlo con la mera invocación del *slogan* del «Estado-policía» y del «Estado observador».

Que el «Estado-policía», con sus fundamentalmente ilimitados medios, pueda de hecho perseguir y penar con más eficacia que el Estado liberal de Derecho, desgraciadamente, lo demuestra el ejemplo actual de todas las dictaduras de nuestro mundo, ya sean de cuño socialista, fascista o de cualquier otra naturaleza y corte políticos.

Esta confrontación muestra precisamente que en el «Estado-policía» subsiste el peligro de que se puedan dirigir sus propios ilimitados medios hacia no culpables. La finalidad del combate de la criminalidad resulta contraproducente: la reducción de la criminalidad privada, con la coetánea persecución y punición de inocentes, conduce directamente a la «criminalidad de Estado».

Por ello, al «Estado-policía» frecuentemente se contrapone, como deseable, la imagen del «Estado-observador» en que ya el Estado carece del poder opresivo, y cede la configuración de las relaciones sociales al individuo y al libre juego de sus poderes, limitándose al ejercicio de la «función de mera advertencia».

El Estado solamente puede exteriorizar sus medios de poder, para que cada uno pueda ser al fin efectivamente libre, sin el dominio del influjo de la tutela del Estado. Pero, así como en la naturaleza no hay vacíos, no existe tampoco en el ámbito social ningún vacío de poder.

El delito organizado, las bandas de jóvenes marginales, los manifestantes por la fuerza y los delincuentes terroristas, por ejemplo, muestran claramente que existe *poder privado sin control* en cualesquiera ámbitos en los que tiene que ejercerse el poder estatal de control.

El «Estado-observador» lleva precisamente a una arcaica situación de imposición del «derecho del más fuerte», que felizmente pudo llegar a ser superada, con el desenvolvimiento y el asentamiento de las comunidades organizadas en *Estados de Derecho* para el bien de todos.

3. He mencionado estos extremos solamente para mostrar las dimensiones político-jurídicas generales de nuestro problema. El moderno «Estado de Derecho», también en Alemania, se encuentra equidistante respecto de ambos extremos. De ello deriva ya una importante pauta para la ulterior discusión de la problemática de la prohibición de la prueba.

Todas las concretas propuestas de solución, en cuanto soluciones efectivas, tienen que ocupar una razonable *posición media* entre un Estado débil y un Estado fuerte, y tienen que mostrarse como consecuencia de una ponderación adecuada de los intereses de la persecución penal con los intereses individuales.

III. LA PROBLEMÁTICA DE LA PRUEBA Y EL PROCESO PENAL

a) El principio inquisitivo inspirador del § 244,2 de la Ley Procesal Penal Alemana (StPO), como es de esperar sólo en un «Estado-policía», parece postular la persecución penal represiva, al disponer: «el Juez, para la averiguación de la verdad, tiene que cubrir de oficio la verificación de la prueba, con *todos* los hechos y los medios probatorios que sean de relevancia para su resolución».

Ya en 1903, ERNST BELING había expresado escuetamente: «desde el principio, tiene validez, como regla el siguiente postulado: cada hecho relevante debe ser objeto de investigación, y precisamente con todos los medios disponibles».[1]

b) Completamente opuesta parece la disposición contenida en el § 136 *a* de la L.P.P.A. (StPO), que prohíbe la constatación de los hechos probados a través de un interrogatorio en el que resulte afectada la libertad de voluntad del inculpado.

De conformidad con ello, resultan prohibidos, tanto la aplicación de la tortura, cuanto el empleo de un detector de mentiras. Esta prohibición es garantizada por el §136 *a,* 3,2 de la L.P.P.A. (StPO), que dispone: «las declaraciones obtenidas con infracción de la presente prohibición, cuando el inculpado lo acredite, no pueden ser tenidas como válidas».

La jurisprudencia ha reconocido que la verificación de los hechos probados no puede obtenerse *sin límites* jurídicos. Así el Tribunal Supremo Federal (BGH) ha establecido el siguiente principio general: «ha de considerarse que el fin de averiguar y sancionar los hechos punibles es ciertamente de la mayor importancia, pero no puede constituir siempre y bajo cualquier circunstancia interés prevalente del Estado».[2]

Incluso anteriormente el Tribunal Supremo Federal (BGH) llegó a un resultado que parece ser diametralmente opuesto a la cita invocada de BELING: «no hay principio alguno del Ordenamiento procesal penal que imponga la investigación de la verdad a cualquier precio».[3]

c) La solución de este contraste no es en sí tan difícil, y radica ya en el título del escrito en el que BELING asignó tan contradictorio principio a la jurisprudencia: la *prohibición de la prueba como límite de la búsqueda de la verdad.*

El *deber de declarar* existe con carácter fundamental, pero resulta limitado por múltiples normas excepcionales. Y ello no podría ser de otro modo en un moderno Estado de Derecho. El interés legítimo a un proceso penal plenamente eficaz encuentra su límite en el interés y en la garantía de los derechos individuales de los ciudadanos.

La *prohibición de prueba* representa un intento de solucionar este conflicto de intereses, de determinar más precisamente los límites del deber de declarar. La prohibición de prueba tiene la misión de tutelar los intereses del individuo frente a la persecución penal del Estado.

IV. LA TEORÍA DE LA PROHIBICIÓN DE LA PRUEBA EN LA ACTUALIDAD

1. CAMINO HACIA UNA TEORÍA DE LA PROHIBICIÓN DE LA PRUEBA

a) Etimológicamente «probar» significa conferir conocimiento a alguien. Como en el proceso penal el principio inquisitivo exige la comprobación de los hechos probados, «probar» equivale a la *determinación del objeto* del litigio y del juicio,[4] que al tenor del § 264 de la L.P.P.A. (StPO) está constituido por la acción descrita en la acusación tal como se muestra como resultado de la *investigación.*

---

1 BELING, *Die Beweisverbote als Grenzen der Wahrheitsfindung,* 1903.
2 BGHSt 19, 325, 329.
3 BGHSt 14, 358, 465.
4 GÖSSEL, *Strafverfahrensrecht,* 1977, § 22 A I.

De este modo, puede formularse una primera definición provisional de la *prohibición de la prueba:* por tal se entiende una regla que *prohíbe* convertir al hecho en objeto de la acusación y del procedimiento y, con ello, en *constituirlo en objeto del juicio oral.*

1. De prohibiciones de la prueba podría propiamente hablarse sólo en el procedimiento judicial, pero tales prohibiciones sustentan al propio tiempo una preejecución, porque también en el procedimiento del Ministerio Fiscal se determinan los hechos exclusivamente a través de los medios de investigación policial, que posteriormente pueden constituirse en objeto del procedimiento principal: lo que no puede constituir objeto del juicio no debe incorporarse a la acusación principal, y por ello tampoco debe llegar a ser objeto de la investigación o de las diligencias previas.

En todo caso, es de considerar que en las diligencias previas puede ser objeto de indagación un determinado hecho sin infracción de ley o de derecho, y cuya orientación hacia la acusación principal al propio tiempo representa una lesión de derecho prohibida, por lo que resulta improcedente; en tanto que, por el contrario, es imaginable que un hecho que en las diligencias previas se acredita como lesión de una norma jurídica, al propio tiempo, en forma admisible sea dirigido a la acusación principal y pueda erigirse en objeto del juicio.

2. Con ello se pueden indicar las consecuencias posibles de la *prohibición de la prueba:* si un determinado hecho es considerado en forma procedente objeto del juicio, éste puede estribar en una infracción de ley, y, en su virtud, según el § 337 de la L.P.P.A. (StPO), llegar a constituir *objeto del recurso* jurídico de casación.

La teoría de la prohibición de la prueba se tiene que ocupar de delimitar las prohibiciones de prueba *no revisables en casación* de las prohibiciones de prueba *susceptibles de casación.*

b) De esta forma, se puede determinar el *contenido* de una teoría de la prohibición de la prueba. Se trata de la teoría de las *prohibiciones de averiguación* de los hechos constitutivos del objeto del procedimiento penal, incluidas las prohibiciones de constituir determinados hechos en objeto del juicio oral, así como finalmente de las consecuencias jurídico-procesales de la inobservancia de tales prohibiciones.

Así pues, es comprensible que en Alemania se haya intentado siempre desarrollar la teoría de la *prohibición de la prueba* en dos distintas directrices: por un lado, partiendo de la naturaleza de la prueba y de la prohibición de la misma, y, por otro lado, según las consecuencias de la inobservancia de prohibición de la prueba.

De este modo, una teoría generalizadamente sostenida en la literatura científica trata de desarrollar, partiendo de la naturaleza de la prueba, una definición de la prohibición de la prueba, sin consideración de las consecuencias jurídico-procesales.

Por otro lado, la jurisprudencia aprecia, bajo determinada influencia doctrinal, los límites y el ámbito del derecho de casación como la clave decisiva para la comprensión de la prohibición de la prueba,[5] al tiempo que pretende definir y sistematizar la prohibición de la prueba en relación a la situación procesal.[6]

---

6 RENGIER, *Die Zeugnisverweigerungsrechte im geltenden und künftigen Strafverfahrensrecht,* 1979, p. 291.

2. LA PROHIBICIÓN DE LA PRUEBA COMO INSTITUCIÓN PROCESAL AUTÓNOMA

Quien quiera determinar la naturaleza, los límites y la relevancia de la prohibición de la prueba, partiendo de su propia naturaleza objetiva, tiene que aceptar el reconocimiento de la *autonomía procesal* de la misma.[7]

Con ello, se viene a establecer un sólido fundamento: partiendo de las características y de la naturaleza del instituto de la *prohibición de la prueba,* consecuentemente se desarrollan principios jurídicos sobre los límites y la significación procesales de esta institución.

Desde este punto de partida, se describen en la literatura científica dos caminos para la fundamentación de una teoría de la prohibición de la prueba: por un lado, una posición prevalentemente *formal* sobre la prohibición de la prueba, y, de otro lado, una determinación prevalentemente *material* de la misma.

a) *Teorías formales de la prohibición de la prueba*

1. Si bien falta por el momento una terminología unitaria, en el actual estado de discusión, puede describirse la *teoría formal* de la prohibición de la prueba a través de una doble ordenación:

aa) En primer término, se reconoce una elemental delimitación entre prohibiciones de *la práctica* de la prueba (relativas a la propia *constatación* de los hechos probados) y prohibiciones de la *utilización* de la prueba (impeditivas de constituir determinados hechos probados en *objeto* del juicio oral).

bb) Una ulterior estructuración distingue entre la prohibición de la *formulación* de la prueba (concernientes a determinados objetos de la prueba legalmente excluidos de la misma), la prohibición de los *medios* probatorios, la prohibición de los *métodos* de prueba, y finalmente determinadas prohibiciones *relativas* de la prueba.

2. A pesar del indiscutible valor didáctico y sistemático de tales clasificaciones, no se han encontrado aún auténticas reglas procesales, que habrían de configurar el propio desarrollo del proceso. A las aludidas clasificaciones corresponderían determinadas actuaciones procesales, de forma que a las infracciones de determinados grupos de prohibiciones de prueba han de seguir determinadas consecuencias relativas a las indemnizaciones y condenadas en costas, así como a las posibilidades de su casación.

La configuración de tales reglas procesales es hasta ahora solamente alcanzada con relación a la prohibición de la *utilización* de la prueba. Una infracción de la prohibición de constituir a un determinado hecho en objeto del juicio oral (por ejemplo, la infracción de una prohibición de utilización de la prueba), según opinión unánime y pacífica, fundamenta la facultad de casación.

También a las teorías formales de la prohibición de la prueba se conecta una reconocida definición de la prohibición de la utilización de la prueba, y así la relevancia de estas teorías se muestra más reducida de lo que a primera vista parece.

Es de censurar que hasta el momento no se haya acunado ninguna regla válida y generalmente reconocida sobre la desestimación o la subsanación de infracciones de las prohibiciones de utilización de la prueba: en especial, es relevante que

---

[7] GÖSSEL, *Die Beweisverbote im Strafverfahren,* en BOCKELMANN-Festschrift, 1979, pp. 801, 802.

hasta hoy no se haya proporcionado ninguna respuesta a la cuestión esencial de en qué casos existe una prohibición de utilización de la prueba.[8]

Ciertamente, se ha intentado al respecto decidir establecer el grupo de las prohibiciones de la utilización de la prueba, en el que se han incluido las infracciones de determinados supuestos de prohibiciones de utilización de prueba, así como de las consecuencias de su desestimación, y con ello de la propia facultad de casación de la misma,[10] e incluso de la verificación de ésta de oficio.[9]

Sin embargo estos intentos, en esencia, han resultado infructíferos. Prescindiendo de que una prohibición de la utilización de la prueba no presupone necesariamente una infracción de la prohibición de la práctica de la prueba, hasta ahora, se han logrado configurar determinados grupos diferenciados de prohibición de utilización de la prueba, e incluso conectar a ciertos grupos concretas consecuencias procesales, en especial la de reconocimiento de la propia facultad de casación.[11]

Así no resulta claro si el § 81 a de la L.P.P.A. (StPO) ha de calificarse como prohibición de *medio* de prueba, prohibición de *método* probatorio (a través de la extracción de sangre por personal facultativo) o como prohibición *relativa* al procedimiento.

También de la cuestión de si la infracción del deber de información sobre el derecho a excusar el testimonio del § 25,2 de la L.P.P.A. (StPO) es o no susceptible de *casación,* ciertamente, es tan dudosa como la práctica de la prueba de sangre realizada por quienes no son médicos, en contra del § 81 a de la L.P.P.A. (StPO); y asimismo las consecuencias de la infracción del deber de información en las diligencias previas, frente al § 136 de la L.P.P.A. (StPO) sólo se pueden determinar con idéntica falta de precisión.

3. Con lo expuesto se podría alcanzar la siguiente verificación. Las *teorías formales* de la prohibición de la prueba no pueden aportar ninguna respuesta sobre qué prohibiciones de la prueba pueden subsumirse en la definición que presentan de las prohibiciones de utilización de la prueba susceptibles de casación.

La misión de toda teoría de prohibición de la prueba de delimitar las prohibiciones de prueba susceptibles de casación de las no revisables, en realidad, no se han alcanzado hasta el momento por las teorías formales de la prohibición de la prueba, cuando éstas tratan de reducir las prohibiciones de prueba susceptibles de casación a los casos en que un determinado hecho probado es erigido en objeto de juicio oral. No se puede precisar en qué casos ello es procedente, y en esencia se han limitado a establecer el ignoto concepto de «prohibición de prueba susceptible de casación», a través del sustancialmente desconocido concepto de la «prohibición de utilización de la prueba», a pesar de los criterios materiales aceptados.

---

8 *Vid.,* sobre la prohibición de la prueba como «institución jurídica autónoma», ROGALL, *Gegenwärtiger Stand und Entwicklungstendenzen der Lehre von den strafprozessualen Beweisverboten,* en ZStW, Bd. 91, 1979, pp. 1, 7; y, en cuanto «normativa autónoma», DENCKER, *Verwertungsverbote im Strafprozess,* 1977, p. 19; así como ROGALL, p. 8.

8 *Vid.,* en este sentido, ROXIN, *Strafverfahrensrecht,* 19. Aufl., § 24 D I.

9 *Vid.,* para los denominados grupos de las prohibiciones de procedimientos de prueba, PETERS, en *Gutachtenfür den 46. Deutschen Juristentag,* Bd. I, Teil 3 A, 1966, pp. 91, 95, 111.

10 *Vid.,* para los denominados grupos de las prohibiciones de instancias de prueba, PETERS, *o.u.c.,* p. 97.

11 *Vid.,* entre otros, PETERS, *o.u.c.,* p. 109; OTTO, *Grenzen und Tragweite der Beweisverbote im Strafverfahren,* en GA 1970, pp. 289, 293 y ss.

b) *Teorías materiales de la prohibición de la prueba*

1. Como *teorías materiales* de la prohibición de la prueba deben entenderse aquellas concepciones que tratan de determinar la prohibición de la prueba conforme a su *naturaleza* así como en atención a sus *fines.*

2. De este modo, por ejemplo, se ha intentado admitir siempre una prohibición de utilización de la prueba cuando se perjudica el *fin* perseguido con la respectiva prohibición de la obtención o de la acreditación de un determinado hecho.

Si como tal fin se considera garantizar la «pureza del procedimiento»[12] o la « superioridad moral del Estado»,[13] o aceptar el fin disciplinario por parte de los órganos procesal-penales, en el supuesto de «toda incitación a la aplicación de métodos de averiguación prohibidos»,[14] todos estos fines perjudicarían al juicio principal por la infracción de una norma sobre la dirección o la práctica de una determinada comprobación de hecho, de suerte que tal infracción conduciría a una prohibición de utilización de la prueba, y con ello a la exigencia de su casación.

Así, todas las prohibiciones de prueba serían al propio tiempo prohibiciones de utilización de la prueba, y no sería ya más posible distinguir entre prohibiciones de utilización de la prueba, sujetas a casación, de las meras prohibiciones de la prueba.

Por lo demás, tales teorías entran en contradicción con sus propias premisas. Quien afirma la autonomía procesal de la prohibición de utilización de la prueba, con independencia de las consecuencias de su infracción, en contraste con esta afirmación, hace depender la existencia de una prohibición de utilización de la prueba precisamente de las consecuencias de su infracción, y acentúa la frustración del fin de una norma sobre la dirección o la práctica de una averiguación de hecho en el proceso, a través de la infracción de esta norma en su esencial característica de la prohibición de la prueba.

En suma, es de considerar que el fin de un objeto es algo futuro, a cuya consecución está o estará afecto este mismo objeto: ningún *objeto, y* por tanto tampoco una prohibición de la utilización de la prueba, puede ser en sí portador de su propio fin como elemento esencial de sí mismo.[15]

3. Tampoco los intentos hasta ahora realizados permiten determinar las prohibiciones de la prueba y las prohibiciones de utilización de la prueba, no solamente en apariencia —como las anteriores teorías del fin—, sino materialmente conforme a su propio contenido sustancial.

En la medida en que se ha intentado hacer depender la prohibición de la prueba de su naturaleza procesal-penal, se abarcará la indiscutible existencia de prohibiciones de prueba jurídico-constitucionales.

También los intentos de constituir las lesiones de los bienes jurídicos individuales en característica de la prohibición de la utilización de la prueba, en realidad, son poco convincentes.

---

12 *Cfr.*, ROGALL, o.u.c., p. 12.
13 *Cfr.*, DENCKER, o.u.c., p. 55.
14 *Cfr.*, DENCKER, o.u.c., p. 52.
15 *Vid.*, sobre la causa final *(causa finalis)* de un objeto y sobre la necesidad de la diferenciación entre el objeto y su causa final, GÖSSEL, *Über die Bedeutung des Irrtums im Strafrecht,* 1974, pp. 169 ss.; SPECHT, *Stichwort: causa finalis, en Historisches Wörterbuch der Philosophie,* Bd. I, 1974, p. 974.

El Derecho procesal penal alemán reconoce en la palpación corporal de una mujer por un hombre, conforme al § 81 *d* de la L.P.P.A. (StPO), una *prohibición de prueba,* que no representa ninguna prohibición de utilización de prueba, y que lesiona el bien jurídico individual de la intimidad personal.[16] Por el contrario, la lectura del escrito de la declaración de un testigo ante un juez civil no puede considerarse lesiva de un bien jurídico individual, conforme al § 325 L.P.P.A. (StPO), pero de igual modo contradice una prohibición de utilización de prueba, y es susceptible de casación.[17]

3. LA PROHIBICIÓN DE LA PRUEBA COMO FUNCIÓN DEPENDIENTE DE LA REVISABILIDAD EN CASACIÓN

No se ha conseguido hasta ahora desarrollar una teoría de la prohibición de la prueba partiendo de la propia naturaleza de la misma. Más bien, merece nuestra atención el criterio, arraigado en la jurisprudencia, de determinar la delimitación de la prohibición de utilización de la prueba respecto de la revisabilidad en casación de una infracción procesal, en conexión con la dirección o la ejecución de una investigación fáctica en el juicio oral.

a) Punto de partida

1. Esta *teoría de la función* fue ya mantenida por el Tribunal Supremo del Reich (RG). Sobre la base de una defectuosa resolución judicial, en la que se denegó a un médico el derecho a excusar el testimonio, conforme al § 53 de la L.P.P.A. (StPO), el Tribunal Supremo consideró que «el acusado tiene derecho a exigir que se le aplique el Ordenamiento procesal vigente» y que, conforme al mismo, se suspenda la resolución recaída sin la observancia del indicado procedimiento.[18]

En consecuencia, se ha estimado que «todas las partes del proceso pueden instar la casación de las actuaciones practicadas con inobservancia de la aplicación judicial del procedimiento legal, en la medida en que resulten afectados sus intereses.[19]

2. No es ya más posible reconocer limitaciones a la casación: la infracción de la prohibición de la prueba tendría sin excepción que conducir a una prohibición de utilización de la prueba, con casación de la misma.

Habría que renunciar al progreso alcanzado por las teorías formales de la prohibición de la prueba, en orden a la delimitación de las prohibiciones de utilización de la prueba susceptibles de casación, respecto del ámbito de las meras prohibiciones de la prueba.

Con ello, esta concepción deja sin considerar que no toda infracción de ley puede fundamentar la casación, sino solamente aquella que *fundamenta un juicio,* conforme al § 337,1 de la L.P.P.A. (StPO).

Tampoco la jurisprudencia ha seguido esta concepción de la revisabilidad en casación ilimitada de todas las infracciones de la utilización de la prueba. Solamen-

---

16 *Vid.*, en este sentido, NIESE, *Doppelfunktionelle Prozesshandlungen,* 1950, p. 135.

17 KLEINKNECHT/MEYER, StPO, 37. Aufl., § 325, Rdn. 25.

18 RGSt 57, 63, 64, 66.

19 ALSBERG-NÜSE, *Der Beweisantrag im Strafprozeß, 3. Aufl., 1976, p. 205: Eb.* SCHMIDT, StPO, Teil II, Nachtrag II, § 55, Rdn. 14.

te es revisable en casación aquella infracción del procedimiento y, con ello, aquella infracción de la prohibición que esencialmente fundamenta el círculo jurídico del recurrente, de suerte que las meras infracciones procedimentales se extraen del círculo de las infracciones procesales susceptibles de casación.[20]

Esta limitación de las infracciones de las prohibiciones de la prueba revisables en casación, en la actualidad, ciertamente es de considerar como demasiado estricta. Al menos, la teoría de preceptos penales infrangibles sin consecuencias no pudo acreditar la existencia de ningún criterio racional para su definición así como para su fundamentación.

Esta teoría ha merecido una crítica especialmente severa de HANACK.[21] Pero también la esencial afectación de la esfera jurídica como criterio de revisabilidad en casación es rechazada, en general, por entender que «no es un principio concurrente en todos los casos» y que no «posibilita una delimitación razonable» ni su «correspondencia con la ley».[22]

3. La aludida crítica de la literatura científica no ha dejado de influir en la jurisprudencia. El Tribunal Supremo Federal (BGH), en su sentencia de 14 de mayo de 1974, ha admitido la existencia de disposiciones normativas infrangibles sin consecuencias como «representación metodológicamente superada», y ha modificado la esencial afectación del ámbito jurídico como criterio de revisabilidad en casación, en términos que vienen a atender al «fin del procedimiento instaurado en la norma infringida» y a la vulneración de la «situación jurídica del acusado».[23]

4. También la crítica hasta ahora formulada ha quedado exenta, en parte no irrelevante, de su fundamentación, y de este modo la jurisprudencia no ha podido desarrollar unos principios satisfactorios sobre las consecuencias de las prohibiciones de la prueba.

Esto radica en el hecho de que la afectación del ámbito jurídico no representa un criterio convincente para el juicio de la infracción de la prueba. Y, por otro lado, la jurisprudencia ha considerado la afectación del ámbito de protección jurídica, en todo caso, no como criterio decisivo de revisabilidad en casación.

Esta apreciación hace necesaria una consideración sobre toma

de posición jurisprudencial, en orden a la estimación de consecuencias más relevantes que derivan de las infracciones la prohibición de la prueba.

b) Infracción de los deberes de información

La afectación del ámbito de protección jurídica del acusado, como es bien sabido, ha sido apreciada en la jurisprudencia, hasta ahora, solamente en tres supuestos esenciales, como criterio para la revisabilidad en casación de las infracciones de la prohibición de la prueba.

1. En la citada sentencia sobre la *infracción del deber de informar* sobre el derecho de excusar el testimonio «conforme al § 52 de la L.P.P.A. (StPO), tal infracción se ha considerado revisable en casación, en virtud de la afectación del ámbito de protección jurídica del acusado.

20 BGHSt 11, 213, 214 y s.
21 JZ 1971, 168 s. *Cfr.*, además de la crítica efectuada en BGHSt 25, 325, 329.
22 DENCKER, o.u.c., p. 32; ROGALL, o.u.c., pp. 25 y s.; RENGIER, o.u.c., pp. 295y ss.

Y, por el contrario, por la ausencia de afectación de esta esfera jurídica de protección, no se ha estimado la infracción del deber de declarar por encima del derecho de la negativa a declarar, conforme al § 55 de la L.P.P.A. (StPO), en los procesos penales.

El § 52 de la L.P.P.A. (StPO), pero no así el § 55 de la misma, sirve también a la «atendible consideración a los lazos familiares que vinculan al acusado con el testigo», siendo afectada de manera inmediata la esfera de protección jurídica del acusado sólo en el caso de la lesión del deber de declarar del § 52, 3 de la L.P.P.A. (StPO).[24]

Esta concepción no es convincente, porque el § 52, 1, 2, 3, de la L.P.P.A. (StPO) garantiza el derecho a la negativa a declarar, con independencia de la existencia de vínculos familiares. En sentido contrario, el Tribunal Supremo Federal (BGH) haría depender la afectación del círculo de protección jurídica de la existencia de un vínculo familiar fácticamente lesionable.[25]

En contra del criterio del Tribunal Supremo Federal (BGH),[26] pueden considerarse los §§ 52 y 53 de la L.P.P.A. (StPO), de forma realista, sólo como disposiciones dirigidas a la evitación de declaraciones en casos de conflicto con el interés a la búsqueda de la verdad.[27]

2. La infracción del acusado del *deber de declarar* en el procedimiento penal sobre su derecho de silencio, conforme al § 243,4,1 de la L.P.P.A. (StPO), ha sido considerada por el Tribunal Supremo Federal como una afectación de los derechos del acusado susceptible de revisión, porque el acusado no tiene deber de testificar contra sí mismo.[28]

Cuando se considera la afectación de derechos como criterio de una infracción susceptible del procedimiento de casación, no puede pasarse por alto que el Tribunal Supremo Federal (BGH) termina, de forma decisiva para el fin procesal del § 243,4,1, de la L.P.P.A. (StPO), al menos por limitar las posibilidades de defensa del acusado no solamente a la declaración.

Una infracción del deber de declarar no es considerada, en el proceso penal, conforme al § 136 de la L.P.P.A. (StPO), como mera infracción del ordenamiento sin consecuencias jurídicas,[29] según una concepción cuya exactitud reside precisamente en la resolución[30] que expresamente renuncia a la teoría de la existencia de las disposiciones procesales infrangibles sin consecuencias jurídicas.[31]

c) Infracción de las competencias procesales

La revisabilidad en casación de las infracciones de la prueba se fundamenta en una ponderación entre los intereses colectivos del procedimiento penal y los intere-

23 BGHSt 25, 325, 329.
24 BGHSt 11, 213, 216 y s.
25 GÖSSEL, o.u.c., pp. 801, 805.
26 BGHSt 11, 213, 216.
27 *Vid.*, expresamente contra BGH, en el mismo sentido, RENGIER, o.u.c., p. 61, como conclusión de investigaciones empíricas.
28 BGHSt 25, 325, 331.
29 BGHSt 22, 170, 173 y s.
30 BGHSt 25, 325, 331.
31 BGHSt 25, 325, 329.

ses individuales del inculpado. Y esta concepción se basa en las opiniones que, conforme a una teoría *formal* o a una teoría *material* de la prohibición de la prueba, determinan la gravedad de cada infracción,[32] o su correspondiente ponderación[33] como criterio adicional de una prohibición de utilización de la prueba.

1. En la forma más clara el Tribunal Supremo Federal (BGH) se ha expresado, en la aludida sentencia, sobre la utilización de una prueba de sangre realizada en un inculpado, en contradicción con lo prescrito en el § 81 a de la L.P.P.A. (StPO), por quien no es médico, sino asistente sanitario.[34]

Si bien el tribunal Supremo Federal (BGH) parte de la consideración de que la extracción de la sangre, reconocida en este caso expresamente como defectuosa[35], constituye un ataque al derecho fundamental a la intangibilidad corporal,[36] tal valoración es estimada, en contraste a la teoría de la afectación jurídica y precisamente a pesar de su concreta incidencia sobre una esfera de protección jurídica: «la defectuosidad procesal de la acción coactiva ejercida no se considera tan grave que hubiera que retroceder ante el interés a la clarificación del hecho que, considerado desde el punto de vista de las miles de víctimas mortales que el alcohol se cobra cada año, alcanza una significación muy relevante».[37]

2. De manera muy similar, el Tribunal Supremo Federal (BGH) ha tomado posición sobre la utilización de reconocimientos que provienen, conforme al § 100 *a* de la L.P.P.A. (StPO) o de los §§ 1 y 2 de la Ley limitadora de los secretos postales, telegráficos y de comunicación, de la intervención legal de la correspondencia y comunicación.

Con tal intervención, en forma permitida, se incide coactivamente, no sólo en el secreto de comunicación contenido en el objeto de la intervención, sino también en el de cada uno de los comunicantes.[38]

El problema de si la información obtenida de esta intervención puede referirse, no sólo al afectado, sino también a terceras personas, es una cuestión que debe ser determinada conforme al principio de la proporcionalidad, que permite «la limitación de derechos fundamentales solamente en caso de necesidad incondicional y en la protección de un derecho fundamental reconocido en la Constitución».[39]

De forma que, en los hechos penales comprendidos en el catálogo del § 100 a) de la L.P.P.A. (StPO) y del § 2 de la Ley de Secreto de Comunicación y Correspondencia Postal y Telegráfica, el ataque al secreto de intercomunicación sólo será permitido respecto a terceros cuando los hechos catalogados o en inseparable conexión con los mismos «exigieron asimismo el control de una tercera persona, y en su virtud pudieron ser aplicados los medios de conocimiento inmediatos a través de ellos».

En tales casos, el empleo de los medios de prueba obtenidos de forma mediata, es decir, aquellos a los que se accede a través del control de comunicaciones, «sólo

---

32 *Cfr.*, en este sentido, PETERS, o.u.c., pp. 91, 146.
33 *Cfr.*, ROGALL, o.u.c., p. 31.
34 BGHSt 24, 125.
35 BGHSt 24, 125, 130.
36 BGHSt 24, 125, 129 y s.
37 BGHSt 24, 125, 130 y s.
38 BGHSt 27, 355, 357; 29, 23, 24.
39 BGHSt 26, 298, 304; coNfirmada por BGHSt 28, 122, 129.

pueden ser permitidos sobre la base de la debida ponderación entre los intereses del procedimiento penad y la protección de los bienes jurídicos individuales afectados, y en todo caso «exclusivamente para la investigación y persecución de los hechos legalmente catalogados».[40]

Así el Tribunal Supremo Federal (BGH) admite por vez primera una limitada eficacia a distancia de la prohibición de la prueba.

d) Ataque al derecho de la personalidad

En todo caso, asimismo en el marco de la ponderación entre los derechos individuales del afectado y los intereses de la persecución penal, la jurisprudencia ha enjuiciado también la práctica de grabaciones y filmaciones privadas así como las anotaciones extraídas de diarios particulares.

1. De la mayor importancia es, a este respecto, la teoría de los tres grados, mantenida por el Tribunal Constitucional Federal (BVerfG).

Tales gradaciones inciden en el ámbito de protección de la privacidad personal, garantizado en el artículo 2,1 en relación con el artículo 1,1 de la Constitución Alemana, de forma que tales obtenciones de conocimiento son totalmente inválidas en el proceso penal.[41]

Pero, también fuera de este ámbito jurídico, el artículo 2,1 en relación con el artículo 1,1 de la Constitución Alemana, protegen la propia esfera privada del ciudadano, más allá de su propia eficacia en el proceso penal.

En el ámbito jurídico privado solamente son permisibles ataques «en el caso de interés preponderante de la colectividad, sobre la base de la estricta observancia de la proporcionalidad».[42]

El derecho a la libertad de comunicación y el derecho a la propia imagen sólo pueden ser conculcados mediante tomas de conocimiento secretas cuando los intereses de la colectividad verdaderamente prevalezcan sobre los individuales, y asimismo en el procedimiento penal.[43]

Ilimitadamente son permitidas solamente aquellas grabaciones o filmaciones que no inciden en absoluto en la esfera de la protección privada, así *v. gr.*, en el «tráfico mercantil» en el que el contenido objetivo de la afirmación excluye toda incidencia sobre la personalidad del declarante y pierde con ello su carácter privado.

aa) el Tribunal Constitucional Federal (BVerfG) ha enjuiciado actos de los clientes de un consultorio de drogadictos públicamente conocido.[44]

Los actos verificados «no corresponden ciertamente a la intangible esfera privada, pero sí al ámbito privado de los clientes»,[45] de forma que la permisibilidad de tales actuaciones ha de derivar de la ponderación de los intereses del procedimiento penal en relación con los intereses de los clientes concernientes a la protección de su derecho a la personalidad, y asimismo en conexión con los deberes de prestación de asistencia sanitaria.[46]

---

40 BGH NJW, 1980, 1700, 1701.
41 BVerfGE 34, 238, 245.
42 BVerfGE 34, 238, 246.
43 BVerfGE 34, 238, 248 y s.
44 BVerfGE 34, 238, 247.
45 BVerfGE 44, 353, 372.
46 BVerfGE 44, 353, 373, 378.

Estarían prohibidas las actuaciones penales en cuanto afectaran personalmente a los drogodependientes, y sólo serían admisibles las actuaciones encaminadas al descubrimiento del narcotráfico o a la averiguación de delitos patrimoniales.[47]

bb) Junto a esta delimitación entre los ámbitos en que las autoridades del procedimiento penal pueden proceder a actuar según la ponderación de los intereses contradictorios aludidos, es de especial relevancia la determinación de la esfera de la privacidad personal como ámbito jurídico esencial de protección, en el que queda prohibida cualquier incidencia sobre el mismo a lo largo del procedimiento penal.

El Tribunal Constitucional Federal (BVerfG) tuvo que ocuparse por primera vez de este problema cuando se le planteó la cuestión de si la penalidad de la homosexualidad masculina constituiría ataque legalmente inadmisible a la esfera privada jurídicamente en absoluto protegida.[48]

El Tribunal Constitucional Federal distinguió, al respecto, el ámbito social susceptible de regulación jurídica de aquel otro ámbito esencial de la personalidad substraído a la regulación jurídica. Y, en su virtud, estimó que la prueba sobre el sexo afectaba al ámbito social de regulación jurídica, y por ello las a la sazón vigentes conminaciones penales de la homosexualidad masculina resultaron en su momento adecuadas a Constitución.

Bajo la consideración de estos principios, el Tribunal Superior de Baviera (BayObLG) ha desestimado la existencia de lesión de la esfera privada de la persona en la actuación en que un testigo, en un proceso penal seguido por la explotación de la prostitución en un establecimiento clandestino conforme al § 184 del Código penal alemán (StGB), declaró contra una persona prostituida.[49]

Si se toma como fundamento esta jurisprudencia, la relación social viene a constituir el criterio delimitador determinante del ámbito de incidencia estatal en la esfera privada protegida de la persona, frente a aquellos ámbitos en los que la afectación de la misma es justificada por el prevalente interés de la persecución penal.

Si la obtención de los hechos probados o su utilización como elemento del juicio contienen una incidencia o ataque al ámbito de privacidad, en el que el afectado vive o actúa, sin ninguna relación social, ciertamente sería inadmisible en absoluto tal actuación, con la consecuencia de la prohibición de la obtención de la prueba. A tales principios corresponde, hasta el momento, sólo una singular resolución del Tribunal Supremo Federal (BGH).

En el ámbito de grabación y registro telefónicos, fue intervenida una conversación entre cónyuges, ciertamente sin la utilización de teléfono, pero obtenida en la misma habitación donde éste estaba intervenido. Por el conocimiento de tal conversación, se obtuvo la prueba buscada en relación con una amplia y lucrativa actividad de este matrimonio en el tráfico de drogas.

El Tribunal Supremo Federal consideró inadmisible la utilización de tal registro de la conversación, por entender que el mismo implicaba una agresión al ámbito jurídico, absolutamente protegido, de la privacidad del matrimonio.

---

47 BVerfGE 44, 353, 379.
48 BVerfGE 44, 389, 433.
49 BayObLG NJW 1979, 2624.

Por desgracia, el Tribunal Supremo Federal (BGH) no ha tomado posición sobre la delimitación de los ámbitos privados en los que pueden practicarse incidencias legales, conforme a los intereses prevalentes del procedimiento penal.[50]

Esta decisión suscita objeciones, porque no asume la distinción entre núcleo esencial y otras esferas privadas, en tanto un encuadramiento de una mera conversación entre cónyuges en el núcleo esencial intangible de privacidad apenas se puede compatibilizar con el hecho de que acciones sexuales íntimas entre quienes no son cónyuges deben excluirse de este ámbito. Por ello, tal resolución apenas puede acreditar un verdadero fundamento.

2. Aún menos comprensible resulta que el Tribunal Supremo Federal (BGH) deje por completo sin considerar la teoría de las tres esferas del Tribunal Constitucional Federal (BVerfG).

Si un agente camuflado de policía induce a una conversación telefónica, que es grabada en una comisaría de policía, a un sospechoso, o a la autoinculpación del mismo, sin que dicha grabación haya sido ordenada en forma debida, tal grabación es inadmisible como medio de prueba.

Según la concepción del Tribunal Supremo Federal (BGH), aquí existe una provocación a una autoinculpación, realizada en forma equiparable a la fraudulenta, y que infringe los preceptos constitucionales.[51]

Aun siendo aceptable el resultado, no lo es la fundamentación. La invocación de los preceptos constitucionales es poco clara, y por lo demás hubiera podido fácilmente evitarse, en tanto que, con la teoría de las tres esferas, habría que estimar un ataque a la *esfera privada* jurídicamente garantizada, y por ello habría que considerarlo improcedente, por cuanto, en las concretas circunstancias de este hecho, el interés al procedimiento penal se pospondría a la protección de los «derechos de la personalidad».

3. Del mismo modo ha de considerarse la cuestión de la utilización de grabaciones secretas de imagen o de sonido, realizadas por los órganos encargados del procedimiento penal o bien por terceros, y que tienen como objeto propio un actuar delictivo del autor. Y ello es igualmente válido también para las anotaciones delictivas efectuadas por el propio autor.

Sobre esto ha de considerarse adicionalmente que la L.P.P.A. (StPO), fuera del § 100 y de las disposiciones de la Ley de Secretos Postales, Telegráficos y de Comunicación, no provee autorización alguna para la realización de grabaciones de sonido o imagen de los sospechosos.

El Tribunal Supremo Federal (BGH) se ha pronunciado expresamente sobre tal cuestión, en sentencias como la recaída en un procedimiento por perjuicio contra la autora de anotaciones en un diario de relaciones amorosas de contenido estrictamente personal, así como en un proceso dirigido contra tercero por práctica de abusos sexuales con prevalimiento.

En ambos casos desestimó la utilización como prueba del acceso obtenido, bajo la cobertura del interés a la persecución penal, a una información privada, amparada por la protección jurídica de la personalidad.

---

[50] BGHSt 31, 296.
[51] BGHSt 31, 304.

En las anotaciones efectuadas por agente extranjero sobre actividades de espionaje, o en las de otro sujeto con respecto a las relaciones establecidas entre su comportamiento delictivo y su víctima, en cambio, no se ha reconocido ningún margen de protección de la personalidad, pues ciertamente el desarrollo de la personalidad, más no la corrupción, constituye el objeto de garantía de los derechos fundamentales.[52]

Prescindiendo de que en estas sentencias se omite la cuestión de si las dudosas anotaciones del diario privado pertenecen al ámbito de la *esfera de privacidad* absolutamente protegida,[53] por lo que no se procedió a efectuar ponderación alguna por el Tribunal Supremo Federal (BGH), resulta en todo caso dudoso si la concepción aludida se puede conectar con la teoría de las tres esferas.

Si sólo el «desarrollo de la personalidad» es protegido, pero no su corrupción a través del comportamiento criminal, no podría reconocerse en el ámbito del comportamiento punible ningún ámbito que fuera objeto de una protección jurídica absoluta, una consecuencia insostenible!

4. Recientemente el Tribunal Constitucional Federal ha completado la elaboración de su doctrina jurisprudencial sobre la protección de la *dignidad humana.* Ya anteriormente había firmado: «el respeto al honor personal no es compatible con el hecho de que el Estado pueda irrogarse el derecho a registrar y catalogar coactivamente a las personas en su completa personalidad».[54]

Así, en Sentencia de 15 de diciembre de 1983, con el denominado *juicio del censo,* incorporó este singular aspecto de la *dignidad humana,* en el marco del más amplio derecho abstracto de la libertad.

Partiendo del derecho al *libre desarrollo de la personalidad,* bajo las modernas condiciones para la elaboración de datos regístrales, presupone la protección del particular frente a las conductas de recopilación, almacenamiento, utilización y transmisión de tales datos personales.

Esta protección está contenida en el derecho fundamental del artículo 2,1 en relación con el artículo 1,1 de la Constitución Alemana. El Derecho fundamental garantiza la facultad del particular a decidir por sí mismo fundamentalmente sobre la transmisión y el uso de sus datos personales.[55]

Incluso han sido consideradas inadmisibles las anónimas recopilaciones estadísticas de datos, que en su conjunto se dirigen a la conformación de los perfiles de personalidad de los ciudadanos.[56]

V. LÍNEAS BÁSICAS DE UNA POSIBLE TEORÍA DE LA PRUEBA

La jurisprudencia examinada permite reconocer que, de hecho, no se ha conseguido hasta ahora desarrollar criterios suficientemente convincentes y claros para la determinación de la prohibición de utilización de la prueba.

---

52 BGHSt 19, 325.
53 BVerfGE 27, 1, 6.
54 BVerfGE 65, 1, 43.
55 BVerfGE 65, 1, 53.
56 *Vid.,* al respecto, GÖSSEL, *Kritische Bemerkungen zum gegenwärtigen Stand der Lehre von den Beweisverboten im Strafverfahren,* NJW 1981, 649.

Junto a la *diversidad de criterios* determinantes de una prohibición de utilización de la prueba, y a causa de la incerteza e inseguridad de los mismos, es de lamentar que se haya mantenido en el máximo sigilo la aceptación jurisprudencial de grabaciones secretas de sonido e imagen por comportamientos delictivos.[57]

Ante este estado de cosas, en otro lugar, he efectuado la formulación de determinadas propuestas básicas, requeridas de solución.

Quisiera ahora limitarme sólo a esbozar, en cuanto objeto de discusión, una «teoría de la prohibición de la prueba», que me parece sostenible, y que en lo esencial ya mantuve en mi anterior trabajo acerca de las «Reflexiones sobre una nueva teoría de la prohibición de la prueba».

1. PROHIBICIÓN DE LA PRUEBA Y PROHIBICIÓN DE LA UTILIZACIÓN DE LA PRUEBA

Por *prohibición* de la prueba se puede entender todo acto de práctica de *improcedente averiguación* de los hechos, así como toda *inadmisible introducción* de hechos probados en el proceso penal y en el juicio oral.

La *prohibición de la utilización* de la prueba, por contrario, sería una prohibición que solamente impide la *constitución* de un determinado hecho probado como fundamento del juicio.

Únicamente la denominada *prohibición de la utilización* de la prueba puede conducir a una *infracción* de procedimiento susceptible de *casación.*

2. POSIBLES CRITERIOS DE PROHIBICIÓN DE UTILIZACIÓN DE LA PRUEBA

Según el § 337 de la L.P.P.A. (StPO), un juicio es *susceptible de casación* sólo cuando se fundamenta en una *infracción de ley.*

El juicio se fundamenta *finalmente* en una prohibición de la *utilización de la prueba,* cuando el fin de la correspondiente prohibición consiste en excluir los hechos conseguidos con infracción de la respectiva prohibición por la improcedencia de su constatación *(v. gr.,* mediante la lesión del deber de informar sobre el derecho de excusar el testimonio), por la privación de los medios de defensa irrenunciables *(v. gr.,* mediante ausencia de información sobre el derecho del inculpado a no declarar), o por una infracción anticonstitucional de los derechos individuales en el juicio.

Para la *revisabilidad en casación,* es necesario que el juicio también se fundamente realmente en una infracción de la *prohibición de la utilización* de la prueba. Si un hecho excluido de la utilización de la prueba es introducido en el juicio, pero no es tomado en consideración en la formulación de la sentencia, no sustenta ninguna infracción de procedimiento que sea susceptible de casación.

---

[57] GÖSSEL, *Überlegungen zu einer neuen Beweisverbotslehre,* NJW 1981, 2217.

CAPÍTULO VI

MINISTERIO FISCAL Y POLICÍA CRIMINAL EN EL PROCEDIMIENTO PENAL DEL ESTADO DE DERECHO*

I. ORÍGENES HISTÓRICOS DE LA COMPETENCIA ESTATAL EN EL PROCEDIMIENTO PENAL

La introducción del Ministerio Fiscal en Alemania, como en otros muchos países europeos, hacia la mitad del pasado siglo se funda en el modelo francés y, en último extremo, en la «división de los poderes» del Estado, por influencia directa de la ideología revolucionaria del Iluminismo.

Puede entenderse que, con anterioridad a aquella data histórica, las concepciones sobre la situación y la función del Ministerio Fiscal eran extremadamente variadas y dispersas, al menos en la legislación histórica alemana.

Las actuales concepciones sobre la titularidad del ejercicio del Poder punitivo del Estado, y con ello también sobre el procedimiento penal del Estado de Derecho, necesariamente requieren de una ojeada histórica para su exacta comprensión.

La introducción del Ministerio Público implicó una sustancial reestructuración del antiguo «proceso inquisitivo» del Derecho común.

Tal procedimiento, sin perjuicio de adolecer de determinadas deficiencias, aportó «notables mejoras procesales»: la responsabilidad penal quedó conectada a un acto anterior, que había de ser objeto de investigación, con el empleo de medios de conocimiento racionales en el ejercicio de la actividad estatal, aspirando a la «búsqueda de la verdad».[1]

Asimismo se produjo la recepción de las primeras «formas procesales garantizadoras» de todos los sujetos afectados por la investigación, que debían servir a la «verdad» y a la «justicia».[2]

Este modelo de comportamiento, en la práctica, condujo a las siguientes situaciones insoportables:

a) La investigación de los hechos y la iniciativa de la misma quedaron asignadas a un Tribunal penal que era «dependiente» del Poder Ejecutivo y que, al aplicar

---

* Versión española por MIGUEL POLAINO NAVARRETE, Catedrático de Derecho Penal de la Universidad de Sevilla.

[1] Eb. SCHMIDT, *Einführung in die Geschichte der deutschen Strafrechtspflege*, 3. Aufl., parágrafo 70.

[2] Eb. SCHMIDT, o.u.c., parágrafos 107a, 116.

el Derecho, pronto subordinó la exigencia de la búsqueda de la verdad a la meta, más adecuada y efectiva posible, de la lucha contra la delincuencia.[3]

El profuso «ejemplo de la tortura», da noticia de hasta qué punto se pervirtió en la práctica la originaria idea de un proceso penal racional: por prevalentes razones de utilidad,[4] se procedió a arrancar la «verdad» en forma de «confesión».[5]

La aplicación de tales «mecanismos utilitarios» por el Poder Ejecutivo, sirviéndose de un doblegado Poder Judicial, condujo a una «absoluta arbitrariedad» en la Justicia, que eliminó las formas garantizadoras introducidas por las leyes de recepción del procedimiento penal estatal, hasta llegar a reducir a la nada el significado de las mismas.[6]

b) El Juez investigador de los hechos, en esta regresiva concepción de «prepotencia» del Poder Ejecutivo, tenía una influencia decisiva para el pronunciamiento de las sentencias. Esto se advierte en la propia configuración del órgano judicial colegiado competente para dictar la sentencia, el cual por regla general no podía intervenir, limitándose a pronunciar un fallo, que surgía ya «exclusivamente de las actas»,[7] «en mayor o menor grado arbitrario»[8] y «en parte irrecurrible».[9]

Todas las funciones procesales *de facto* quedaban acumuladas en manos de un único órgano de Justicia «supeditado» al ejecutivo: así, la iniciativa para la investigación, la práctica de la misma dirigida a la búsqueda de la verdad y la determinante influencia de la valoración de lo así investigado en la formación de la sentencia.

La excesiva exigencia psicológica que con ello aparece indisolublemente conectada fomentó el incurrir en errores y prejuicios, en detrimento del sospechoso,[10] al tiempo que consolidó la tendencia hacia un conocimiento arbitrario e irreal por parte de los Tribunales penales del momento.[11]

c) La arbitrariedad judicial de tales Tribunales penales, doblegados al Poder Ejecutivo, se vio acompañada y aun incrementada por la «arbitrariedad policial».

Los actos de investigación, en principio reservados a la jurisdicción penal, fueron pronto absorbidos cada vez más por la Policía.

Paralelamente a la «insuficiencia» de personal de los Tribunales,[12] fue ampliándose paulatinamente, como competencia general para la investigación criminal, el «derecho» de la Policía de «intervenir ini-cialmente» y de «instruir provisionalmente».[13]

---

3 Eb. SCHMIDT, o.u.c., parágrafo 201.
4 Así, *v. gr.*, la lucha contra «el fantasma de las brujas» o hechos penales políticos.
5 Eb. SCHMIDT, o.u.c., parágrafo 78.
6 Eb. SCHMIDT, o.u.c., parágrafos 197y 201. Vid., también parágrafos 78 y 185.
7 Eb. SCHMIDT, o.u.c., parágrafo 254.
8 GÜNTHER: *Staatsanwaltschaft, Kind der Revolution,* 1973, p. 21.
9 *Cfr.*, GÖRGEN, *Die organisationsrechtliche Stellung der Staatsanwaltschaft zu ihren Hilfsbeamten und zur Polizei,* 1973, p. 49.
10 Eb. SCHMIDT, o.u.c., parágrafos 201 y 54.
11 *Cfr.*, OTTO, *Die preussische Staatsanwaltschaft-Aus Anlass ihres 50. jährigen Bestehens als historisch-kritische Studie nach amtlichen Quellen bearbeitet,* J. Guttentag, Berlín, 1899, p. 39.
12 GÖRGEN, o.u.c., p. 47.
13 GÖRGEN, o.u.c., p. 40.

De esta forma resulta sustraída *de facto* toda la instrucción preliminar del «dominio de la Justicia»,[14] quedando el sospechoso expuesto «sin frenos» a una investigación de la verdad por medio de la inquisición policial.

Por ello la ideología del Iluminismo, y de la Revolución de 1848 en el mismo inspirada, mostró también en Alemania al Ministerio Público como «hijo de la Revolución»,[15] aunque al principio lo fuera en la forma de un débil alumbramiento prematuro.[16]

II. LA ORGANIZACIÓN DEL PODER ESTATAL EN EL PROCEDIMIENTO PENAL

La preponderante finalidad estatal de la «conservación y la ampliación» del poder del Estado se erigió en criterio rector de una Administración de Justicia penal caracterizada por una amplia supresión de la Justicia material.

El predominio de este fin pragmático se compaginaba con la «concentración» de la Administración de Justicia penal en «manos» de un solo Juez.

De este modo puede considerarse al «proceso inquisitivo» del Derecho común precisamente como expresión de una teoría que concede al Estado un «poder absoluto», conforme al modelo del soberano *legibus solutus*.[17]

*a)*Los inconvenientes del proceso inquisitivo del Derecho común están ineludiblemente enlazados a las desventajas del absolutismo como teoría estatal, así como a las desventajas de la concentración del poder en una sola mano.

Escuchemos a JOHN LOCKE, uno de los padres del moderno Estado de Derecho: «por la especial debilidad de la naturaleza humana, siempre dispuesta a hacerse con el poder, constituiría una gran tentación para las personas que tienen el poder de dictar leyes que también tuvieran en sus manos el poder de ejecutarlas, en tanto podrían excluirse a sí mismos de la obediencia de las leyes que sancionan, y aún más, orientar a la legislación, en la conformación y en la ejecución, hacia su propio provecho personal, y con ello finalmente perseguir intereses opuestos a los de los demás miembros de la comunidad que contradigan el objetivo de su gobierno de la sociedad. En los Estados debidamente organizados, en que se toma en cuenta el bienestar de la comunidad, se coloca al Poder legislativo en manos de varias personas, quienes en debates reglamentados ejercen la potestad *legisferante,* por sí o conjuntamente con otros, pero en cuanto han actuado así se separan y quedan subordinados a las leyes que han generado... Pero como las leyes creadas de una vez y en corto tiempo tienen vigencia constante y duradera, y deben ser continuamente ejecutadas y cumplidas, es necesario que exista permanentemente el ejercicio de un poder que vele para que las leyes promulgadas y vigentes sean ejecutadas».[18]

Se proclama así la fundamental idea de que el mal uso del Poder estatal sólo puede ser evitado por la «separación» de poderes.

---

14 GÖRGEN, o.u.c., p. 48.

15 *Cfr.*, el significativo título de la obra de GÜNTHER, *Staatsanwaltschaft, KindderRevolution,* 1973.

16 *Cfr.*, CARSTEN, *Die Geschichte der Staatsanwaltschaft in Deutschland bis zur Gegenwart,* en: *Strafrechtliche Abhandlungen,* Heft 229, 1932, p. 21.

17 *Cfr.*, Eb. SCHMIDT, o.u.c., parágrafos 185, 172 y 169.

18 JOHN LOCKE, *Über die Regierung II (The Second Treatise of Government),* XII, parágrafos 143 y 144, en *Reclam,* 1978, pp. 111 ss.

b) Puesto que en la teoría de LOCKE el Poder Judicial para la ejecución de la ley quedaba aún asignado al Poder Ejecutivo,[19] sin duda fue necesario dar otro paso para hacer fructíferas las ideas por él esbozadas directamente en el campo del procedimiento penal.

Como dijo MONTESQUIEU: «No existe tampoco libertad cuando la competencia judicial no está separada de la legislativa y de la ejecutiva. El poder sobre la vida y la libertad de los ciudadanos sería ilimitado si la competencia judicial estuviera adscrita a la competencia legislativa, pues el Juez sería el legislador. Y si el Poder Judicial estuviera vinculado al Poder Ejecutivo, el Juez tendría el poder coactivo de un opresor. Todo estaría perdido si un solo hombre o una misma corporación, de los poderosos o de los nobles o del pueblo, ejercieran los tres poderes en forma absoluta: promulgar leyes, ejecutar decisiones y juzgar los crímenes y los litigios privados».[20]

Mas lo expuesto no basta. También los poderes separados tienden al abuso, aun cuando estén obligados hacia el fin de la Justicia: «una experiencia de siglos enseña que cada hombre que posee el poder se halla impulsado a abusar del mismo. Sigue siempre adelante, hasta que se encuentre con límites irrebasables. ¡Quién lo hubiera pensado: hasta la virtud necesita de límites! Para evitar el abuso del poder es preciso siempre establecer, mediante el ordenamiento de las cosas, un poder que frene al poder».[21]

En efecto, la mera separación de poderes no alcanza por sí sola para evitar las ambiciosas pretensiones de poder: los poderes «separados» deben estar «coordinados» entre sí y limitarse recíprocamente con controles mutuos.

c) La arbitrariedad judicial del modelo de Tribunal, que concentra todo el poder penal y que sirve como órgano ejecutivo a los meros fines de conservación del poder frente a la criminalidad, sólo ahora puede ser superada.

En efecto, la Jurisdicción puede desligarse del pensamiento utilitario, por virtud de su independencia frente al Ejecutivo, y obligarse sólo a su fin propio y originario: la Justicia.

Es además imaginable, y también posible, destruir la ingente concentración de poder del Tribunal inquisitivo del Derecho común.

Ello es ineludiblemente exigido por una doble razón: de una parte, el fallo del Juez debe descargarse del inevitable perjuicio sobre la verdad objetiva del hecho investigado por propia iniciativa y juzgado por el mismo órgano; y, de otro lado, el impulso judicial hacia la Justicia no debe ser sofocado por el pensamiento utilitarista, que posiblemente es imprescindible para la investigación criminal.

La necesaria «división del procedimiento penal» en varias fases, bajo el dominio de órganos distintos, corresponde a la básica idea de la teoría de la división de poderes, y merced a ella ha sido posible.

La teoría de la «división de poderes» permitió asimismo solventar otro defecto esencial del procedimiento inquisitivo del Derecho común: sólo un legisla-

---

19 JOHN LOCKE, l.u.c., *cfr., Nachwort von Mayer-Tasch,* pp. 209 ss.

20 MONTESQUIEU, *Vom Geist der Gesetze (De l'esprit des lois),* lib. XI, cap. 6, en *Reclam,* 1976, p. 213.

21 MONTESQUIEU, o.u.c., lib. XI, cap. 4, p. 211.

dor independiente, respecto del Poder Ejecutivo y del Poder Judicial, y desligado de tendencias absolutistas, puede introducir en la investigación y en el enjuiciamiento las «formas legales» garantizadoras, que transforman al sospechoso de mero objeto de investigación bajo el imperio del Ejecutivo en sujeto del procedimiento judicial.[22]

d) El principio de la división de poderes enseña algo más. La mera instauración de la división de poderes, y la división de los poderes en las fases de la investigación penal, no alcanzan por sí solos aún al triunfo de la Justicia, frente al poder de orientación utilitaria. Los poderes divididos deben influirse entre sí, controlándose mutuamente e imponiéndose límites.

No queda ya lejos el camino hacia la instauración de un órgano que cumpla la misión de «vigía de la ley» en el ámbito interno de la Administración de Justicia penal.

La teoría de la división de poderes debió también resultar jurídicamente vinculante en el plano constitucional: antes de ella existía el peligro —hecho realidad— del abuso de la utilización del Ministerio Público como mero instrumento de realización del poder frente a los Tribunales de Justicia.[23]

III. EL MINISTERIO FISCAL EN EL PROCEDIMIENTO PENAL DEL ESTADO DE DERECHO ACTUAL

La República Federal de Alemania es un Estado de Derecho democrático y social constituido en la forma política de República, según proclama el artículo 28.1 de la Ley Fundamental alemana.

Con independencia de sus fines singulares, el Estado de Derecho obliga a orientar toda su acción social de conformidad con el principio de Justicia material, como prevé el artículo 20.3 de la Ley Fundamental.

Si todo el ejercicio del poder estatal ha de ser justamente orientado en el sentido de Justicia material, tal principio rige específicamente también para el ejercicio del poder estatal en el procedimiento penal, con independencia de que se reconozcan como fin del proceso penal el restablecimiento de la paz jurídica u otros fines jurídico-procesales.[24]

Para evitar la tendencia y el riesgo de que el poder estatal se oriente sólo utilitariamente y llegue a sofocar la Justicia material, el artículo 20.2 de la Ley Fundamental positivamente ha proclamado el principio de la «división de poderes del Estado», con el sistema de los denominados «poderes parciales estatales», que mutuamente se controlan y autolimitan entre sí.[25]

Tal principio parece estar garantizado de manera especial en el procedimiento penal, por el inquebrantable vínculo de un independiente Poder Judicial sólo al principio de Justicia material.

---

22 *Cfr.*, MONTESQUIEU, o.u.c., lib. VI, cap. 8, *passim.*

23 *Vid.*, CARSTEN, *Die Geschichte der Staatsanwaltschaft in Deutschland bis zur Gegenwart*, en *Strafrechtliche Abhandlungen*, Heft 299, pp. 33 ss.

24 SCHMIDHÄUSER, en Eb. SCHMIDT-Festschrift, 1961, pp. 511, 521 s.; VOLK, *Prozessvoraussetzungen im Strafrecht*, 1978, pp. 200 ss.; RIESS, *Prolegomeno zu einer Gesamtreform des Strafverfahrensrechts*, en SCHÄFER-Festschrift, 1980, p. 170.

25 *Cfr.*, ZIPPELIUS, *Allgemeine Staatslehre*, 6. Aufl., p. 311; RIESS, o.u.c., p. 169.

Esta vinculación ciertamente integra un presupuesto esencial del «procedimiento penal del Estado de Derecho», aunque probablemente el mismo se muestra todavía insuficiente.

Se podría además objetar, en sentido crítico, que es preciso ir más allá de lo propugnado por este básico principio, puesto que en la realización de la Justicia material ha de concurrir todo el Poder del Estado plenamente unido.

Pero también aquí rige el pensamiento de MONTESQUIEU: «aun la virtud necesita de límites si no quiere pervertirse como abuso del poder».[26]

Ha de proclamarse en todo caso la «supremacía» de la Justicia material sobre la razón utilitarista del ejercicio del poder, mediante la «división formal» de poderes estatales, que se controlan y autolimitan recíprocamente.

Cuando el Poder Judicial se circunscribe a ejercer la propia jurisdicción en materia penal, en el enjuiciamiento de las causas criminales, de conformidad con el artículo 92 de la Ley Fundamental, el Poder Judicial se configura y comporta como un Poder estatal independiente y al propio tiempo como parte de la Administración de Justicia.[27]

La Administración de Justicia abarca diversas facetas que corresponden a los distintos poderes del Estado. Cuando el Estado ejerce alguna actividad ajena a la Jurisdicción criminal, en relación con el proceso penal, se mueve en el campo de la ejecución de la Ley cuya competencia corresponde al Ejecutivo.

La organización del Poder estatal obliga a una división de la Administración de Justicia, única en sus distintas atribuciones, así como a una división del proceso penal correspondiente al ámbito de competencia de los distintos «poderes estatales».[28]

La «averiguación de un hecho», sometido al enjuiciamiento de los Tribunales de lo penal, de conformidad con el parágrafo 161 de la Ley procesal penal alemana, corresponde al ámbito de actividad del Poder Ejecutivo.

En este estadio del procedimiento penal, el fin de la «averiguación de la verdad» ocupa un primer plano, por exigencias de la propia naturaleza de las cosas.

Frente al peligro de que se ejerza el Poder estatal con detrimento de la Justicia material en el proceso penal, se advierte la necesidad de que el Tribunal de lo penal no debe abrirse paso hacia el enjuiciamiento de una causa criminal, por una exclusiva iniciativa propia y con el único fin de averiguar lo que considera «la verdad».

Tal iniciativa para el enjuiciamiento, legalmente calificada como «acusación», se ubica entre el procedimiento de la investigación y el acto jurisdiccional del juicio.

En este momento del procedimiento penal, el acto procesal de la «acusación» debe ser separado de las actuaciones de la «investigación», de forma que el mecanismo utilitario de averiguación de la verdad no se imponga como pretendido fin exclusivo, sino que resulte asimismo vinculado al principio de la Justicia penal material.

---

26 MONTESQUIEU, o.u.c., lib. XI, cap. IV, p. 211.

27 *Cfr.*, HENKEL, Strafverfahrensrecht, 2. Aufl., p. 133.

28 Eb. SCHMIDT, o.u.c., parágrafo 289; GÜNTHER, o.u.c., p. 53; BERKHAUER,*Polizei und Justiz,* en BKA-Vortragsreihe, Bd. 23, 1977, p. 65.

En todo caso, el propio ejercicio del poder de investigación ha de ser controlado por el mecanismo de las garantías de protección jurídica de los derechos del acusado y por medio del desenvolvimiento de un control institucional sobre la observancia del deber fundamental derivado del principio constitucional de la Justicia material.

IV. LA POSICIÓN JURÍDICA DEL MINISTERIO FISCAL

Si se tiene en cuenta que todavía hoy el poder de investigación en el procedimiento penal es ejercido *de facto* por las autoridades policiales en la mayoría de los casos, salvo en la criminalidad grave y en la delincuencia económica, será necesario establecer una ineludible coordinación entre la Policía criminal y la Jurisdicción penal.

Esta armónica coordinación, desvinculada del mero ejercicio utilitario del Poder Ejecutivo y siempre bajo el imperativo del principio de Justicia penal material, ha de asumir la iniciativa en el enjuiciamiento jurisdiccional, a través de la interposición de la «acusación» en el Estado de Derecho.[29]

En este sentido se puede asignar a la autoridad del Ministerio Público, que se distancia por igual de la averiguación policial y del enjuiciamiento jurisdiccional por su situación intermedia, el desempeño del control sobre la Policía y sobre el Tribunal, que respectivamente asumen las competencias de averiguación y enjuiciamiento del acto criminal.

De este modo, con el Ministerio Público, ha ingresado en el procedimiento penal una autoridad portadora de la primordial función de «control de legalidad».

Con ello no se cuestiona en modo alguno que la actividad investigadora corresponda al Poder Ejecutivo y la jurisdiccional al Poder Judicial.

La contradicción subyacente en la cuestión deriva de la propia situación jurídica del Ministerio Público, que con su esencial función de interponer la «acusación» se mueve en el punto de unión entre el ámbito de investigación del Ejecutivo y la esfera resolutoria del Poder Judicial.

Ya E. SCHMIDT expresó convincentemente que el Ministerio Fiscal no debe ser adscrito *in totum* a la Jurisdicción por el mero hecho de sus facultades decisorias sobre la interposición de la «acusación» penal, o sobre el «sobreseimiento» de la causa criminal. Pues no hay que olvidar que la decisión jurisdiccional —el veredicto en la realidad fáctica y el fallo en la esfera jurídica— falta por completo en las decisiones del Ministerio Público, según se advierte en los efectos de la santidad de la «cosa juzgada».[30]

Se ha intentado caracterizar al Ministerio Fiscal como un órgano del Poder Judicial ajeno o externo a la propia Jurisdicción. Pero acaso ello implicaría reconocer como tercer poder estatal no sólo al Poder Judicial *stricto sensu*, sino a la Jurisdicción ciertamente aumentada con las demás tareas de la Administración de Justicia.[31]

---

29 SCHMIDT-BLEIBTREU/KLEIN: GG, Vorbem. Ib vor Art. 92, 4. Aufl., p. 65.
30 Monatschrift für deutschen Recht, Bd. 64, pp. 629 ss., esp. 631.
31 SCHMIDT-BLEIBTREU/KLEIN, o.u.c., Rn. Ibzu Art. 92.

A esta concepción hiperbólica de la Jurisdicción penal se opondrían las prescripciones de los artículos 20 y 92 de la Ley Fundamental, que conforman la noción jurídico-constitucional de la «Jurisdicción».

Por otro lado, no parece razonable reunir en un solo poder estatal la Jurisdicción independiente, conjuntamente con partes dependientes de la Administración de Justicia, pues con ello se terminarían por difuminar las fronteras de separación entre el Poder Judicial y el Poder Ejecutivo.[32]

Es de añadir además una objeción sustantiva: en la pretendida inclusión del Ministerio Público en el Poder Judicial, con facultades propias reconocidas como inherentes, la iniciativa para la actividad de juzgar resultaría unida a la actividad del enjuiciamiento mismo, concurriendo en una sola mano, como antaño preconizó el proceso inquisitivo del Derecho común, en buena hora superado por el Estado de Derecho.

Un sector de la doctrina configura al Ministerio Fiscal como una «Autoridad judicial administrativa», como un órgano de la Administración de Justicia, pero como un órgano independiente, que no se encuadra orgánica y funcionalmente ni en el Poder Ejecutivo ni en el Poder Judicial.[33]

Pero ello supondría erigir a tal órgano, investido de pretendida autoridad judicial pero ubicado fuera del Poder Judicial mismo, como un «cuarto» Poder del Estado; o, en su defecto, como un poder «extraído» de la esfera de los tres poderes estatales que consagra la Constitución.

Mas parece que ambas soluciones están vetadas en el Estado de Derecho: la primera, por ser directamente impedida por la Constitución, y la segunda, por ser irrealizable prácticamente, en cuanto el Ministerio Público, al participar del ejercicio del poder estatal, ha de ser incluido —y no extraído— en la tríada de poderes constitucionales.

En otras palabras, el poder del Estado de Derecho no puede ser ejercido por fuera de los tres «poderes parciales».

Ahora bien, si el Ministerio Fiscal no ejerce propiamente ninguna actividad jurisdiccional que justifique su integración en el Poder Judicial, a su vez sólo puede ubicarse en el Poder Ejecutivo, por su actividad realizadora de la ley.[34]

No obstante, el Ministerio Público no está en modo alguno orientado, como las demás funciones públicas, a la idea directriz del utilitarismo: la garantía de la seguridad y el orden, la eficacia, la jerarquía y la coordinada celeridad de los actos de la Administración Pública.[35]

Antes bien, al Ministerio Fiscal corresponde contribuir, en la persecución penal, a la afirmación de la voluntad estatal, que orienta todos los poderes del Estado hacia la idea de la Justicia material.

---

32 *Cfr.*, GÜNTHER, o.u.c., pp. 48 ss.; BLOMEYER, en Goltdammer Archiv, 1970, p. 161.
33 ROXIN, *Strafverfahrensrecht,* 15 Aufl., p. 46.
34 KLEINKNECHT, StPO mit GVG und Nebengesetzen, 34. Aufl., Rn. 6 vor parágrafo 141 GVG; BAUMANN, *Grundbegriffe und Verfahrensprinzipien des Strafprozessrechts,* 3. Aufl., p. 109.
35 HENKEL, o.u.c., p. 133.

Por ello, el Ministerio Fiscal debe estar facultado para intervenir, desde el comienzo, de manera efectiva en el procedimiento penal contra el acusado, para que se cumpla siempre la exigencia legal de la realización de la Justicia material.[36]

El Ministerio Público está sometido a las directrices del Ministerio de Justicia y al mismo tiempo está facultado para dar instrucciones, dentro de su composición orgánica, a los distintos funcionarios integrantes de la Fiscalía.[37]

A través de tales condicionamientos legales, el Ministerio Fiscal ha de participar por sí mismo, bien que como órgano subordinado al Ministerio de Justicia, en la defensa de la voluntad estatal para el correcto ejercicio del poder penal.[38]

El Ministerio Fiscal está al servicio de la vocación del Estado hacia la Justicia material, no persigue ningún interés unilateral, y en este sentido su posición en cuanto órgano de la Administración de Justicia no se corresponde con la llamada «posición de parte», en el significado procesal de los intervinientes en un procedimiento, que se enfrentan en igualdad de derechos para la pretensión de reconocimiento y salvaguarda de sus intereses.[39]

V. LA FUNCIÓN DE CONTROL DEL MINISTERIO FISCAL

En la Administración de Justicia, el Ministerio Fiscal es, ante todo, «vigía de la ley».[40] Y a él le corresponde específicamente tal puesto de vigilante en todo el procedimiento penal, tanto frente a las funciones ejecutivas de investigación policial como frente a los órganos judiciales que conocen de la causa criminal.

Sin embargo, en la actualidad no ha dejado de ponerse en cuestión dicha situación de vigía del Ministerio Público, especialmente con relación a los funcionarios policiales. Y este estado de discusión sin duda es de algún modo sorprendente.

a) En una obligada retrospección histórica, es de recordar que la creciente crítica a las decisiones jurisdiccionales arbitrarias condujo, en Prusia, justamente a la exigencia de la implantación[41]de un Ministerio Público,[42] al que se confirió las necesarias facultades jurídicas, en contraste con lo dictaminado por la Exposición de Motivos de la Legislación prusiana de 1841: «una vigilancia de los Tribunales no se compadece con la independencia de los mismos; no existe motivo alguno para desconfiar de los Tribunales: la instauración del Ministerio Público daría la impresión de que el Gobierno trata de ganar influencia sobre la Administración de Justicia».[43]

Es de invocar una vez más la «eterna experiencia» de MONTESQUIEU: el poder que sirve a la Justicia, por su propia esencia, necesaria de limitación y control. Las actuales formas de control que el Ministerio Público ejerce sobre el poder de los

---

36 OTTO, o.u.c., p. 40.

37 *Cfr.*, la toma de posición del Ministro de Justicia prusiano von MÜHLER sobre el voto de von SAVIGNY contra la introducción de la Fiscalía del año 1843, citada por OTTO, en o.u.c., p. 21.

38 Ibidem.

39 Eb. SCHMIDT, o.u.c., I Rn. 107.

40 *Cfr.*, OTTO, o.u.c., p. 40; CARSTEN, o.u.c., pp. 24 s.

41 *Cfr.*, OTTO, o.u.c., p. 14.

42 Sobre las exigencias acerca de la introducción del Tribunal de Jurados y sobre los principios de publicidad y oralidad del procedimiento, no se puede tomar posición en este contexto.

43 CARSTEN, o.u.c., p. 23.

Jueces operan de forma discreta pero efectiva. No se ha de oponer ningún tipo de reparos fundamentales al control actual del poder de los Jueces por el Ministerio Público, siempre que con ello se garantice y respete la inquebrantable independencia de la Jurisdicción.[44]

b) En relación con la arbitrariedad policial que se desplegó en el proceso inquisitivo del Derecho común, se ha de oponer a la misma la garantía del Ministerio Público, como reconoce VON SAVIGNY en un voto de diciembre de 1845: «precisamente en las operaciones preliminares a una investigación criminal por parte de la Policía existe el peligro inminente de alguna lesión jurídica, y la experiencia demuestra que los agentes policiales a menudo hubieron de asumir la culpa de tales lesiones jurídicas. Para remediar este mal y conferir base jurídica a las primeras actuaciones judiciales debería instituirse el Ministerio Público».[45]

También frente a tales exigencias, la Exposición de Motivos de la Legislación prusiana de 1841 objetó que no es necesaria una específica vigilancia de los funcionarios policiales, ya que en todo caso ellos serían «permanentemente controlados, de modo que no pudieran proceder arbitrariamente».[46]

En la actualidad se puede además invocar otro argumento aún de más peso: en contraste al procedimiento inquisitivo del Derecho común, el funcionario policial «está sometido tanto al Derecho y a la Ley (art. 20.3 de la Ley Fundamental) como al Ministerio Público», por lo que es erróneo entender que requiere de un específico control jurídico ulterior.[47]

Por lo demás, en la investigación policial, la Policía está obligada a la observancia de todas las garantías del Derecho penal formal, a diferencia de lo que ocurría en la época del procedimiento inquisitivo.[48]

Queda fuera de toda duda que tanto la Policía como el Ministerio Público se sienten en igual medida obligados a la idea del Estado de Derecho.[49]

c) También rige aquí de nuevo la «eterna experiencia» de MONTESQUIEU de que todo poder en sí mismo, de origen y en igual forma, es portador de la tendencia a su propio abuso, y por ello requiere una limitación de control.[50]

La actividad de investigación policial ha conducido en notable medida al sacrifico de la estricta vinculación de todos los poderes del Estado a la Justicia material, con el fin de esclarecer la verdad y de combatir la criminalidad en la forma más efectiva posible, incluso más allá del ámbito de la actividad preventiva policial.

Ante la reivindicación funcionarial de la Policía de reconocimiento a su favor de un «espacio intocable»,[51] al servicio de la «protección de la sociedad» como fin

---

[44] *Vid.*, RIESS, *Prolegomeno, zu einer Gesamtreform des Strafverfahrensrecht,* en SCHÄFER-Festschrift, 1980, p. 196.
[45] *Cfr.*, OTTO, o.u.c., pp. 37 s.
[46] CARSTEN, o.u.c., p. 23.
[47] GEMMER, en *Polizei und Justiz,* BKA-Vortragsreihe, Bd. 23, 1977, pp. 13 y 15.
[48] Así, precisamente, ya KOHLHAAS, *Die Stellung der Staatsanwaltschaft als Teil der rechtsprechenden Gewalt,* 1963, p. 73.
[49] BERKHAUER, *Polizei und Justiz,* en BKA-Vortragsreihe, Bd. 23, 1977, p. 65.
[50] KUHLMANN, DRiZ, Bd. 76, p. 265.
[51] WOLF, *Kriminalistik,* 1975, p. 393.

preponderante respecto de la persecución penal orientada a la Justicia,[52] la propia idea de la prioritaria tendencia institucional e inmanente hacia el poder y el fin utilitario hace necesaria la instauración de un control de la actividad policial en el Estado de Derecho.

VI. EL MINISTERIO FISCAL EN EL PROCEDIMIENTO JUDICIAL

El artículo 20.3 de la Ley Fundamental proclama la garantía de la vinculación de la actividad jurisdiccional del Juez penal al principio de la Justicia penal material, que a su vez exige el reconocimiento de una autónoma actuación al Ministerio Fiscal.[53]

El Tribunal penal no puede juzgar por sí mismo, sino sólo a iniciativa del Ministerio Fiscal. El Ministerio Público[54] representa un presupuesto necesario a la actividad jurisdiccional de los órganos de Justicia penal.[55]

Para la consecución de un sistema materialmente correcto, el Tribunal de lo penal debe averiguar la «verdad». Presupuesto ineludible de todo fallo justo es la determinación de la «verdad» de los hechos que le sirven de base.

Por ello no puede existir una labor jurisdiccional justa en la mera aplicación formal de la legislación a un hecho, que ha sido comprobado por un tercero y de buena fe asentado por el que aplica el Derecho.

Antes bien, el fallo justo del Juez requiere el examen del «contenido de validez» de todo hecho que constituye objeto de su sentencia.

El «examen de la verdad» se limita al hecho que ha sido presentado por la acusación respectiva para el enjuiciamiento. El Tribunal, al dictar su sentencia, en modo alguno puede excederse de ese hecho,[56] al que, por otro lado, ha de juzgar exhaustivamente.[57]

Tal deber de averiguación de la verdad en el esquema jurídico actual, ya no es equiparable con las desventajas de la investigación judicial de que adolecía el proceso inquisitivo del Derecho común.

En el procedimiento penal actual ya no procede el Juez a fallar por «propia iniciativa» sobre un hecho comprobado con anterioridad.

Antes bien, el Tribunal ha de decidir sobre la «verdad» del hecho, que por iniciativa ajena le es presentado para su enjuiciamiento, conociendo sin perjuicio inquisitivo alguno sobre la veracidad de lo actuado por el propio Tribunal.

Sin embargo, es evidente que en el conocimiento de los Jueces no puede excluirse en términos absolutos el peligro de posible partidismo o de eventual parcialidad.[58]

---

52 WOLF, o.u.c., p. 394.
53 Art. 20.3 de la G.G.
54 Parágrafos 152.1, 212, 266, 374 y 407 de la StPO.
55 *Cfr.*, PETERS, *Strafprozess*, 2. Aufl., p. 138; Eb. SCHMIDT, o.u.c., parágrafo 70; GÖSSEL, *Verteidigung im Rechtsstaat und Verteidigersbeschränkungen in Terroristenverfahren*, en *Rechtsstaat in der Bewährung*, Bd. 7, 1979, pp. 19, 20 ss.
56 Parágrafos 155, 268 de la StPO.
57 Parágrafo 155.2 de la StPO.
58 GÖSSEL, *Strafverfahrensrecht*, 1977, p. 111.

El riesgo de arbitrariedad de los Jueces, heredado del proceso inquisitivo del Derecho común, no ha remitido aún suficientemente, a pesar de los progresos alcanzados en el asentamiento del Estado de Derecho.

Mantiene aquí vigencia también la «eterna experiencia», acreditada por MONTESQUIEU, de que todo ejercicio del poder humano porta en sí la tendencia al abuso,[59] de suerte que hasta «la virtud» de la Justicia «necesita de límites».

Junto al cometido propio del «funcionario acusador»,[60] la misión de «vigía de la ley» que se asigna al Ministerio Público llegó a ser indiscutida, pese a las controversias de la introducción de esta institución en los Estados alemanes a mediados del siglo XIX.

Precisamente para evitar en la mayor medida posible el peligro de las arbitrariedades de una Judicatura supeditada al Ejecutivo se instituyó el Ministerio Fiscal, confiriéndole una emblemática función de «vigía de la ley», que habría de ejercer no sólo desde el momento de la puesta a disposición del acusado a los Tribunales, sino desde el inicio de la investigación y a lo largo de la práctica de todas las actuaciones de averiguación por parte de los funcionarios policiales.[61]

Junto a esta trascendente misión, el Ministerio Fiscal está investido de la facultad funcionarial de ejercicio de la «acusación» en el procedimiento penal: ha de adoptar decisión sobre la acusación tras examinar si las presentes investigaciones permiten o no esperar una condena penal: en caso positivo formula acusación y en caso negativo insta el sobreseimiento de la causa.[62]

En cuanto funcionario judicial, bien que perteneciente al Ejecutivo, el Ministerio Fiscal ha de adoptar tal decisión según el criterio de la Justicia material, de conformidad con el mandato contenido en el artículo 20.3 de la Ley Fundamental, por lo que viene obligado al examen del «contenido de verdad» de las investigaciones practicadas.

En efecto, el Ministerio Fiscal ha de procurar que la conducta del sospechoso sea examinada en el procedimiento jurisdiccional con estricta observancia de los principios del Derecho penal. Y, al contrario, ha de instar el sobreseimiento de la causa cuando presuma que la persona acusada no ha de ser condenada, por la ausencia de responsabilidad criminal, liberándola de la persecución penal.[63]

Mediante la «decisión» adoptada acerca del sobreseimiento o la acusación, el Ministerio Fiscal no se limita ya a ejercer una mera función de control de la actividad de determinados órganos estatales, sino que efectivamente resuelve, en este momento del proceso penal, con facultad propia, sobre la continuación del proceso o el sobreseimiento de la causa.

Su verdadera función consiste en examinar objetiva y críticamente los hechos averiguados en el procedimiento preliminar, para discernir si existe la sospecha de un comportamiento punible, y por ello la probabilidad de un fallo penal de culpabilidad, o la ausencia de indicios de criminalidad y en su virtud la procedencia del sobreseimiento de la causa.

---

59 MONTESQUIEU, o.uc., p. 211.
60 *Cfr.*, CARSTEN, o.u.c., p. 17.
61 OTTO, o.u.c., p. 41; Eb. SCHMIDT, *Lehrkommentar zur StPO und zum GVG, Teil* 2. Aufl., Rn. 95.
62 Parágrafo 170 de la StPO. *Cfr.*, GOSSEL, o.u.c., p. 197.
63 Eb. SCHMIDT, o.u.c., Rn. 94.

En esta competencia inicial, decisoria del procedimiento preliminar, el Ministerio Fiscal queda sometido a una «situación psicológica», de cuya decisión depende la formación de la causa o la provisión del sobreseimiento.

Y, llegado a este punto, hay que formularse la cuestión: ¿quién controla al órgano de control?

Desde un punto de vista objetivo, huelga todo temor, pues es de presuponer que el Ministerio Fiscal no tiene ningún interés personal en acusaciones innecesarias, que en todo caso van a conllevar a una absolución en el momento de la aplicación jurisdiccional de la legislación penal.[64]

Antes bien, los intereses funcionariales a la prestación del servicio propician que el Ministerio Fiscal se mantenga objetivo, ante la hipotética sospecha de la comisión de un delito.[65]

En todo caso han de establecerse las garantías necesarias contra decisiones arbitrarias del Ministerio Fiscal, en especial las referidas a la omisión de interponer la acusación.

Como más importantes mecanismos de control se delinean el control parlamentario, el control a través de las instituciones sociales y, sobre todo, en la actualidad, el control ejercido por los medios de comunicación.

Es cierto, por otra parte, que el Ministerio Fiscal dispone, en todo caso, del mecanismo de los recursos legales previstos para oponerse a las exigencias sentadas por la doctrina jurisprudencial de actuar en un sentido u otro, acusativo o inhibitorio.

Constituye por lo demás siempre un firme control el principio de legalidad, que directamente obliga al Ministerio Público a perseguir todos los actos criminales.[66]

El cumplimiento de este deber jurídico queda sujeto a control procesal, a través de la formulación de denuncia por el ofendido, en un procedimiento dirigido a exigir al ejercicio de todas las correspondientes acciones penales por parte del Ministerio Público.[67]

Han de tenerse en cuenta asimismo, como garantía del ejercicio objetivo de las facultades del Ministerio Fiscal que coadyuvan al control de la actividad del mismo, las instrucciones ministeriales, siempre que éstas le sean cursadas para evitar cualquier desviación de las exigencias de la Administración de Justicia.

Por otro lado, ciertamente, es imaginable el abuso de poder por parte del Ministerio Fiscal, en orden a la interposición de la acusación.[68]

Frente a este eventual abuso constituyen garantías jurídicas, a nivel legislativo, las disposiciones penales sobre acusación falsa y persecución de inocentes y, a nivel jurisdiccional, la facultad judicial de resolver la no apertura del procedimiento penal, no obstante ser formulada la acusación por el Ministerio Fiscal.

---

64 Eb. SCHMIDT, *Einführung in die Geschichte der deutschen Strafrechtspflege*, 3. Aufl., parágrafo 289; RIESS, o.u.c., p. 195.

65 Ibidem.

66 Parágrafo 152.2 de la StPO.

67 Parágrafos 172.2 y 173 de la StPO.

68 Parágrafo 354 de la StPO.

VII. EL MINISTERIO PÚBLICO EN EL PROCEDIMIENTO PRELIMINAR DE INVESTIGACIÓN

La facultad de decisión relativa a la acusación o al sobreseimiento, que se confiere al Ministerio Fiscal,[69] constituye una prerrogativa lógico-jurídica que obliga al Ministerio Público a la averiguación del hecho.[70]

Así pues, todo el procedimiento de investigación, desde que surge la primera sospecha hasta que se resuelve sobre la interposición de acusación o la propuesta de sobreseimiento, está conferido al Ministerio Fiscal, a quien se ha calificado como «señor del procedimiento preliminar de investigación».[71]

El Ministerio Fiscal está facultado para la autónoma realización de actos de investigación propia,[72] tales como la práctica de interrogatorio del acusado,[73] la de interrogatorio de testigos y peritos,[74] la inspección de documentos[75] o el examen personal del procesado.[76]

Según el Ordenamiento penal alemán,[77] el Ministerio Fiscal además puede hacer prácticas investigadoras, por medio de las autoridades o funcionarios de la Policía y de otros funcionarios «auxiliares», a quienes se asignan facultades más amplias que las de la Policía, para intervenir en los derechos de los afectados en la práctica de actos de investigación.

Se plantea incluso la posibilidad de reconocer al Ministerio Fiscal el derecho de dar instrucciones a este círculo de funcionarios, si bien la determinación de su alcance resulta muy discutida. Se suscita en concreto la cuestión de si el Ministerio Fiscal puede dirigir institucionalmente tales instrucciones sólo a autoridades policiales, o también directamente a funcionarios individuales, y asimismo el problema de si se trata de una auténtica facultad de ordenar y dirigir instrucciones, o bien la mera facultad de solicitar o recabar la intervención de los funcionarios «auxiliares».[78]

En cualquier caso, la práctica de los actos jurisdiccionales instructores puede ser solicitada por el Ministerio Fiscal al Juez de la investigación, en cumplimiento de la exigencia de la instrucción penal.[79]

Y, por último, el Ministerio Fiscal puede exigir informes de todos los funcionarios públicos,[80] así como hacer prácticas investigadoras por medio de los servicios de auxilio de la Policía Criminal sobre todas las circunstancias que resulten relevantes para fijar las consecuencias jurídicas del acto criminal objeto de la investigación.[81]

---

[69] Parágrafo 170 de la StPO.
[70] *Cfr.*, WENDISCH, *Polizei und Justiz*, BKA-Vortragsreihe, Bd. 23, 1977, pp. 19,21.
[71] *Cfr.*, ROXIN, o.u.c., p. 51; BAUMANN, o.u.c., p. 111.
[72] Parágrafo 161 de la StPO.
[73] Parágrafo 163a, 1-3, de la StPO.
[74] Parágrafo 161a de la StPO.
[75] Parágrafo 110 de la StPO.
[76] Parágrafo 81a de la StPO.
[77] Parágrafos 161 de la StPO y 152 de la GVG.
[78] *Cfr.*, MEYER-GOSSNER, en LOWE-ROSENBERG, StPO und GVG, 23. Aufl., parágrafo 161, Rn. 19; SCHÄFER, o.u.c., parágrafo 152 de la GVG, Rn. 12 ss.
[79] Parágrafos 162 y 169 de la StPO.
[80] Parágrafo 161 de la StPO.
[81] Parágrafo 160.3 de la StPO.

La competencia del Ministerio Fiscal para la práctica de actos de investigación, en todo caso, es complementada con el reconocimiento de facultades indagatorias que la ley concede a la Policía para los actos cuya investigación «no admite demora».[82]

Para tales casos, en el Ordenamiento penal alemán, la Policía asume un derecho propio a la primera intervención.[83]

Ahora bien, aun en las hipótesis de reconocimiento de competencia investigadora propia de la Policía,[84] queda conferido al Ministerio Fiscal el señorío sobre el procedimiento.[85]

Al propio tiempo se prevé la exigencia de remisión sin demora del resultado de la investigación policial al Ministerio Público.[86]

De otro lado, el Ordenamiento alemán faculta al Juez de instrucción, en defecto de la intervención del Fiscal competente, para practicar por sí mismo actos de investigación, siempre que conste «peligro en la demora».[87]

En tal hipótesis, el Juez que asume la investigación ejercita una actividad que jurisdiccionalmente queda sujeta al sistema general de recursos y a la aplicabilidad de todos los presupuestos sobre declaraciones efectuadas ante un Juez.[88]

En verdad, la distinción dentro del total procedimiento penal entre un proceso de investigación, asignado al Poder Ejecutivo, y un proceso de enjuiciamiento, reservado al Poder Judicial, concuerda plenamente con la teoría de la división de poderes y es conforme a la Constitución.

Esta distinción debería ser mantenida, conjuntamente con la facultad de acusación que la Constitución reconoce al Ministerio Fiscal. Ahora bien, la regulación de este procedimiento de investigación, por ser incompleta y subsidiaria, no parece suficientemente satisfactoria.

El Juez de Instrucción no puede desarrollar iniciativas propias de investigación, salvo algún supuesto estrictamente excepcional.[89]

Antes bien, el Juez de Instrucción sólo puede llevar a la práctica las decisiones de investigación, que legalmente le están conferidas, en virtud de requerimiento del Ministerio Fiscal, por virtud de recurso, o por la vía del examen de un acto de investigación ya realizado.[90]

En el caso excepcional de la competencia de necesidad asumida por el Juez, el mismo está autorizado para practicar investigaciones singulares de urgencia, que han de ser inmediatamente transferidas al Ministerio Público,[91] y que ade-

---

82 Parágrafo 163.2 de la StPO.

83 PETERS,o.u.c., p. 156; HENKEL,o.u.c., p. 149; ROXIN,o.u.c., p. 49; KLEINKNECHT, o.u.c., *Introducción a Rn. 40, cfr.*, en sentido disidente, MEYER-GOSSNER, o.u.c., parágrafo 163, Rn. 8.

84 Parágrafo 163.2 de la StPO.

85 Ibidem.

86 Ibidem.

87 *Cfr.*, MEYER-GOSSNER, o.u.c., parágrafo 165, Rn. 11 y 12.

88 Parágrafos 168, 168a y 168c de la StPO.

89 Parágrafo 165 de la StPO.

90 *Cfr.*, parágrafo 98.2 de la StPO.

91 Parágrafo 167 de la StPO.

más, contrariamente a la Corte Suprema, deberían conducir a la subsiguiente inhibición del Juez.[92]

Sin embargo, en la mayoría de los casos penales de la *praxis* forense, el Ministerio Fiscal sólo accede al conocimiento de la existencia de un procedimiento tras la conclusión de las investigaciones policiales: investiga muy poco personalmente, y además no puede modificar demasiado el resultado de la investigación policial practicada.[93]

El Ministerio Fiscal no decide sobre la acusación o el sobreseimiento, con fundamento en la actividad probadora por él determinada, controlada y conducida bajo su vigilancia, sino antes bien *de facto* según el resultado de los actos que se desprenden de la conclusión definitiva de las investigaciones policiales, en las que apenas pudo ejercer influencia alguna.

En la mayoría de los casos de delincuencia de gravedad media, en realidad, la Policía se erige en dueño del procedimiento de investigación, por cuanto investiga por sí misma e informa al Ministerio Fiscal de las conclusiones de su investigación, en contra de lo previsto en la legislación procesal penal.[94]

Existen excepciones: así, en las investigaciones asignadas al Ministerio Público Federal, en el ámbito de los delitos contra el Estado, en que el Ministerio Público ejercita permanentemente su facultad de conducción, y así mismo en los casos de criminalidad económica u otra delincuencia grave.

A la vista de esta realidad forense, predominante en la *praxis* judicial, la Policía ha propugnado que se amplíe mediante reforma legal el reconocimiento de su ámbito de investigación propia e independiente para la primera intervención[95] y se consagre la obligación positiva de transmitir puntualmente al Ministerio Fiscal los resultados de la investigación practicada.[96]

Se ha postulado asimismo el reconocimiento a la Policía de una responsabilidad propia en el plano de la conducción de la investigación,[97] por exigencias del progreso técnico, de la especialización profesional y de la disponibilidad de mayor estructura investigadora, que favorecen tal incremento de competencia policial.[98]

Correlativamente se ha propuesto reconocer al Ministerio Fiscal únicamente el derecho de exigir de la Policía determinadas medidas de investigación, en cuya concreta realización aquél no debiera influir, por su falta de competencia especial y escasa idoneidad profesional para la conducción de la investigación.[99]

Sobre todo se ha exigido limitar la facultad del Ministerio Fiscal de dar instrucciones directas a funcionarios individuales de la Policía, en cuanto tal atribución puede entrar en conflicto con las competencias orgánicas de las autoridades policiales.[100]

---

92 Parágrafo 22.4 de la StPO.
93 SESSAR, *Polizei und Justiz,* BKA-Vortragsreihe, Bd. 23, 1977, pp. 25 s.
94 Parágrafo 163.2 de la StPO.
95 Parágrafo 163.1 de la StPO.
96 *Vid.,* KUHLMANN, *o.u.c.,* Bd. 76, pp. 265 s.; RUPPRECHT, ZRP, Bd. 77, p. 275; WOLF, *Kriminalistik,* 1975, pp. 389 s.
97 GEMMER, *Polizei und Justiz,* BKA-Vortragsreihe, Bd. 23, 1977, p. 15.
98 KUHLMANN, o.u.c., p. 265.
99 WOLF, o.u.c., p. 393.
100 Ibidem.

¿Debemos o tenemos que consentir tales exigencias? En realidad, no hay una respuesta uniforme a esta pregunta. En cuanto «vigía de la ley», el Ministerio Fiscal no debe «inquirir por sí mismo».[101]

Conforme a su propia función, el Ministerio Fiscal debe «examinar las investigaciones» que practica otro funcionario del Poder Ejecutivo y limitarse a adoptar su decisión sobre la acusación o el sobreseimiento.

Sólo así el Ministerio Fiscal alcanza su verdadera posición como órgano estatal para la defensa de la voluntad, dirigida a la realización de la Justicia material en el procedimiento penal.

En efecto, asume el Ministerio Fiscal una posición, por igual distanciada de dos respectivos órganos de investigación y enjuiciamiento, de modo que, controlando a ambos, establece unión entre ellos,[102] evitando que el esfuerzo utilitario de los funcionarios de investigación del Ejecutivo y el esfuerzo por la Justicia de los órganos del Poder Judicial choquen entre sí, sin ningún filtro intermedio.

Teoría y práctica exigen en igual medida transmitir al Ministerio Fiscal tareas de investigación sólo en el marco de su oficio de «vigía del Derecho», conformando la investigación de los comportamientos punibles como una función propia e independiente de la Policía.[103]

En estos términos se compensa el déficit de competencia de investigación del Ministerio Fiscal con la intensificación de su genuina función de control jurídico.

Desde una perspectiva pragmática, este modelo selectivo de las competencias del Ministerio Fiscal no sólo se acomoda mejor a la realidad práctica, sino que además aporta una considerable ventaja para la actividad propia del mismo, pues facilita que el Ministerio Fiscal, liberado de las consideraciones utilitarias que la práctica de las investigaciones conlleva, se centre en el ejercicio de sus funciones originarias: el examen de control de la actividad investigadora de la Policía criminal y la salvaguarda de la legalidad en la actividad de la Jurisdicción penal.

La actividad de «control de legalidad» del Ministerio Fiscal se proyecta en el mantenimiento de las garantías protectoras de los derechos procesales del imputado y en la investigación de todas las circunstancias de descargo.[104]

En cualquier caso, el Ministerio Fiscal mal puede llevar a cabo su control sin una amplia e inmediata información de la Policía.

El desempeño de la función de control exige que la remisión de las investigaciones policiales al Ministerio Fiscal se produzca no sólo a la conclusión de las mismas, sino en todo momento y a medida que se lleven a la práctica, para que el control de legalidad pueda ejercerse eficazmente.[105]

Por tanto, el Ministerio Fiscal debe ser inmediatamente informado a partir del momento en que se denuncia un acto delictivo ante la Policía y a lo largo de la práctica de las actividades investigadoras, que culminan con la formulación de las conclusiones policiales.

---

101 *Cfr.*, OTTO, o.u.c., p. 21.
102 Eb. SCHMIDT, *Lehrkommentar zur StPO und zum GVG, Teil I*, Rn. 95; OTTO, o.u.c., pp. 36, 43.
103 *Cfr.*, RIESS, o.u.c., p. 197.
104 *Cfr.*, KOHLHAAS, *Die Stellung der Staatsanwaltschaft als Teil der rechtsprechenden Gewalt*, 1963, pp. 79 y s. *Vid.*, parágrafo 160.2 de la StPO.
105 GÖRGEN, DRiZ, 1976, pp. 296, 298.

De otra parte, el derecho de instrucción no debe ser vetado absolutamente al Ministerio Fiscal. Antes bien, el mismo ha de estar facultado para emitir determinadas instrucciones a los funcionarios del Ejecutivo relativas a la investigación de un caso criminal.

Pero el derecho de instrucción, cuyo reconocimiento al Ministerio Fiscal se preconiza, no puede ir más allá de las exigencias dimanantes de las facultades de control que consustancialmente le competen.

Así, si un funcionario policial considera determinados actos de investigación como inútiles, o se niega a recibir una denuncia respecto de tales actuaciones, es necesaria la inmediata actividad de control que corresponde al Ministerio Fiscal.[106]

Para el cumplimiento de su deber de control, el Ministerio Fiscal debe tener reconocido el derecho de realizar actos de investigación propios en una práctica supletoria, en todos aquellos casos en que la Policía no pueda o no quiera practicar actos de investigación.

Asimismo, al Ministerio Fiscal compete el deber de confrontar los resultados de las actuaciones policiales, en orden a asegurar la corrección material y la realización legal de las mismas.

En general, se debe tender a un amplio paralelismo organizativo de los funcionarios de la Policía Criminal y los del Ministerio Público, a fin de que las distintas unidades organizativas respectivas trabajen coordinadamente y con más estrecha colaboración en la averiguación de la criminalidad.[107]

Esta propuesta de nueva estructura organizativa debería asegurar que los Fiscales vigilen las investigaciones policiales, desde la primera actividad organizadora hasta el inicio del procedimiento judicial, dentro de la respectiva unidad de paralela organización.

Con ello se elevaría el «nivel de intervención» y el compromiso personal de los Fiscales, evitándose la insatisfactoria situación de que el azar del turno de repartimiento para decidir la actuación del Fiscal prevalezca sobre el dato objetivo de los conocimientos especiales del Ministerio Público que ha de actuar.

Como principal criterio de formación especializada, para una nueva división organizativa de coordinación entre la Policía Criminal y el Ministerio Público, debe atenderse a los conocimientos criminalísticos de los Fiscales en las diversas áreas criminológicas de la actividad delictiva.

En conclusión, cualquier modificación de futuro sobre la normativa de las relaciones institucionales entre el Ministerio Fiscal y la Policía Criminal, en el proceso penal, debe básicamente atender a las «exigencias prácticas de la realidad», con estricta observancia de la función de «garante de la legalidad», que en el ámbito jurídico-comparado confieren al Ministerio Público tanto el Derecho constitucional como el Derecho procesal penal, en el marco del esquema históricamente irreversible del Estado de Derecho.

---

[106] *Cfr.*, RUPPRECHT, *Die Polizei*, 1974, pp. 270, 272.

[107] *Cfr.*, MOSCH, *Kriminalistik*, 1978, pp. 547, 550; RUPPRECHT, *Polizei und Justiz*, Bd. 23, 1977, pp. 51, 54.

CAPÍTULO VII

LAS INVESTIGACIONES GENÉTICAS COMO OBJETO DE PRUEBA EN EL PROCESO PENAL*

I. POSIBLES CONTENIDOS DE LAS INVESTIGACIONES GENÉTICAS Y SU RELEVANCIA JURÍDICA EN EL PROCESO PENAL

La consideración de las «investigaciones genéticas en el proceso penal» presupone la previa determinación de la «naturaleza» de tales investigaciones y de los «resultados» de las mismas.[1]

Se ha de valorar, en primer lugar, la posible «relevancia procesal» que las investigaciones genéticas alcancen en todas las fases del proceso penal.

Es preciso en efecto contestar, ante todo, la cuestión de la posible «relevancia procesal», pues sólo entonces se estará en condiciones de tomar posición acerca de la «admisibilidad jurídica» de la práctica de tales investigaciones genéticas a lo largo del proceso penal, tanto en el plano *de lege lata* como en la perspectiva *de lege ferenda.*

II. EL ANÁLISIS DEL GENOMA Y LA HUELLA GENÉTICA COMO INVESTIGACIONES GENÉTICAS RELEVANTES EN EL PROCESO

1. Delimitación conceptual

El concepto de «investigaciones genéticas» es empleado, en este contexto, como un «concepto superior» relativo a este tipo de investigaciones, específicamente referidas al «análisis del genoma» y a laelaboración de la denominada «huella genética».

Otras investigaciones genéticas, hasta ahora no acreditadas suficientemente, no son objeto de examen en orden a su eventual relevancia jurídico-procesal penal.

En la literatura científica, no es infrecuente considerar a la elaboración de la «huella genética» como un tipo especial de «análisis del genoma».[2]

---

* Traducción española por Prof. Dr. MIGUEL POLAINO-NAVARRETE, Catedrático de Derecho Penal en la Universidad de Sevilla.

1 Mi recuerdo al Max-Planck-InstitutfürPsychiatrie in Martinsried, y mi agradecimiento al Dr. EPPLEN.

2 *Vid.*, CATENHUSEN/NEUMEISTER, en *Chancen und Risiken der Gentechnologie,* Dokumentation des Berichts der Enquete-Kommission «Gentechnologie» an den deutschen Bundestag, Abschnitt C, núm. 6.2.3.6.1, p. 175.

Con independencia de la peculiar técnica propia que tales investigaciones genéticas requieran, se estima necesario considerar por separado ambas técnicas, por el diverso contenido de expresión que las mismas comportan.

2. Análisis del genoma

Por «análisis del genoma» se entiende la determinación de los «caracteres hereditarios» de la persona obtenidos por «métodos genéticos»,[3] que finalmente en la actualidad, y tras un lapso de desarrollo cronológico nada desdeñable, conducen a la configuración de un «mapa genético» singular para cada individuo.

Tal «mapa genético» permite mostrar y hacer reconocible la «estructura morfológica» hereditaria que es propia de «cada» personalidad individual.

Se muestran así las denominadas «realidades proteínicas» en su estructura y en sus consecuencias, incluidas sus mutaciones y deficiencias, que corresponden en forma «singular e intransferible» a cada persona, y permiten detectar[4] determinadas enfermedades hereditarias y predisposiciones patológicas hacia enfermedades: por ejemplo, síndrome de inmunodeficiencia, alteraciones del sistema nervioso central, patologías renales, y patologías neurológicas que provienen de reacciones individuales genéticamente condicionadas frente a factores exógenos (como la insuficiencia respiratoria causada por el tabaquismo, o las arteriosclerosis producidas por ciertos nutrientes).

En el estado actual de conocimiento (bien que aun no suficientemente satisfactorio), el aludido «mapa genético» intransferible del hombre contiene los «fundamentos biológicos globales» de la individualidad de cada persona.[5]

Por ello, ya en el presente momento, tal «mapa genético» debe ser considerado también como un «inequívoco medio» de «identificación personal».[6]

3. HUELLA GENÉTICA

En la elaboración de la «huella genética» no se toman en consideración los respectivos contenidos de las informaciones genéticas reconocidas e incorporadas al mapa genético.

Para la comprensión procesal de la «huella genética», se ha de tener presente que el «genoma humano» está estructurado en dos vías de «DNS», contrapuestas en forma de espiral, en las cuales anidan las cuatro bases «A» (adenina), «C» (citoxina), «G» (guanina) y «T» (timina), en determinada disposición entre sí y portadoras de configuración multiplicativa.

En las vías del «DNS» existen determinados segmentos en los que se encuentran procesos frecuentemente repetitivos de las singulares bases (por ej., GA GAGA GA), sin que tales segmentos y consecuencias alcancen a aportar, en el estado actual del conocimiento científico, ulteriores informaciones hereditarias. Por eso, tales segmentos son denominados «mini-satélites».[7]

---

3 STERNBERG/LIEBEN, Genetischer Fingerabdruck und § 81 a StPO, en «NJW», 1987, p. 1242.

4 *Vid.*, CATENHUSEN/NEUMEISTER, o.u.c., p. 182.

5 *Cfr.*, o.u.c., p. 158.

6 ISTEL, Genomanalyse, en «Biotechnik-Gentechnologie-Reproduktionsmedizin», Der Bürger im Staat, 1987, pp. 217, 219.

7 *Cfr.*, CATENHUSEN/NEUMEISTER, o.u.c., Abschnitt B 2.3; KELLER, *Die Genomanalyse im Strafverfahren,* en «NJW, 1989, p. 2289; JUNG, Zum genetischen Fingerabdruck, en «MschrKrim», 1989, p. 103.

Una «huella genética» puede ser elaborada por cuanto una vía del «DNS» experimenta una determinada secuencia repetitiva de algunos de los factores básicos que la componen. Los sectores de estas vías genéticas, de distinta longitud, resultan dependientes de la diversa extensión de los respectivos segmentos, de la longitud de la secuencia repetitiva y de la frecuencia de la misma.

Teniendo en cuenta estos distintos factores, se configura una determinada «muestra genética», que resulta ser diferencial para cada persona (con excepción de los hermanos gemelos).

La «concordancia» de dos «muestras» de un mismo tipo permite llegar a la conclusión de que el respectivo material de «DNS» utilizado en la investigación corresponde a una «misma persona». Y ciertamente se consigue tal conclusión con mayor índice de probabilidad mediante la huella genética que cuando se utiliza la huelladigital.

Por ello, la elaboración de la «huella genética», así como el «análisis del genoma» humano, han de reconocerse como «medio prioritario» de «identificación personal». Ante sus aportaciones, no resulta admisible la estimación de cualesquiera características biológicas o de otra naturaleza de la persona que, sobre el mismo portador de este material genético, sean contrarias a las conclusiones obtenidas mediante la investigación genética.[8]

4. MATERIAL DE INVESTIGACIÓN

Para la práctica del «análisis del genoma» y para la elaboración de la «huella genética», sirven «cualesquiera células corporales», toda vez que el material genético global de la persona se halla contenido en todas las células corporales: en las células de la sangre, del semen, del cigoto, de la raíz del cabello y de la piel, o de la saliva.[9]

III. RELEVANCIA JURÍDICA DE LAS INVESTIGACIONES GENÉTICAS EN EL PROCESO PENAL

1. Ámbito de aplicación

Las investigaciones genéticas pueden ser fundamentalmente aplicadas, en diversos ámbitos del proceso penal, como medio de prueba de los actos delictivos.

a) Prueba de la autoría

En este ámbito precisamente alcanza la investigación genética su máxima relevancia jurídico-procesal penal, en la medida en que los métodos de identificación genética superan a los convencionales métodos de la investigación dactiloscópica.

b) Prueba de los presupuestos de responsabilidad

Junto a la identificación del autor, particular relevancia tiene la aplicación procesal de la identificación genética de la persona al ámbito de los presupuestos

---

8 *Cfr.*, JUNG, l.u.c.; KELLER, l.u.c.; EPPLEN/WUERMELING, en *Genomanalyse und Menschenwürde*, Referate und Protokolle der Tagung vom 2. Juni 1989 in München, Forum der Landtagsfraktion der bayer, SPD, 1989, pp. 6 y ss. 30 s.

9 *Vid.*, CATENHUSEN/NEUMEISTER, o.u.c., Abschnitt C, núm. 6.2.2.4, p. 145; ISTEL, o.u.c., pp. 217 y ss.

de la capacidad de acción, de la capacidad de culpabilidad y, en suma, de la afirmación o de la exclusión de la capacidad de punibilidad por la realización culpable del injusto típico.

La identificación genética personal puede también alcanzar relevancia en el marco de las causas de justificación (*v. gr.*, en supuestos de puesta en peligro de la salud de la madre por el embarazo, entrando en colisión diferentes bienes jurídicos, como la vida o salud de la madre y la vida del *«nasciturus»*).

Asimismo la identificación genética de la personalidad resulta aplicable al ámbito del estado de necesidad exculpante, cuando se trate de decidir sobre la prevalencia de un bien, ante la colisión de intereses (por ejemplo, en la irrogación de perjuicios patrimoniales a través de sustracciones no violentas de bienes patrimoniales de la familia por parte de miembros del grupo familiar).

En el ámbito civil (con posibles implicaciones penales), es particularmente relevante la identificación genética en orden a la determinación de la prueba de la paternidad.

c) Relevancia respecto de la víctima y los testigos

La prueba genética tiene relevancia, en el proceso penal, respecto de la víctima y los testigos de un comportamiento delictivo.

Así, es imaginable la alegación de defensa de que, no el puñetazo del inculpado, sino una enfermedad genéticamente condicionada de la víctima, ha sido la «causa» que ha llevado a una lesión psíquica de ésta.

De manera análoga, puede resultar afectada la credibilidad de un testigo, a través de un informe que revele que el mismo padece una degeneración psíquica o una alteración en la percepción, genéticamente condicionadas, que permiten excluir que tal testigo hubiera tenido la posibilidad de ver o de oír al autor.

2. LA ADMISIBILIDAD DE LAS INVESTIGACIONES GENÉTICAS EN EL PROCESO PENAL EN GENERAL

Sobre la general admisibilidad del análisis del genoma y de la huella genética en el proceso penal, básicamente, han de delimitarse los siguientes ámbitos diferentes:

a) De un lado, el plano de la «obtención de las células corporales», que son requeridas para la práctica de la investigación genética, directamente de los afectados (inculpados, testigos), a través de una investigación corporal necesaria, independiente y compatible con investigaciones de otra índole (tales como la valoración de las huellas o de los indicios obtenidos en el lugar del crimen).

*b)*De otro lado, el ámbito de la propia «práctica de la investigacióngenética», la cual ha de ser realizada sobre las muestras corporales obtenidas en las personas de los afectados.

c) Finalmente, la «utilización» del análisis del genoma y de la huella genética, partiendo de la investigación realizada sobre tales células corporales, como «medio de prueba» del comportamiento del autor o de otros datos de relevancia en el proceso penal.

IV. LAS INVESTIGACIONES GENÉTICAS Y EL DERECHO DE PRUEBA

1. PRUEBA «TASADA» Y PRUEBA «LIBRE»

Las investigaciones genéticas pueden ser empleadas, ante todo, para la constatación de hechos que afectan a los presupuestos de la punibilidad y de las sanciones penales, tales como la identidad del inculpado y la comisión por el mismo de una acción típica, antijurídica y culpable, así como la existencia de causas de exclusión de la pena.

Estos hechos sólo pueden llegar a ser conocidos a través de la denominada prueba «tasada» para la fundamentación de la sentencia, y por tanto sólo en las formas de los medios de prueba legalmente permitidos (pruebas pericial y testifical, pruebas documentales y de inspección ocular) y bajo los respectivos prepuestos legalmente previstos para las mismas.

Ello es válido, no sólo para las investigaciones genéticas del «inculpado», sino también para la de los «testigos». Así, en la constatación de deficiencias de salud relevantes para la fundamentación o para la agravación de la pena, puede demostrarse a través del análisis del genoma que tales afecciones son genéticamente condicionadas y no han sido gestadas por el inculpado.

Y también en la constatación de los «presupuestos» del proceso (¿es la víctima de robo un descendiente, con pretensión justa, del propio inculpado? ¿carece el inculpado de capacidad de juicio por condicionantes genéticos?) pueden emplearse investigaciones genéticas «aclaratorias», pero aquí en todo caso en el marco de la denominada prueba «libre».

Así, en la relevancia de la admisibilidad jurídica de tales investigaciones en el proceso penal, son de considerar: la estimación de los distintos «estadios» aludidos («obtención» de células como base de la investigación genética, «práctica» de la investigación genética, y «utilización» de los resultados de la investigación), y junto a ello, asimismo, la práctica probatoria formal en el proceso penal, tanto de laspruebas «tasadas» (por la ley) como de las pruebas «libres» (diferidas al arbitrio judicial).[10]

2. CARÁCTER DEL MEDIO DE PRUEBA

La «investigación genética» difícilmente puede ser encuadrada en el «*numerus clausus*» de los medios de prueba procesalmente previstos en la legislación vigente, por cuanto aquélla no se corresponde plenamente con ninguno de los medios probatorios positivamente regulados.

a) La «investigación genética» puede considerarse como una «prueba material», que en la praxis es descrita como «una relevante y reconocida combinación de prueba personal y de prueba objetiva», y que «finalmente es dominada por el perito».[11]

Pero, a pesar de su naturaleza ineludible, esta «prueba material» puede en cierto modo llegar a encajarse en el sistema de la Ley Procesal Penal Alemana sólo «con suspiros y gemidos», como en el hecho de Procusto.

---

10 *Vid.*, CATENHUSEN/NEUMEISTER, o.u.v., p. 182.

11 LR.24-DAHS, vor§ 72, Rdn. 11.

Si ha de probarse ante el Juez, por la huella genética, la «identidad» del inculpado con el autor, debe practicarse en el proceso la «investigación genética» precisa para ello, obteniéndose los correspondientes resultados a través de los «informes periciales».

b) Es además posible introducir la «investigación genética» en el marco de la «prueba documental», por medio de la lectura de informe de una autoridad pública (conforme al parágr. 256.1 de la LPrP alemana), en su conexión (específicamente prevista en el parágr. 256.2 LPrP alemana) con la «prueba pericial».[12]

No obstante, la prueba de la investigación genética «por sí sola» no puede aún ser practicada conforme al Ordenamiento positivo: el hecho de que se hayan encontrado células corporales del inculpado en el lugar de la comisión del delito, y que tales muestras hayan sido presentadas al perito para su investigación, tiene que ser testimoniado por un funcionario de investigación de huella, el cual tiene que ser oído acerca de que, en el transcurso de un registro (no necesariamente corporal) o de una investigación corporal, fueron encontradas o tomadas células corporales del inculpado; y asimismo en todo caso ha de llevarse a efecto una confrontación entre este informe y el dictamen sobre otras huellas obtenidas en el lugar de los hechos.

c) Finalmente es imaginable además que el material celular utilizado sea introducido en el proceso por la vía de las «evidencias», como las fotografías microscópicas efectuadas por los peritos.

Podría ser evidente la posibilidad de que surjan «entrecruzamientos» entre los distintos medios de prueba mencionados, y de que resulten dificultades respecto de las correspondientes formas de la «incorporación» procesal de los mismos (emisión de dictámenes, consideración de objetos de inspección ocular, declaración de informantes incluidos los testigos), así como respecto de la prestación de «juramento» en las pruebas personales (testifical, pericial) en especial en relación a su conexión con las pruebas materiales (distinción entre dictamen del testigo y pruebas documental y de inspección ocular), y por ello son evidentes los problemas surgidos sobre el deber de «información».

Todo esto postula en pro de la conveniencia legislativa de una «nueva regulación» de las «investigaciones genéticas», ciertamente no de forma aislada, sino en el contexto de una nueva regulación del Derecho probatorio en el Proceso penal, al menos de los medios de prueba del mismo, tanto más cuando falta la necesaria base jurídica respecto de una pluralidad de acciones de investigación (¡en parte practicadas!), como la vigilancia electrónica (por ejemplo, a través de la llamada «bumper-beeper» en los vehículos).[13]

Nos ocuparemos ahora de la problemática de la admisibilidad jurídica de las investigaciones genéticas objeto de consideración (el análisis del genoma y la huella genética).

V. LA ADMISIBILIDAD DE LA OBTENCIÓN DE CÉLULAS CORPORALES COMO BASE DE LAS INVESTIGACIONES GENÉTICAS

Según el sistema de la LPrP alemana, ha de distinguirse, por una parte, entre obtención de las células corporales por medio de la «investigación corporal del

[12] GÖSSEL, *Behöörden und Behöördenangehörige als Sachsverstädige vor Gericht,* en «DRiZ», 1980, p. 363.

[13] LISKEN, Neue polizeiliche Ermittlungsmethoden im Rechts staat des Grundgesetzes, en «DRiZ», 1987, p. 184.

acusado» (parágr. 81 a LPrP), «registro corporal» y «registro de vivienda» u otros «espacios» del inculpado (parágr. 102 LPrP), y, por otra parte, la obtención de tal material a través de la «investigación corporal» de «otras terceras personas» distintas del inculpado, por ejemplo, la víctima (parágr. 81.c LPrP) y el «registro corporal o espacial» de estas otras personas (parágr. 103 LPrP).

La «investigación» y el «registro» han de diferenciarse, finalmente, respecto de las «medidas de seguridad» previstas en el parágr. 81.b de la LPrP alemana (toma de huellas dactilares, práctica de mediciones, realización de fotografías).

En el procedimiento de la «prueba libre», es admisible también la obtención de células corporales en cualquier otra forma.[14]

VI. LA OBTENCIÓN DE CÉLULAS CORPORALES SEPARADAS DEL CUERPO DEL INCULPADO

1. La primera ocasión para la obtención de células corporales (muestras de sangre, raíces de cabello) se ofrece en el propio lugar de los hechos. Al tratarse de células corporales directamente extraídas del organismo humano, se constituyen en objeto de consideración de posible relevancia para la investigación en cuanto «medios de prueba»;[15] pudiendo ser objeto de «aseguramiento», de conformidad con el parágr. 94.1 de la LPrP alemana.

Si tales células corporales se hallaren en el vestido de la víctima o bien en la tenencia de ésta o de terceros, procedería su «incautación» (conforme al parágr. 94.2 de la LPrP alemana).

Cuando pueda resultar de un modo informal para el órgano de persecución penal una situación de «aseguramiento oficioso» (ausencia de custodia, entrega voluntaria), procederá básicamente decretar las incautaciones sólo por el Juez, y, en caso de peligro inminente, también (conforme al parágr. 98.1 de la LPrP alemana), por el Ministerio Fiscal o sus agentes (tras la presentación de demanda con el deber de comparecencia ante el Juez competente en el plazo de tres días, conforme al parágr. 98.1 de la LPrP alemana).

Con el mismo fin, conforme a los parágr. 102 y 103 de la LPrP alemana, puede también decretarse un «registro», que como norma básica se determinará sólo por el Juez, y en caso de peligro inminente también por el Ministerio Fiscal o sus agentes, conforme al parágr. 105 de la LPrP alemana.

Sin embargo, el registro para la obtención de huellas del hecho afecta sólo a aquellos objetos que no han quedado abarcados por la incautación,[16] por ejemplo, huellas de calzado.

Las células corporales del inculpado pueden encontrarse también en el cuerpo de la víctima o de otras personas que en el proceso se considerarán como testigos, así células de la piel bajo las uñas de los dedos, jeringas o muestras de semen.

Tales células corporales normalmente pueden tomarse por la «inspección ocular» del cuerpo desvestido al menos en parte o de partes normalmente desvestidas

[14] Se halla en todo caso conectado con ataques a derechos del afectado que refieren consentimiento relevante del ofendido.

[15] LR. 24-SCHÄFER, § 94, Rdn. 8.

[16] LR. 24-SCHÄFER, § 102, Rdn. 23.

del cuerpo, no por la vía de registro conforme al parágr. 103, sino de la investigación corporal conforme al parágr. 81.c de la LPrP alemana, y por ello sólo en aquellas personas que habrán de considerarse como testigos, lo que por lo demás será generalmente el caso.

La adopción de estas medidas corresponde fundamentalmente al Juez, por lo general ante situaciones de peligro del resultado de la investigación, pero también al Ministerio Fiscal y sus agentes con las condiciones previstas en el parágr. 81.c, apartado 5, en relación con el inciso 3 del apartado 3, de la LPrP alemana.

Finalmente, puede también apreciarse la necesidad de someter las células corporales del inculpado a una «investigación genética comparada», que se llevará a cabo entre las células corporales encontradas en el lugar de los hechos y las del inculpado sospechoso. Y con tal fin es imaginable la obtención de células corporales en la casa del inculpado, por ejemplo, también en prendas de vestir no portadas por éste, o en otros objetos de la propiedad del mismo: así, la camisa portadora de cabello o manchada de sangre del inculpado, o la ropa interior con células de semen.

Igual que respecto del testigo, es también admisible la obtención de células corporales, en orden a la constitución del «aseguramiento» (del parágr. 94.1) y de la «incautación» (del parágr. 94.2 de la LPrP alemana), para cuya ejecución puede decretarse un «registro», conforme al parágr. 102 de la LPrP alemana.

Con estos fines, es admisible también el «registro personal» del inculpado (su descripción como «sospechoso» en el parágr. 102 de la LPrP alemana es históricamente condicionada), en el que únicamente se comprende el «registro de los vestidos portados» por el mismo y el «examen del cuerpo» incluidos los orificios corporales naturales,[17] pero no la extracción de células corporales (directamente) del organismo corporal: las raíces de cabello, las muestras de sangre o de semen encontradas en la superficie corporal o en las aberturas naturales del cuerpo, así como los cabellos extraídos, pueden ser obtenidos por la vía del registro. Respecto de las facultades para su decreto, rige lo hasta ahora indicado en la relación con los parágrs. 98 y 105 de la LPrP alemana.

2. Como en las medidas de seguridad que afectan a determinados derechos, pueden decretarse incautaciones, registros e investigaciones corporales solamente cuando ello resulte conforme al principio de proporcionalidad, que en todo caso regularmente será de afirmar en los supuestos hasta ahora tratados.

La obtención de células corporales sin lesión de ningún derecho (entrega voluntaria, inexistencia de custodia) es admisible jurídicamente, porque en estas hipótesis no se decreta ninguna medida de seguridad que pudiera ser antijurídica.

Tales células corporales podrán ser tomadas también en las investigaciones criminológicas hasta ahora usuales y que, según la opinión general, son jurídicamente admisibles (por ejemplo, la determinación del grupo sanguíneo).

En general, no será prácticamente relevante la cuestión de la prohibición de la obtención de «medios de prueba» a través de las «medidas de seguridad» descritas; por ello, no parece inimaginable que una eventual «prohibición de la utilización»

---

[17] LR. 24, SCHÄFER, § 102, Rdn. 34.

de los resultados de las investigaciones genéticas comporte ya la «prohibición de la práctica» de tales investigaciones y la «prohibición de la obtención» de las células corporales precisas.

La anterior aceptación de que la «prohibición de la utilización» de la prueba tiene como presupuesto la lesión de una «prohibición de la obtención» de la prueba es derivada del reconocimiento de que no raramente también el medio de prueba obtenido de forma admisible no pueda ser utilizado: así, por ejemplo, la declaración testifical, contenida en un protocolo obtenido de forma admisible, de la mujer del inculpado, ante la oposición del ejercicio del derecho de excusar el testimonio (parágr. 250.2 y 252 de la LPrP alemana).

A la inversa, la «prohibición de la obtención» de la prueba puede provenir de una «prohibición de la utilización» de la misma: cuando desde el principio está claro que la prueba, en sí admisible, no puede ser utilizada ante el Juez, parece desproporcionado[18] incidir en los derechos fundamentales de la persona para la obtención de una prueba posteriormente inviable y, por tanto, inútil.

VII. LA OBTENCIÓN DE CÉLULAS CORPORALES DIRECTAMENTE DEL ORGANISMO DE LA PERSONA AFECTADA

Si han sido aseguradas las células corporales obtenidas en el lugar del hecho (piel, cabello, sangre, semen), la presencia del inculpado en el lugar del hecho quedará probada cuando, por medio de la comparación de la huella genética, tomada de las células corporales allí encontradas, con otra huella de esta índole, tomada de las células corporales del inculpado, se llega a la conclusión de que las células corporales encontradas en el lugar del hecho pertenecen inequívocamente al inculpado.

Para hacer posible tal comparación, las células corporales tienen que ser obtenidas en el cuerpo del inculpado o extraídas del mismo de forma inmediata. También en otras constataciones (enfermedades monogenéticas relevantes para la determinación de presupuestos de la punibilidad o del proceso penal), para la elaboración de un análisis del genoma, pueden ofrecerse las células corporales que han sido obtenidas en el propio cuerpo de la persona afectada o extraídas del mismo, sin la simultánea exigencia de una comparación de dos análisis del genoma.[19]

1. OBTENCIÓN DE CÉLULAS CORPORALESDEL PROPIO CUERPO DEL INCULPADO

La obtención de células corporales del inculpado exige una agresión corporal en la persona del mismo, a tales efectos, que resulta amparada por la legislación procesal (parágr. 81.a LPrP alemana) aun en el supuesto de la falta de consentimiento del inculpado.[20]

Puesto que las células corporales contienen el programa genético global, es suficiente la obtención absolutamente indolora y no agresiva de células de muestras de saliva o de mucosa,[21] pues es incuestionable la obligatoriedad de la proporcionalidad del medio.

---

18 *Cfr.*, STERNBERG/LIEDEN, en «NJW», 1987, pp. 1243 ss.
19 LR. 24-DAHS, § 81, Rdn. 22.
20 § 81 b StPO.
21 *Vid.*, Informe en el «FrankfurterAllgemeineZeitung» del 14-9-1988, p. 34, sobre los resultados de las investigaciones al respecto en el St. Mary's Hospital in London.

La obtención de muestras de sangre conforme a las reglas del arte médico es expresamente descrita como agresión corporal admitida, en el parágr. 81 LPrP alemana; y también sería abarcada por este precepto la extracción de cabellos y sus raíces.

Por el contrario, la obtención de semen precisa del consentimiento del afectado, de forma que la obtención del mismo en forma coactiva o por cualquier medio de manipulación orgánica, al no haber medios de extracción disponibles como en la prueba de la sangre, parece ser contraria a la dignidad humana y no puede ser estimada admisible, aunque exista contradictoria valoración doctrinal al respecto.[22]

Las facultades de su disposición corresponden básicamente al Juez, y en caso de puesta en peligro del resultado de la investigación por su retraso, también al Ministerio Fiscal y sus funcionarios (parágr. 81.a.2. LPrP alemana).

No es preciso admitir la obtención coactiva de todas las células corporales posibles con el fin del análisis del genoma, puesto que resultan suficientes las posibilidades de investigación genéticas obtenidas con las muestras de mucosa, sangre y raíces de cabello, que a su vez han de ser obtenidas de forma no coactiva.

Como el inculpado no está obligado con la carga de la prueba ni con una activa participación, con la extracción coactiva de sangre y de huellas de cabello se tienen a disposición suficientes métodos de obtención de células corporales.[23]

En todo caso, es de observar aquí que una eventual inaplicabilidad de los resultados de investigaciones genéticas puede hacer inadmisible también la obtención (en sí admisible, conforme al parágr. 81.a LPrP alemana) de células corporales con el exclusivo fin de tales investigaciones.

2. LA OBTENCIÓN DE CÉLULAS CORPORALES DEL ORGANISMO DE OTRAS PERSONAS

Al igual que sucede con el inculpado, la obtención de células corporales del organismo de otras personas implica en todo caso una agresión corporal.

Tales agresiones corporales, en terceras personas como en el inculpado, conforme al parágr. 81.c LPrP alemana, habrán de efectuarse básicamente sólo con su consentimiento, si bien el parágr. 81.C.2.1 LPrP alemana autoriza como única excepción la extracción de muestra de sangres.

Si están asimismo permitidos el lavado de boca con el fin de obtener mucosa salivar, así como la obtención de raíces de cabello (conforme al parágr. 81.c LPrP alemana), no parece ser compatible con el enunciado literal del precepto, lo cual es prácticamente irrelevante por dos razones: en primer término, es suficiente la toma de muestra de sangre practicable en forma no coactiva, y en segundo lugar, la referencia a la posibilidad de esta agresión corporal (obtención de muestra de sangre) normalmente conducirá al consentimiento sobre las aludidas agresiones menos gravosas (lavado de boca).

En tanto en todo caso pueden obtenerse células corporales para la constatación de relaciones de parentesco a través del análisis del genoma, el afectado (conforme al parágr. 52 LPrP alemana) dispone de un derecho a excusar el testimonio,

---

22 *Cfr.*, DZENDZALOWSKI, *Die Körperliche Untersuchung*, Lübeck 1971, p. 64.

23 *Vid.*, ARTHUR KAUFMANN, en *Genomanalyse und Menschen*, cit., pp. 22 ss.

que le permite rehusar la extracción de células corporales (parágr. 81.C.3.1 LPrP alemana). En la medida en que esto resulta aplicable a sólo un determinado número de casos, el ámbito de aplicación del parágr. 81.c LPr.P alemana tiene un ámbito de validez ciertamente limitado.

Por lo demás, es aquí también de recordar que una eventual inaplicabilidad del análisis del genoma puede hacer inadmisibles las agresiones en sí procedentes conforme al parágr. 81.c. LPrP alemana. La facultad de su disposición corresponde al Juez, y en caso de puesta en peligro del resultado de la investigación por demora, también al Ministerio Fiscal y sus agentes; la disposición de medios de coacción directa está reservada en todo caso a la Autoridad judicial.

VIII. LA PRÁCTICA DE LAS INVESTIGACIONES GENÉTICAS SOBRE LAS CÉLULAS CORPORALES OBTENIDAS

1. LA REGULACIÓN DE LA LEY PROCESAL PENAL ALEMANA

Expresas previsiones legales sobre la naturaleza de la investigación y el tratamiento de las células corporales obtenidas por medio de registro, exploración o lesión corporal, no se contienen en la Ley Procesal Penal alemana.

Únicamente el parágr. 81.a. 1 LPrP alemana permite (en su inciso 1º) la práctica de exploración corporal y también (inciso 2°) la agresión corporal con el fin de constatar hechos que son relevantes para el proceso; en la obtención de células corporales al amparo de los mencionados preceptos será preciso en todo caso acreditar la finalidad procesal de la obtención de medios de prueba (parágrs. 94 y 102 StPO) o la de la obtención de determinadas huellas o consecuencias de los actos criminales (parágr. 81.C.1 LPrP alemana).

a) Las células corporales del inculpado que no se obtuvieron mediante agresión corporal, en cuanto potencial medio probatorio, pueden ser objeto de aseguramiento y confiscación. La aplicación de tales células corporales en las formas legalmente previstas de los medios probatorios (por ejemplo, en la prueba de inspección ocular y en la prueba pericial) apenas puede ser considerada legalmente como inadmisible, cuando las correspondientes células corporales, precisamente por su potencial relevancia probatoria, han sido objeto de aseguramiento o confiscación conforme a las garantías procesales previstas en el parágr. 94 LPrP alemana, que además de lasexpresamente mencionadas facultades de aseguramiento y confiscación garantiza también la facultad de su aplicación a los medios de investigación genética. Lo mismo rige para la obtención de las células corporales del organismo del inculpado, conforme al parágr. 81.a LPrP alemana: la facultad de las agresiones corporales para la constatación de los hechos relevantes en el proceso comprende la facultad para esta constatación en cualquier forma y siempre, por tanto, también a través de las investigaciones genéticas.

*b)*La práctica de la prueba de sangre a otras personas distintas del inculpado, al tenor de la nueva configuración del parágr. 81.C.2 LPrP alemana, no se circunscribe a los testigos ni a los medios probatorios de consecución de huellas o efectos del hecho.[24]

---

[24] LR. 24-DAHS, § 81 c, Rdn. 24.

De ello ha de concluirse que, no estando vinculada la facultad de la toma de muestra de sangre a concretos fines específicamente determinados, y siendo aquélla básicamente ilimitada, abarca también la facultad de la aplicación de la prueba de la sangre también por medio de las investigaciones genéticas. Lo mismo rige en la investigación de la prueba genética para la constatación de la ascendencia, con la finalidad expresamente prevista por la ley (parágr. 81.C.2 LPrP alemana).

2. OBJECIONES JURÍDICO-CONSTITUCIONALES A LA INTRODUCCIÓN DE LAS INVESTIGACIONES GENÉTICAS

Si bien la Ley Procesal Penal Alemana no se opone en su tenor literal a la práctica de las pruebas genéticas, de ello no deriva en absoluto ya su admisibilidad jurídica. Ha de tenerse en cuenta que con las investigaciones genéticas pueden constatarse los fundamentos biológicos de la individualidad de los ciudadanos.

Singular relevancia ha de reconocerse a la prueba de la constitucionalidad de tales investigaciones, desde el punto de vista de la garantía de las esferas de intimidad personal, y en especial del derecho a la autodeterminación informática. Estos problemas surgen ante todo en la cuestión de la utilización de los resultados de las investigaciones genéticas en el proceso penal, y en consecuencia a través de la introducción de los mismos en el juicio oral, con la finalidad de aportar los elementos fundamentales del juicio.

Por ello, las cuestiones jurídico-constitucionales deben ser clarificadas en su conexión causal; y los resultados a que se llegue podrán conducir a la inadmisibilidad jurídico-procesal de la práctica de las investigaciones genéticas.

IX. LA APLICACIÓN DE LAS INVESTIGACIONES GENÉTICAS MEDIANTE SU INCORPORACIÓN AL PROCESO PENAL

1. LA LEY PROCESAL PENAL ALEMANAY LOS DERECHOS DE LA PERSONALIDAD COMO POSIBLES FUENTES DE EVENTUALES PROHIBICIONES DE UTILIZACIÓN

a) El hecho de que determinadas pruebas son inadmisibles en el proceso penal, y no pueden ser utilizadas en perjuicio del inculpado, ha sido objeto de general reconocimiento, como la concepción de que la prohibición de utilización de la prueba no es dependiente de la previa infracción de la prohibición de la práctica de la prueba. En todo caso, la Jurisprudencia penal sobre las prohibiciones de la prueba dista de ser clara y unívoca, y en parte se muestra incluso contradictoria,[25] al tiempo que se evidencia un cierto desconocimiento de la Jurisprudencia constitucional por parte de los Tribunales Supremos Federales.[26]

Puesto que hasta ahora las investigaciones genéticas como objeto de la práctica en el proceso penal fueron desconocidas, es comprensible que la Ley Procesal Penal Alemana no contenga preceptos específicos sobre la admisibilidad o inadmisibilidad de los resultados aportados por tales investigaciones.

Aparece así como una cuestión verdaderamente frágil la de si la utilización de los resultados de tales investigaciones genéticas son constitucionalmente admisibles o no en el proceso penal.

---

[25] *Cfr.* GÖSSEL, *Kritische Bemerkungen zum gegenwärtigen Stand der Lehre von den Beweisverboten,* en NJW, 1981, p. 649; *Überlegungen zu einer neuen Beweisverbotslehre,* en NJW, 1981, p. 2217.

[26] *Cfr.* BGHSt 31, 304;sobre ella, GÖSSEL, *Verfassungsrechtliche Venuertungsverbote im Strafuerfahren,* en JZ, 1984, p. 361, y expresamente en contra, BGHSt 36, 167, 173.

b) Se ha de considerar una prohibición constitucional de la utilización de los resultados de las investigaciones genéticas en el proceso penal, por una posible lesión de derecho fundamental de la personalidad.

El derecho al libre desarrollo de la personalidad, proclamado en el art. 2.1 de la Constitución Alemana, es entendido por la doctrina constitucionalista y por la jurisprudencia del Tribunal Constitucional Alemán como un tipo de recogida, que garantiza, junto a los derechos de libertad descritos en el art. 2 (párrafos 2 y siguientes) de la Ley Fundamental, también derechos innominados de libertad, como el derecho general a la personalidad en virtud de la Constitución.[27]

Este derecho de la personalidad, provisto de la protección de derecho fundamental, debe garantizar «en el sentido del más elevado principio constitucional de la «dignidad del hombre» (art. 1.1 de la Ley Fundamental alemana) la más estricta esfera personal de la vida y el mantenimiento de sus condiciones fundamentales, que no pueden entenderse exclusivamente a través de las tradicionales garantías concretas de la libertad personal».[28]

Tal derecho fundamental, derivado del art. 2.1 en relación con el art. 1.1 de la Ley Fundamental alemana, ciertamente, «no pudo ser descrito de manera excluyente» por la jurisprudencia, si bien «han sido delimitadas algunas configuraciones del mismo en relación con el caso resuelto», así el reconocimiento de las esferas de privacidad, reserva e intimidad de la persona como «bienes protegidos del derecho general de la personalidad»..., el derecho de disposición sobre la representación de la persona singular..., el derecho a la propia imagen y a la libertad de expresión,[29] y recientemente también el «derecho a la autodeterminación informática».[30]

2. Los efectos de la prohibición de autoinculpación

Al derecho de la personalidad corresponde, entre otros, la «prohibición de la autoinculpación en el proceso penal»,[31] que excluye toda obligación del inculpado hacia una activa participación del mismo en su propio procedimiento, de suerte que el inculpado no puede ser obligado a la realización de test, reconstrucciones del hecho o pruebas caligráficas...[32]

En la coactiva obtención de muestra de sangre, igual que en la coactiva obtención de fotografías y huellas dactilares, la consecución del material celular necesario para las investigaciones genéticas no es dependiente de la activa colaboración del inculpado (como acontece en las pruebas lingüísticas, caligráficas y de test del mismo), de tal forma que de la ejecución de aquéllas ha de derivarse una incidencia sobre los derechos de la personalidad.[33]

3. Los efectos de la protección de la esfera privada

Junto a la protección de los derechos de la personalidad, se proclama constitucionalmente la garantía de determinadas esferas de la personalidad en las que el

---

[27] BVerfGE 54, 148, 152 s.; ERICHSEN, en INSEE/KIRCHHOF (Hrgs.), *Handbuch des Staatsrechts,* Bd. VI. *Freiheitsrechte,* 1989, § 152, Rdn. 24.

[28] *Cfr.,* BVerfGE 54, 148, 153; ERICHSEN, o.u.c., § 152, Rdn. 52.

[29] BVerfGE 54, 148, 153 s.

[30] BVerfGE 65, 1, 43.

[31] *Cfr.,* BVerfGE 56, 37, 43.

[32] BGHSt 34, 39, 46.

[33] *Cfr.,* en sentido contrario, ARTHUR KAUFMANN, o.u.c., pp. 22 ss.

Estado no puede entrar nunca,[34] o solamente en virtud de un interés preponderante de la comunidad.[35]

Según la teoría de las tres esferas, configurada por el Tribunal Constitucional alemán, los ataques al núcleo esencial de la vida privada (protegida en el art. 19.2 de la Ley fundamental) son inadmisibles sin excepción,[36] mientras que tales ataques a la esfera privada que no recaigan contra su núcleo esencial son admisibles cuando prevalece el interés preponderante de la colectividad conforme al principio de la proporcionalidad.[37]

Por el contrario, fuera del ámbito protegido de la privacidad, así en el tráfico comercial, deben decaer determinadas exteriorizaciones de la personalidad, en virtud del ámbito de protección del art. 1.1 y del art. 2.2 de la Ley Fundamental, cuando en tales exteriorizaciones se acredita un contenido objetivo de tal entidad que ante el mismo deben retroceder los intereses individuales de la personalidad del afectado.[38]

a) Esfera privada e investigaciones genéticas

Si se trata de enjuiciar la admisibilidad de las investigaciones genéticas y la utilización de sus efectos desde este punto de vista (conflicto de intereses constitucionales), resultan grandes dificultades, especialmente porque la delimitación de las distintas esferas es ardua, y resulta sin clarificar cómo se mantiene la garantía del núcleo esencial (al amparo del art. 19.2 y art. 79.3 de la Ley fundamental) en relación con la tutela de la esfera privada.[39]

aa) En algunas Sentencias, el Tribunal Constitucional alemán equipara el ámbito núcleo esencial de la esfera privada con el contenido sustancial del art. 19.2 de la Ley Fundamental, y en virtud considera prohibido sin excepción todo ataque a aquél.[40]

Con ello, se advierte una consecuencia en la Jurisprudencia Constitucional, la cual reconoce la existencia de un contenido sustancial absoluto en cada uno de los derechos fundamentales («teoría del contenido sustancial absoluto»).

La «teoría del contenido sustancial absoluto» proclama: «el contenido sustancial de un derecho fundamental, conforme a la inequívoca expresión del art. 19 de la Ley Fundamental, no puede ser atacado en ningún caso; la cuestión de bajo qué presupuestos un tal ataque, no obstante ello, puede ser excepcionalmente admisible, es superfluo».[41]

Tanto las jurisprudencias criminal y constitucional, como una parte de la literatura científica constitucionalista, son partidarios de una determinación «relativa» del contenido sustancial, tal como ya en el año 1952 se propuso en un informe del

---

34 SCHMITT GLÄSER, en *Handbuch des Staatsrechts*, Bd. VI, *Freiheitsrechte*, § 129, Rdn. 36.

35 *Cfr.*, MAUNZ/DÜRIG, *Grundgesetz*, Bd. II, art. 19, Abs. 2, Rdn. 4 ss.

36 BVerfGE 34, 238, 245.

37 BVerfGE 34, 238, 246.

38 BVerfGE 34, 238, 247.

39 *Cfr.*, SCHMITT GLÄSER, en *Handbuch des Staatsrechts*, Bd. VI. Freiheitsrechte, 1989, § 129, Rdn. 14.

40 BVerfGE 32, 373, 379; 34, 238, 245.

41 BVerfGE 7, 377, 411; 47, 330, 357 s. *Cfr.*, MAUNZ/DÜRIG, *Grundgesetz*, Bd. II, art. 19, Abs. 2, Rdn. 3 ss.

Tribunal Supremo Federal, al afirmar: «un derecho fundamental es lesionado en su contenido sustancial por un ataque antijurídico cuando, a través de tal ataque, la validez y el desarrollo esenciales del derecho fundamental son limitados con mayor intensidad de la que corresponda a la pretensión material y al fundamento motivador de tal ataque».[42]

Especialmente destacable al respecto parece que el Tribunal Constitucional ciertamente se haya pronunciado en contra de la citada teoría relativa especialmente mantenida por el Tribunal Supremo Federal,[43] pero al propio tiempo ha relativizado el contenido sustancial, al hacer depender la ofensa del contenido sustancial de un derecho fundamental de la regulación y de la relación existencial del afectado y de la estimación social sobre la relevancia del objeto de valoración jurisdiccional, estimando que el derecho fundamental del afectado sólo es objeto de limitación en favor de la convivencia social.

Posteriormente el Tribunal Constitucional[44] ha intentado obtener el contenido sustancial de un derecho fundamental partiendo de la «especial relevancia» del mismo «en el sistema global de los derechos fundamentales», de suerte que sólo es posible efectuar una limitación partiendo de fundamentos jurídicos especialmente importantes,[45] y en todo caso solamente allí donde no parece claro si la posibilidad de tal limitación debe regir también para el contenido sustancial o solamente para otros ámbitos no esenciales a que alcanza el derecho fundamental.

El tribunal Constitucional alemán, en su Sentencia de 14-9-1989, se ha pronunciado claramente en el sentido de la aludida «teoría relativa» del contenido sustancial del derecho fundamental:[46] una «estrecha conexión entre el contenido de los indicios y la sospecha de una extraordinariamente grave acción delictiva»[47] prohíbe su encuadramiento en el ámbito absolutamente protegido de la configuración de la personalidad individual, exenta de todo ataque estatal.[48]

Si se quiere seguir la teoría relativa, no puede reconocerse una prohibición absoluta de ataque al derecho de la personalidad; y, conforme a esto, habría de establecerse una delimitación entre el núcleo esencial de la personalidad respecto de las demás esferas de la intimidad personal.

Ello ciertamente no es compatible con las nuevas resoluciones del Tribunal Supremo Federal, que sencillamente reconocen de modo expreso un «inatacable ámbito de configuración personal de la vida privada»[49] y consideran como absolutamente prohibidos los ataques al mismo.[50]

De este modo, se revela un paralelismo respecto a la jurisprudencia del Tribunal Constitucional. Si originariamente el Tribunal Supremo Federal acogió el criterio de la «teoría relativa», sus actuales resoluciones se encuentran en la base de la «teoría absoluta».

---

42 BGHSt 4, 375, 377; BVerfGE 47, 330, 357 s. *Cfr.*, MAUNZ/DÜRIG, o.u.c., art. 19, Abs. 2, Rdn. 4. 10 ss.
43 BVerfGE 7, 377, 411.
44 BVerfGE 2, 266, 285.
45 BVerfGE 22, 189, 219.
46 BverfGE, en NStZ, 1990, p. 89.
47 Se trataba de un asesinato.
48 BVerfGE, en NStZ, 1990, pp. 89, 90.
49 BGHSt 36, 167, 173.
50 BGHSt 31, 296.

En cambio, el Tribunal Constitucional, en unas decisiones, adopta el criterio de la «teoría absoluta», y en otras, los postulados de la «teoría relativa».[51]

bb) A pesar de tal contradicción, no puede excluirse que esta Jurisprudencia del Tribunal Constitucional reconozca la existencia del derecho fundamental de la personalidad, que por cada ataque estatal resulta erosionado en la garantía de su contenido sustancial provista por el art. 19.2 de la Ley Fundamental.

La jurisprudencia constitucional se ha esforzado también por efectuar una (por lo demás incomprensible) delimitación del núcleo esencial respecto de otras esferas privadas de la personalidad, considerando decisiva la característica de la «relación social».

El Tribunal Constitucional, en la Sentencia de 14-9-1989, ha apreciado la formulación escrita de un pensamiento como desahogo de la manifestación de voluntad de un inculpado,[52] en la que no se puede constatar la protección de las esferas íntimas de la personalidad, apenas constatables, por cuanto la protección de las esferas íntimas de la personalidad aparecen limitadas a determinados procesos internos de la persona que, por su inviabilidad práctica, no requieren protección jurídica.

Por el contrario, en anteriores Sentencias, el propio Tribunal Constitucional reconoció un más amplio contenido al núcleo esencial de los derechos fundamentales de la personalidad protegidos legalmente.

La primera ocasión en que el Tribunal Constitucional hubo de enfrentarse a esa cuestión fue con ocasión de decidir si la punibilidad de la homosexualidad masculina representa o no un ataque legalmente inadmisible a la esfera de intimidad personal absolutamente protegida. El Tribunal Constitucional distinguió entre el ámbito social susceptible de protección jurídica y el núcleo esencial de la personalidad individual sustraído de toda regulación jurídica:[53] ubicó la conducta sexual en el ámbito social, y en su virtud consideró las entonces vigentes conminaciones penales de la homosexualidad masculina como adecuadas a Constitución.

Como desarrollo de estos postulados constitucionales, el Tribunal Supremo de Baviera ha negado la existencia de ataque antijurídico al núcleo esencial de un derecho fundamental, cuando un testigo declaró en un proceso penal, a causa de explotación de la prostitución en un lugar prohibido (parágr. 184.a del Código penal alemán), en contra de una prostituta.[54]

Conforme a la Jurisprudencia, se estima la relación social como criterio determinante para la delimitación entre la esfera de intimidad personal absolutamente protegida, frente a todo ataque estatal, y otros ámbitos de privacidad, en los que puede justificarse el ataque por la preponderancia de los intereses del proceso penal.

Si se afecta el contenido esencial del derecho fundamental con un ataque estatal que se pretende valorar como fundamento de la resolución judicial, habría que

---

51 BVerfGE, en NStZ, 1990, p. 89.
52 BVerfGE, en NStZ, 1990, pp. 89, 90.
53 BVerfGE 6, 389, 433; BVerfGE 33, 367, 377; BVerfGE 35, 39. *Cfr.*, asimismo, sobre otra forma de comunicación *Vogelgesang, GrundrechtaufinformationelleSelbstbestimmung,* 1987, p. 43.
54 BayObLG, en NJW 1979, p. 2624.

reconocer la absoluta inadmisibilidad de tal pretensión como consecuencia de la prohibición de la utilización de la prueba, junto con el efecto de apreciar la relación social como criterio de salida del ámbito del núcleo esencial de la esfera íntima. Y ello conduciría a la consecuencia de excluir las relaciones personales privadas más íntimas de la esfera de reserva personal absolutamente protegida, y, por consiguiente, del marco de la protección constitucional.[55]

cc) En todo caso, no puede constatarse inequívocamente que el estado actual de la discusión jurídico-constitucional sobre los límites de los derechos fundamentales permita ofrecer una clara e inequívoca fundamentación para resolver la cuestión de la admisibilidad de las investigaciones genéticas en el proceso penal.

b) La compatibilidad de las investigaciones genéticas del inculpado y de terceras personas con la tutela constitucional de la esfera privada de la persona

Partiendo de tan fluctuantes fundamentos debe resolverse la cuestión de la admisibilidad o no de las investigaciones genéticas (por tanto, el análisis del genoma y la toma de huellas genéticas en el proceso penal).

aa) Análisis del genoma. La cuestión de si el «análisis del genoma» ha de ser considerado como un ataque a la esfera de la intimidad absolutamente protegida por la Constitución (art. 2.1, art. 1.1.1, art. 19.2 de la Ley Fundamental) depende de la relevancia fáctica y de la manera de presentación de este método.

En la medida en que los fundamentos biográficos de la individualidad de una persona son especialmente obtenidos de sus desviaciones de la normalidad genéticamente condicionadas, apenas resulta imaginable un ataque al núcleo esencial de la esfera de intimidad personal de tan elevada trascendencia que también según las teorías relativas tenga que ser considerado un ataque absolutamente prohibido, y ciertamente un ataque al núcleo esencial de la personalidad en su dimensión más interna y desconectada de relación social.[56]

Partiendo de este presupuesto fáctico, la decisión sobre la in-constitucionalidad del análisis del genoma viene a depender de que ninguna conclusión sobre la eventual inconstitucionalidad del análisis del genoma puede ser extraída en otros ámbitos que no sean los del proceso penal.

Así, la constitucionalidad del análisis del genoma especialmente ha de ser afirmada cuando el afectado, por ejemplo, accede a un tratamiento médico. Pero, en todo caso, podría no ser atendible el consentimiento del inculpado en el proceso penal, de conformidad con lo previsto en el art. 136.a.3 de la LPrP alemana.

Si el análisis del genoma en sus actuales posibilidades —en su favor habla la hasta ahora aún ausente capacidad de construcción de un mapa genético también sólo aproximativo— no comporta un atentado al núcleo esencial del derecho fundamental o tal ataque fuera determinado conforme a las teorías relativas del contenido sustancial, puede ser utilizado para la consecución de una correspondiente base legal.

---

55 BENDA, *Privatsphäre und «Persönlichkeitsprofil»*, en *«Festschrift für Geiger. Menschenwürdeund-freiheitlicheRechtsordnung»*, 1974, pp. 23, 30.

56 *Vid.*, los límites de la aplicación del § 81 c StPO, derivados del núcleo de la esfera de protección de la personalidad.

Una eventual prohibición jurídico-constitucional de utilización podría en todo caso referirse a la propia elaboración del análisis del genoma, y éste aparecería como inadmisible.

bb) Huella genética. Según el actual estado del conocimiento científico y técnico, partiendo de la huella genética no es posible obtener otras informaciones sobre la personalidad del afectado más allá de la determinación de su identidad.

En la medida en que subsiste tal imposibilidad, resulta excluida una incidencia en el núcleo esencial del derecho de la personalidad, así como en la esfera privada ajena al núcleo esencial. Sin embargo, ello presupone la fiabilidad, del procedimiento aplicado, que por el momento no es indubitada.[57] Entretanto la Audiencia Provincial de Berlín ha estimado la utilización de la huella genética como admisible, por cuanto desconoce la relevancia del derecho fundamental a la autodeterminación informática.[58]

X. LOS EFECTOS DEL DERECHO A LA AUTODETERMINACIÓN INFORMÁTICA

El tribunal Constitucional reiteradamente ha expresado que «contradice la dignidad humana el convertir al hombre en mero objeto del Estado... No sería compatible con la dignidad humana que el Estado asumiera por sí el derecho a registrar y catalogar coactivamente a las personas en su completa personalidad».[59]

En su Sentencia de 15-12-1983 (denominada «sentencia de la ley del censo»), el Tribunal Constitucional ha reforzado este aspecto de la protección de la dignidad del hombre con un ulterior derecho innominado de la libertad.

Del derecho fundamental del libre desarrollo de la personalidad ha derivado un derecho constitucional a la autodeterminación informática. En él «el libre desarrollo de la personalidad presupone, bajo las modernas condiciones de la elaboración de datos, la protección del particular contra la recopilación, la grabación, la utilización y la transmisión sin límite de datos personales. Tal protección se halla comprendida en el derecho fundamental que establece el art. 2.1 en relación con el art. 1.1 de la Constitución alemana. Este derecho fundamental garantiza la facultad del particular de determinar por sí mismo la disponibilidad y la utilización de sus datos personales»;[60] incluso las recopilaciones estadísticas anónimas de datos, que en su conjunción a la determinación de los perfiles de la personalidad individual, han de ser reputadas constitucionalmente inadmisibles.[61]

1. Utilización de las investigaciones genéticas del inculpado

Parece ser algo evidente que el análisis del genoma, y con ella aspirada conformación «cartográfica» de las bases biológicas del individuo, lesionan el derecho fundamental a la disponibilidad de los datos personales. Incluso el mero registro de datos no adecuados para la confección del mapa genético de una persona (tales

---

[57] *Cfr.* STEINKE, *Genetischer Fingerabdruck und* § 81 a StPO, en NJW, 1987, p. 2914. *Vid.,* FAZ de 7-6-1989, núm. 129, n. 1.

[58] *Vid.,* NJW 1989, p. 787.

[59] BVerfGE 27, 1, 6.

[60] BVerfGE 65, 1, 43.

[61] BVerfGE 65, 1, 53.

como aptitudes, enfermedades hereditarias, déficits genéticos) puede lesionar este derecho. Y lo mismo rige para otros datos relativos a la personalidad, como en especial la huella genética, e incluso aquellos legalmente autorizados (por el parágr. 81.b LPrP alemana) como la toma de fotografías y de huellas dactilares.[62]

Sin embargo, sería prematuro considerar la práctica del análisis genético en sí como inconstitucional. Al respecto con razón ha proclamado el Tribunal Constitucional que el derecho a la autodeterminación informática de la persona «no es garantizado de forma ilimitada».[63] También las informaciones referidas a personas, según la concepción del Tribunal Constitucional, «representan una imagen de la realidad social que no puede ser exclusivamente subordinada a la voluntad del individuo», porque «el individuo tiene que aceptar limitaciones de su derecho a la autodeterminación informática ante los intereses preponderantes de la colectividad».[64]

Tal nivel de limitaciones ha de ser considerado admisible, de conformidad con el principio del Estado de Derecho de las exigencias requeridas por un eficaz procedimiento penal.[65]

En todo caso, como ha manifestado el Tribunal Constitucional, se requiere «una base legal, a partir de la cual tengan que ser reconocidos de manera clara e inequívoca los presupuestos y el ámbito de las limitaciones que se derivan para el ciudadano», respecto de las cuales básicamente rige el principio fundamental de la proporcionalidad.[66] Lo mismo resulta partiendo de la protección de la vida privada en el art. 8 de la MRK.

a) Se ha mantenido recientemente, por RIESS, la tesis de que las previsiones normativas de la Ley Procesal Penal alemana, y en particular sus parágrs. 160, 161 y 163, constituyen tales fundamentos jurídicos necesarios.[67]

A ello, sin embargo, hay que oponer que tales preceptos únicamente regulan la función general de la Fiscalía y de la Policía de investigar los delitos, y con tal fin realizar las actuaciones procedentes y «obtener información de todas las autoridades públicas», conforme al parágr. 160.1 de la LPrP alemana.

De ahí no resultan ningunas facultades concretas de incidencia, sobre todo ningunas limitaciones previsibles del derecho a la autodeterminación informática, puesto que los parágrs. 160, 161 y 163 de la LPrP alemana no satisfacen en modo alguno los presupuestos establecidos por el Tribunal Constitucional para una limitación de este derecho.

Según señala RiESS, en estos parágrafos de la LPrP alemana «no puede apreciarse una auténtica facultad de ataque»[68] a la indicada esfera de la autodeterminación informática. Se sustenta así una interpretación muy próxima a la que considera que los citados pará-$_4$ grafos de la LPrP alemana no constituyen fundamento jurídi-

---

62 LG Berlín, en BStZ, 1989, p. 488.
63 BVerfGE 65, 1, 43.
64 BVerfGE 65, 1, 44.
65 BVerfGE 32, 373, 381.
66 BVerfGE 65, 1, 44.
67 LR.24-RIESS, § 160, Rdn. 9.
68 LR.24-RIESS, § 160, Rdn. 6.

co para las limitaciones del derecho a la autodeterminación informática, ni con ello para ataques a este derecho conectados con tales presuntas limitaciones legales.[69]

b) La Ley Procesal Penal alemana no confiere ninguna facultad legal, correspondiente al imperativo constitucional de la certeza de las normas jurídicas, para atacar el derecho a la autodeterminación informática.

Las facultades generales de incidencia, que prevén los parágrafos 81.a, 81.c, 94, 102 y 103 de la LPrP alemana, ciertamente, se refieren a la constatación de hechos relevantes en el proceso penal.

De la trascendencia de tales hechos como medios de prueba, no pueden derivarse, ni los datos personales a obtener a través del análisis del genoma, ni la posibilidad y conveniencia de su utilización, tal como el Tribunal Constitucional expresamente ha exigido para una suficiente fundamentación jurídica de todo ataque al derecho fundamental a la autodeterminación informática personal.[70]

En la medida en que el análisis del genoma no debiera ser irremediablemente inadmisible, partiendo de otros fundamentos jurídicos, para la admisibilidad de su ejecución y para la utilización de sus resultados. Desafortunadamente, en mi opinión, falta toda base legal. Por ello, se tendrá que contar con expresas previsiones legales, que respondan a las exigencias jurídico-constitucionales en la forma en que el Tribunal Constitucional las ha proclamado en Sentencia sobre la Ley del Censo.[71]

Puesto que también la realización y la utilización de la huella genética lesiona el derecho fundamental a la autodeterminación informática, para tal actuación sería también exigido un fundamento legal.[72]

En especial, deben ser expresamente previstas las limitaciones determinadas por la necesaria instrucción del proceso penal, para el logro de los propios fines del mismo (identificación, verificación de las condiciones de penalidad y de procedibilidad —en cuanto no sean prohibidas—[73] respecto del inculpado aun sin su consentimiento, y respecto de terceras personas con la exigencia en todocaso del consentimiento de las mismas; admisibilidad exclusiva para el procedimiento penal, con prohibición expresa de almacenamiento en archivos informáticos).

Al respecto se debe garantizar la observancia del principio fundamental de la proporcionalidad, por parte del legislador. De tal suerte, el análisis del genoma ha de considerarse inadmisible en los casos en que los respectivos fines procesales pueden ser alcanzados con otros procedimientos más elementales (identificación de la autoría por las huellas dactilares).

También debe ser prevista en todo caso la inmediata destrucción de los resultados de las investigaciones genéticas del inculpado, en los casos en que tales investigaciones no fundamentan la sospecha de la autoría del hecho.

---

[69] *Cfr.*, DREHER/TRÖNDLE, StGB, § 34, Rdn. 24; GÖSSEL, *Rechtmässigkeit befugnisloser strafprozessualer rechtsgutsbeeinträchtgender Massnahmen*, en JuS, 1979, p. 162; LR.24—RIESS, § 160, Rdn. 4.

[70] BVerfGE 65, 1, 45.

[71] BVerfGE 65, 1.

[72] LG Berlín, en NJW, 1989, p. 787.

[73] *Vid.*, los límites de constatación de los propuestos de punibilidad y de procedibilidad en el proceso penal.

Debiera evitarse transferir a las resoluciones judiciales la misión de la garantía del principio de proporcionalidad, en medida en que la misma conduciría a la inseguridad jurídica y, cuando menos, parecería frágil que el legislador de esta forma hiciera dejación de sus deberes de garantizar la certeza jurídica en virtud del cumplimiento del principio de la separación de poderes.

2. UTILIZACIÓN DE LOS RESULTADOS DE LAS INVESTIGACIONES GENÉTICAS DE TERCERAS PERSONAS

a) Si el análisis del genoma implica una incidencia en el núcleo esencial de la personalidad que es objeto de una protección jurídica absoluta, no existe ninguna posibilidad de utilización de la investigación genética, por cuanto la propia investigación en sí misma es constitucionalmente inadmisible.

Si se lleva a cabo únicamente una agresión a la esfera privada de la personalidad que puede ser justificada por el interés preponderante de la colectividad, ha de estimarse la aplicabilidad de la investigación genética en el marco de un fundamento legal que resulta exigido, para las muy limitadas posibilidades de incidencia en la esfera de la personalidad, en orden al logro del material celular necesario.

El consentimiento de la tercera persona afectada ha de ser valorado aquí en términos diferentes a los del consentimiento del inculpado.

En tanto no es posible constituir en mero objeto del proceso penal la revelación de las bases biológicas de la identidad del inculpado, aun contando con el consentimiento del mismo, se podrá estimar admisible la libre revelación de tales datos de terceras personas distintas al inculpado.

b) Al igual que en el inculpado, pueden estimarse admisibles en terceras personas la elaboración y la utilización de huellas genéticas, en virtud del establecimiento de su correspondiente fundamento legal, habiendo de tenerse en cuenta la limitada posibilidad de intervención previa en el parágr. 81.c de la Ley Procesal Penal alemana.

CAPÍTULO VIII

LA PETICIÓN DE PRUEBA EN EL PROCESO PENAL ALEMÁN*

I. INTRODUCCIÓN

1. Punto de partida

Nada hay más expresivo que la praxis. Por ello comenzaré presentando un caso que nos introduce en la problemática del tema propuesto. El acusado «A» fue condenado en primera instancia a la pena de seis años de prisión por tráfico de drogas en diversas ocasiones. En el juicio oral ante la Audiencia «A» afirmó que en más de la mitad de las ocasiones en que se le imputó la práctica de acciones de tráfico de drogas él no pudo haber llevado a cabo el tráfico que se le imputó, por cuanto «B», su suministrador de cocaína (sustancia de la que aquí se trataba), había entregado la mercancía a una tercera persona y no a él, y para probar la veracidad de su declaración solicitaba el testimonio de «B». La Audiencia rechazó esta petición, con el argumento de que se trataba de una «mera suposición, acompañada de solicitud de prueba, que carecía de todo fundamento». Interpuesto el recurso de casación, el Tribunal Supremo anuló la resolución recurrida, considerando que se desestimó sin fundamento la petición de prueba, pues «no puede reprocharse al solicitante de prueba el someter a la práctica de la prueba hechos que solamente él considera posibles».[1]

Dos cuestiones fundamentales me propongo plantear: 1) qué ha de entenderse exactamente por *petición* de prueba, y 2) cuándo se puede legalmente *desestimar* una petición de prueba. Pero antes de entrar en el núcleo de estas cuestiones, permítaseme efectuar un breve recorrido histórico hasta llegar al vigente derecho de petición de prueba en el proceso penal alemán.

2. El derecho de petición de prueba en su evolución histórica

En la elaboración parlamentaria del Código Procesal Penal alemán, que se publicó en el *Boletín del Parlamento Imperial* en 1877 y entró en vigor el 1 de Octubre de 1879, se estimó suficiente establecer que el Juez estuviera obligado únicamente a la práctica de todos los medios de prueba presentes en el juicio oral, y ello sólo en los juicios susceptibles de casación, pero no así en los que además admitían antes

---

* Traducción española por el Profesor Doctor MIGUEL POLAINO NAVARRETE, Catedrático de Derecho Penal en la Universidad Hispalense de Sevilla.

1 «Tribunal Supremo», en NStZ 1987, p. 181.

recurso de apelación. Por lo tanto, sólo en los juicios de instancia única ante la Audiencia,[2] en relación con la garantía del derecho a la citación de testigos y peritos y otros medios de prueba. Respecto de los juicios para los que la Ley previo una segunda instancia, por tanto la mayoría de los procedimientos en primera instancia resueltos ante el Juzgado y en segunda instancia ante la Audiencia (aproximadamente el 90 por ciento de la totalidad de los procesos), la Ley confería al Juez la determinación del ámbito de aceptación de pruebas, exonerándole de la vinculación a «peticiones, renuncias o anteriores resoluciones», (parágrafo 244.2 del C.Pr.P. alemán, vigente*hasta* 1924).

a) Esta histórica regulación legal se mostró muy imprecisa, al dejar abierta la cuestión de cómo ha de proceder se cuando, en un proceso principal de una sola instancia ante la Audiencia, se plantea la petición del empleo de un medio de prueba no presente.

Cuando el Tribunal Supremo negó que se lesiona el derecho de « los testigos presentes a declarar, al haber sido presentado un testigo que no pudo comparecer por enfermedad y por lo tanto no estaba presente en el juicio, ciertamente sería imaginable aquí una lesión del derecho de defensa, susceptible de casación, pero no ejercitable en el caso concreto.[3] En todo caso el Tribunal Supremo abandonó pronto este riguroso punto de vista, y, atendiendo al deber del Juez instructor de investigar la verdad material, *excluyó* la posibilidad de *no aplicar* aquellos medios de prueba que pudieran servir para la aclaración de los hechos, en especial cuando el Tribunal de instancia los había declarado suficientes. En relación al rechazo de los medios de prueba, el Tribunal Supremo consideró una inviable anticipación del resultado del correspondiente medio de prueba. Estimó que aquí anida una improcedente anticipación de la prueba: «normalmente, solo después de efectuarse la declaración ante el Juez competente, puede decidirse a cuál de los testimonios contradictorios se concede mayor credibilidad».[4] Ello nos conduce directamente al principio de la *prohibición* de la *anticipación* de la prueba.

Permanece abierta la cuestión de si la libertad de aceptación de prueba, con independencia de las peticiones, renuncias o anteriores resoluciones, en el marco de los procesos de los que han conocido en primera instancia los Juzgados, es reconocida al Juez sólo en el ámbito de los medios de prueba presentes (lo que fue aceptado en principio)[5] o si se reconoce en general a los Jueces según el arbitrio judicial del instructor (tal es la opinión general desde 1925).[6]

b) Ante esta situación es de aclarar ante todo la siguiente cuestión. Cuando existe un deber del Juez de investigar los hechos de manera plena en su realidad, se requiere una regulación que delimite la libertad judicial de admisión de la prueba, para delimitar claramente el rechazo de la petición de prueba respecto de la actuación arbitraria. El Tribunal Supremo ha desarrollado sucesivamente reglas que en todo caso sólo fueron reconocidas para el empleo de los medios de prueba presentes en los procedimientos de única instancia ante la Audiencia, pero no en los

---

2 ALSBERG, NÜSE, MEYER, *DerBeweisantrag im Strafprozess*, 5. Aufl., pp. 1 y ss.

3 RGSt 1, pp. 175, 177; RGSt 1, pp. 61, 62 y ss.

4 RGSt 1,pp. 189, 190; ENGELS: *Die Aufklärungspflicht nach* 244.2 StPO, Tesis Doctoral, Bonn, 1979, pp. 24 y s.

5 Parágrafo 244.2 StPO alemana vigente hasta 1924.

6 ALSBERG, NÜSE, MEYER: *Der Beweisantrag im Strafprozess*, 5. Aufl., p. 2.

demás procesos. A estas diferenciaciones de procedimientos puso fin el Legislador alemán en 1935, al codificar las reglas desarrolladas por el Tribunal Supremo, relativas al rechazo de peticiones de prueba, en el vigente parágrafo 244, apartados 3 a 5, del C.Pr.P. alemán.

II. DETERMINACIÓN CONCEPTUAL DE LA PETICIÓN DE PRUEBA

Antes de analizar las reglas sobre el tratamiento de las peticiones de prueba, debo aclarar cuál puede ser propiamente el objeto de tal normativa, y ello nos conducirá a una cuestión, cuya respuesta resulta necesaria para la solución de nuestro caso de partida: ¿Qué se entiende por petición de prueba?

1. LOS ELEMENTOS DE LA PETICIÓN DE PRUEBA

A) *Objetos* de la admisión de prueba en el Proceso Penal alemán pueden ser sólo los hechos. Así, una petición de prueba sólo puede tener como objeto la aportación de *hechos.* En el ámbito de la admisión de prueba, pueden ser aportados hechos —en la medida en que conciernen a los presupuestos de la culpabilidad y de la pena—[7] sólo a través de los denominados *medios de prueba* sujetos a las normas legales reguladoras *(prueba estricta),* integrados por las pruebas testifical, pericial, documental y de percepción sensorial también, llamada inspección ocular.

La aportación al Juez de aquellos hechos decisivos para la culpabilidad y la pena del acusado puede efectuarse de diversas maneras: *la sugerencia de prueba,* con la mera indicación de los hechos al Juez; el *ofrecimiento de prueba,* con la presentación al Juez de tales hechos como existentes o no existentes a través de la utilización de los denominados medios de prueba; y la *petición de prueba,* que se caracteriza porque la constatación de tales hechos sólo puede ser requerida a través de los mencionados medios de prueba.

B) Una eficaz *petición de prueba* presupone que por una persona legitimada —acusador, defensor, fiscal y otras personas previstas por la ley, como el acusador particular y el representante legal— se requiere ante el Juez la acreditación de concretos y determinados hechos a través de específicos y determinados medios de prueba.

a) Bajo este punto de vista, la petición de prueba muestra ya desde el principio dificultades. Según la concepción del Juez instructor, los hechos sometidos a prueba constituyen sólo una suposición, no reconociéndose a la petición de la defensa en realidad el carácter de petición de prueba: el solicitante no exige algo, la constatación de la existencia de unos determinados hechos (venta de cocaína a persona distinta del acusado), sino solamente las indagaciones acerca de si el suministrador habitual del acusado —¡quizás!— no suministró a éste sino a tercera persona la mercancía, de manera que no fuera posible que el acusado incurriera en tráfico de drogas.

El Juez instructor se basó en una concepción, que ha sido sustentada a veces por el Tribunal Supremo, según la cual, las *suposiciones revestidas* de la forma de

---

[7] La denominada prueba libre, que afecta sólo a hechos que deciden sobre la admisibilidad del procedimiento en general —por ejemplo, la existencia de acusación penal— o sobre la admisibilidad de singulares acciones procesales —por ejemplo, el cumplimiento de plazos en el planteamiento de un medio de prueba— quedan aquí fuera de consideración.

peticiones de prueba no pueden ser consideradas como petición de prueba, y por ello no pueden ser objeto de desestimación expresa, como la ley prescribe para las auténticas peticiones de prueba en el parágrafo 244.6 del C. Pr.P. alemán.[8]

Aquí radica la falta de unidad interna de criterio del Tribunal Supremo: para la resolución del presente caso, la Sala estimó inexacta esta concepción, por estimar que no pueden rechazarse al solicitante «someter a prueba también aquellos hechos que solamente él considera posibles», según ha consignado la jurisprudencia del propio Tribunal Supremo.[9]

Esta falta de unidad es encubierta no sin esfuerzo mediante la estimación de que las peticiones de prueba que se dirigen a la constatación de hechos meramente tenidos como posibles únicamente pueden ser consideradas como *peticiones de indagaciones* probatorias, pues se trata de «suposiciones encontradas al azar, tomadas al vuelo»,[10] suposiciones «inconsistentes», que «no radican en puntos de partida fácticos».[11]

El Tribunal Supremo no ha dado nunca criterios para considerar que una manifestada suposición ha sido «tomada al vuelo», «carece de sustento», y no puede enunciarse ninguno ante la esponjosa falta de claridad del concepto. En todo caso, en el supuesto planteado como punto de partida de nuestras reflexiones, el Tribunal Supremo admitió una *auténtica petición* de prueba, pues la «suposición» sometida a la prueba no ha sido inconsistente.

Para el observador extranjero del Derecho Procesal alemán, me parece de interés subrayar, conforme al invocado criterio de la jurisprudencia, que con la *petición de indagación probatoria* se manifiesta una suerte de influjo en la constatación de los hechos, que sólo con dificultad puede distinguirse de una auténtica *petición de prueba* —pero precisamente por ello tiene que ser diferenciada de ésta—, en la medida en que no son aplicables a la petición de *indagaciones* probatorias las normas reguladoras de la petición de *prueba.*

Las peticiones de indagaciones probatorias no requieren un expreso y formal rechazo, como prevé el parágrafo 244.6 del C.Pr.P. alemán para las peticiones de prueba, y además el Juez puede simplemente prescindir de aquéllas con independencia de que existan o no fundamentos para la desestimación de la petición de prueba. En todo caso las solicitudes de indagaciones probatorias pueden tener relevancia desde el punto de vista del principio inquisitivo (parágrafo 244.2 del C.Pr.P. alemán).

b) He de aludir ahora a los principales casos en los que existe sólo *petición de indagaciones probatorias, y* no *petición de prueba* auténtica. Han de mencionarse al menos dos casos: de un lado, el supuesto de indeterminado medio probatorio, y de otro, las hipótesis en que falta un concreto y determinado supuesto fáctico.

Tomemos el caso en que se imputa a «A» la comisión de un atraco en München en el mes de agosto de 1995. «A» afirma que en este tiempo estaba de vacaciones en

---

8 *Cfr.*, «Tribunal Supremo», en HOLTZ, M.D.R., 1980, p. 897; «Tribunal Supremo», en NStZ, 1994, p. 592.

9 «Tribunal Supremo», en NStZ 1987, p. 181; «Tribunal Supremo», en NStZ 1992, pp. 397, 398 y NStZ 1993, pp. 247, 248.

10 «Tribunal Supremo», en NStZ 1992, pp. 397, 398.

11 «Tribunal Supremo», en NStZ 1987, p. 181; NStZ 1987, p. 341.

Grecia, acreditando que en agosto había recibido de su empleador 30 días de vacaciones anuales. En tal situación, el defensor de «A», para la prueba del hecho de que efectivamente «A», no se encontraba en ese tiempo en München sino en Grecia, solicitó la presentación de todos los documentos de la Agencia de Viajes de Múnich y de las compañías aéreas que operaron en los aeropuertos griegos. Esta documentación acreditaba que «A», fue transportado de Alemania a Grecia y de Grecia a Alemania y que desde el 31 de julio hasta el 1 de septiembre había permanecido exclusivamente en Grecia, no habiendo podido retornar en esas fechas a München.

En tal supuesto, según la opinión general, *no existe* una *petición de prueba,* por cuanto falta la mención de un concreto y determinado medio de prueba: en realidad, se ha solicitado examinar una pluralidad de documentos escritos indeterminados, *para* encontrar un concreto medio de prueba, por tanto para investigar si hay un medio de prueba con el que se pueda probar el hecho sometido a prueba (ausencia del sujeto del lugar del crimen en el momento de comisión). Se trata de un clásico supuesto de *petición de indagación probatoria.*

Lo mismo es válido para los supuestos en los que se solicita en el juicio oral la lectura de las historias clínicas de un hospital para conseguir anotaciones escritas favorables para el acusado.[12]

Por otra parte, se consideró suficientemente concretado el medio de prueba en un caso en que se solicitó la declaración de una testigo de la que solamente eran conocidas su anterior dirección, su anterior trabajo y su nombre propio «Ina»: para la concreción de un testigo es precisa sólo una suficiente individualización, como es de estimar en el ejemplo propuesto, no lo sería en cambio en el caso de que sólo se invocara al testigo con el nombre de «Hans» en un encuentro de fútbol en el estadio Olympia de München, con sesenta mil espectadores.

Por insuficiente determinación de los hechos, el Tribunal Supremo rechazó la petición de prueba en un caso en el que la defensa había pedido como prueba testifical la declaración de los testigos «X», «Y» y «Z», para acreditar que «A», había sido injustamente acusado: aquí se ha deducido una conclusión cuya exactitud «no puede ser apreciada sin la comprobación de los supuestos fácticos en los que se funda».[13]

Al mismo resultado llegó el Tribunal Supremo, en relación con la petición de indagaciones probatorias, en un supuesto en que el acusado fue condenado por tráfico ilegal de drogas a la pena de prisión de diez años. En este supuesto, la defensa había designado, para el caso de que procediera la imposición de pena privativa de libertad superior a seis años de prisión, la declaración de tres funcionarios policiales para probar que el acusado se había puesto en peligro por sus declaraciones ante estos funcionarios y se hallaba extraordinariamente bien predispuesto a la pena: la denominada *solicitud de autoprueba.* En la medida en que se pretendió una práctica de la prueba, con la alegación de que el acusado se puso en peligro a sí mismo con sus propias declaraciones, falta por completo la necesaria determinación en la afirmación fáctica, y respecto de la predisposición a la pena «la petición tiene como objeto meras valoraciones».[14]

---

[12] «Tribunal Supremo», en PFEIFFER, MIEBACH, NStZ 1985, p. 493.

[13] Jurisprudencia del T. S. sobre el parágrafo 244.6 StPO.

[14] «Tribunal Supremo», en NStZ 1991, pp. 547, 548.

Ofrece dificultades la posible indeterminación de los hechos en los casos en que el acusado niega la existencia de los hechos presentados a su cargo. Así ocurre en el caso en que el acusado declara ante la Sala de lo Penal que él no ha comprado 5 kilogramos de hachís al testigo «X», la Sala rechazó la práctica de la prueba, en base a la consideración de que no se ha sometido a la prueba una «concreta afirmación positiva de los hechos», sino sólo una «negativa general del acusado sobre los hechos impuestos». El Tribunal Supremo estimó como carente de fundamento esta petición: si se hubiese declarado lo contrario de lo que se había imputado al acusado, se tendría una suficientemente concreta declaración de los hechos.[15]

2. PETICIONES DE PRUEBA CONDICIONADAS

Como todas las acciones procesales, también las peticiones de prueba deben ser como regla general incondicionadas. Sólo pueden ser condicionadas en determinadas situaciones procesales: así, la petición de la declaración del testigo «X», que vive en el extranjero, en el caso en que no fuera suficiente la declaración del testigo «A», para acreditar una coartada, en hipótesis en que la Fiscalía hubiera formulado ulteriores peticiones de prueba para la refutación de la coartada declarada por el acusado, o cuando el Juez considere increíble la declaración depuesta por un testigo.

Sobre las *peticiones condicionadas de prueba* también ha de decidirse, acerca de la admisión de la condición, mediante resolución, conforme a lo dispuesto en el parágrafo 244.6 del C.Pr.P. alemán.

Para la denominada *petición de prueba adicional,* una forma especial de petición condicional de prueba, rige algo distinto. La petición de prueba adicional está siempre vinculada a una petición principal por la defensa, generalmente, la de absolución del acusado. Con ello se hace depender la condición del resultado de la deliberación del juicio, y se acepta en general que el solicitante renuncia a una expresa resolución de rechazo según el parágrafo 244.6 C.Pr.P. alemán y se satisface con una invocación de los fundamentos del juicio —ello no sería válido en la desestimación por retardo procesal—. A primera vista, no parece tener pleno sentido una petición de este tipo, porque implica que el solicitante renuncia, para el caso del rechazo de su petición de prueba adicional, a poder cambiar su estrategia. Sin embargo, esta petición es mantenida por la defensa, porque con ella se requiere al Juez a consignar como ciertos los hechos sometidos a prueba, para la evitación de retardos o incluso suspensión del procedimiento.

III. LA DESESTIMACIÓN DE LAS PETICIONES DE PRUEBA

La demanda de la práctica de la prueba por regla general es atendida. En caso de su desestimación, debe ser formalmente rechazada mediante resolución, conforme al parágrafo 244.6 del C.Pr.P. alemán, siempre que se trate de una auténtica petición de prueba en el sentido anteriormente indicado.

Quisiera ahora afrontar la cuestión de bajo qué presupuestos legales una petición de prueba puede ser rechazada.

---

[15] «Tribunal Supremo», en StV 1984, p. 450.

1. LAS REGLAS GENERALES PARA EL RECHAZO DE PETICIONES DE PRUEBA

Los presupuestos para el rechazo de la petición de prueba son regulados en el parágrafo 244, apartados 3 a 5, del C.Pr.P. alemán. El apartado 3 contiene la más amplia regulación relativa a los fundamentos para el rechazo de todos los medios de prueba: testifical, pericial, documental, así como de inspección ocular por la percepción sensorial. Los apartados 4 y 5 contienen, con independencia del apartado 3, adicionales fundamentos de rechazo para las peticiones de prueba, en base al empleo de determinados medios probatorios: el apartado 4, para la percepción de peritos, y el apartado 5, para la inspección ocular y para la percepción de testigos residentes en el extranjero. El apartado 6 no contiene propiamente fundamentos de desestimación de la petición de prueba, pero prescribe que para el rechazo de la petición de prueba siempre ha de producirse una resolución judicial.

Debo atender ahora a la exposición, al menos en forma esquemática y aproximada, de los principales fundamentos de rechazo para los respectivos medios de prueba, previstos en el parágrafo 244, apartado 3, del C.Pr.P. alemán.

A) En el apartado 3, inciso primero, menciona la Ley un caso en que procede incondicional y perentoriamente rechazar la petición de prueba: la petición de *inuiable práctica de la prueba.*

El clásico ejemplo de este supuesto lo representa la conducción de la prueba que entra en contradicción con una prohibición de la valoración de la prueba: por ejemplo, la toma de declaración a un funcionario policial sobre el medio probatorio por él conseguido a través del empleo de fuerza, la confesión del detenido conseguida mediante maltrato o engaño,[16] o la declaración de personas vinculadas entre sí por parentesco próximo o relación de afectividad,[17] cuando no hubieran sido informadas de su derecho a guardar silencio; aquellos supuestos en los que la conducción de la prueba incide de modo inadmisible en un derecho constitucionalmente garantizado, como el derecho a la personalidad del acusado cuando se pretende la lectura de anotaciones de un diario personal o la audición de conversaciones privadas.[18]

B) El apartado 3, inciso 2, contiene un catálogo de siete causas en cuya virtud una petición de prueba *no tiene* que ser rechazada, *pero puede serlo.*

a) Dos de estos fundamentos no son fácilmente comprensibles, si bien en la práctica por fortuna no presentan dificultades. Lo que es generalmente conocido a causa de su *notoriedad,* es algo que *no* necesita ser probado.

Así puede ser rechazada, por ejemplo, la petición de prueba formulada por el Fiscal con la que se quiera probar que el acusado en la noche del 24 de diciembre de 1994, no ha tomado parte en la celebración de un oficio religioso en conmemoración del Nuevo Año según el rito católico romano en una determinada iglesia católica en München, porque en esa noche no ha tenido lugar ningún oficio religioso en conmemoración del Nuevo Año según el rito católico.

Así mismo no puede considerarse como prueba la pretensión de que un ciego haya *visto* cómo el acusado ha golpeado a su mujer, o que un sordo ha *oído* claramente cómo la mujer golpeada desde la vivienda conyugal gritó demandando auxilio.

---

16 Infracción del parágrafo 136 StPO.

17 *Cfr.,* parágrafo 252 StPO.

18 *Cfr.,* BVerfGE 34, pp. 238, 248; BGHSt 31, pp. 296 y 304; BVerfGE 80, p. 367.

Peticiones de prueba de esta índole se dirigen hacia el empleo de medios probatorios completamente *inidóneos* y deben por ello ser rechazadas.

b) Mayores dificultades presenta la posible desestimación de la petición de prueba cuando los hechos a probar carecen de *relevancia* para la decisión judicial. Por ejemplo, si la defensa en un proceso de robo de una videocámara en un comercio solicita de la madre del acusado que declare que éste no ha robado nunca a sus padres.

Un poco más difícil es la estimación de la falta de relevancia de la declaración cuando el acusado se imputa la comisión de un delito de estafa porque había engañado a una señora anciana con palabras y la presentación de documentos, y por la defensa se solicita como prueba que la señora anciana sólo puede leer letra de imprenta de tamaño normal con ayuda de una lupa: el Tribunal Supremo ha admitido la desestimación de esta petición de prueba con la consideración de que la acción fraudulenta del acusado no radica en el aprovechamiento de la debilidad visual de una persona.[19]

Considerables dificultades ofrece este fundamento de rechazo de la petición de prueba en los supuestos en los que la ausencia de relevancia de los hechos sometidos a prueba es ciertamente estimable, cuando el Juez instructor había manifestado lo contrario.

Así acontece cuando el Juez instructor había considerado como carente de relevancia para su decisión que en la declaración de un testigo éste hubiera manifestado que había pagado a otro testigo aproximadamente 30,000 DM en lugar de sólo 6,000 DM: la manifestación del primer testigo no es suficiente para contradecir y desvirtuar la declaración del segundo testigo, por cuanto éste ya había manifestado haber recibido dinero de aquél.

El Juez que consideró irrelevante *la declaración* del primer testigo, contradictoria a la del segundo, *no* ha *justificado* la *irrelevancia* de los hechos, sino que de forma improcedente ha *predeterminado* el *resultado* de la petición de la práctica de la prueba[20] —y una anticipación de la valoración de la prueba es básicamente inadmisible—, según la jurisprudencia de los Tribunales de casación: es básicamente inadmisible juzgar sobre el valor de un medio de prueba antes de que ésta se haya practicado,[21] exigencia que deriva del deber judicial de *investigación* de la verdad.[22]

c) Algo similar es válido para el rechazo de una petición de prueba cuando los *hechos* sometidos a prueba *ya* han sido *probados*. También pasa inadvertido en la praxis, no el defecto de ver como probados los hechos sometidos a prueba, sino lo contrario: si se ha planteado una petición de prueba en la declaración de un testigo como prueba del hecho de que el acusado de asesinato abandonó sobre las 21 horas, un determinado restaurante, no debe ser rechazada la petición de prueba con base al argumento de que ya se ha demostrado que el acusado abandonó este restaurante sobre las 19:30 horas. Con la persona que luego resulta asesinada sobre las 20:30 horas: que el acusado abandonó sobre las 21 horas el restaurante es algo que no había sido considerado como demostrado, sino en realidad precisamente lo contrario.[23]

---

19 BGHR, parágrafo 244.3.2 StPO.

20 BGHR, parágrafo 244.3.2, StPO.

21 LÖWE, ROSENBERG-GOLLWITZER: StPO 24. Aufl., parágafo 244, Rdn. 182.

22 LÖWE, ROSENBERG-GOLLWITZER: StPO 24. Aufl., parágafo 244, Rdn. 183.

23 *Cfr.*, «Tribunal Supremo», en NJW 1989, p. 845, donde el caso propuesto es simplificado y modificado.

d) Los Tribunales de casación deben siempre revocar resoluciones en las que las peticiones de prueba fueron rechazadas a causa de *defectuosas suposiciones de prueba*. Por razones de pura economía procesal puede ser rechazada una petición de prueba cuando puede darse por probada la existencia de un hecho imputado al acusado y relevante para la resolución.

Esta causa de rechazo debe dispensar al Juez del esfuerzo de constituir pruebas para la existencia de tales hechos —que considera irrefutables—, y en cuanto se trata de hechos de descargo, relevantes en la culpabilidad y la penalidad, este fundamento de rechazo es eficaz sólo a favor del acusado. Aquí en la práctica se pasan por alto similares errores a los mencionados cuando los hechos sometidos a prueba habían sido ya probados: la supuesta aceptación de hechos como probados en realidad no se ha producido.

En un proceso por tentativa de asesinato, que terminó con sentencia condenatoria a la pena de cadena perpetua, la defensa solicitó la declaración de un determinado testigo como prueba del hecho de que el acusado mostró un estado de shock en su detención tras la tentativa de asesinato. La Sala dio por probado que el citado perito había diagnosticado un shock pero no lo tomó en consideración en la sentencia por entender que el dictaminador había errado en este diagnóstico. El Tribunal Supremo estimó esto defectuoso: consideró probado el hecho de que el acusado actuó en un estado de shock, en contra de la Sala en su resolución de rechazo.[24]

De manera similar, es frecuente el defecto de que el Tribunal de instancia dé por probado que un testigo había declarado hechos sometidos a la prueba (por ejemplo, la coartada del acusado), pero en el juicio resultó que esa declaración, en opinión del Tribunal, no corresponde a la realidad: bajo prueba se ha puesto en este caso la coartada del acusado —y si ello fue dado por probado, sólo una sentencia absolutoria puede ser la consecuencia—. El Tribunal consideró el hecho sometido a la prueba —la coartada— precisamente como no probado, y dio por probado solamente que el medio de prueba (el testigo) había manifestado algo de esta naturaleza. Pero precisamente esto no es el hecho sometido a prueba, ni un hecho al que el Tribunal reconozca una eficacia de cargo. En realidad, se dio por probado un hecho no sometido a prueba, y sobre ello se presumió, bajo ilegal anticipación de la valoración de la prueba, que la declaración del testigo no es creíble.[25]

e) Los dos últimos fundamentos expuestos de rechazo de la prueba suelen conducir a un posible abuso de derecho de petición de la prueba: las peticiones de inaccesibles medios de prueba pueden ser rechazadas, así como aquéllas que son formuladas con el fin de retardo del proceso. En ambos casos es de significar que el Tribunal Supremo ha limitado muy ampliamente la posibilidad del rechazo de las peticiones de prueba por tales razones.

a') Según la jurisprudencia, la petición de prueba puede ser considerada como interpuesta, con el fin de generar *retardo en el proceso* cuando «el solicitante persigue exclusivamente una demora en la resolución del proceso por tiempo ilimitado; tiene que probarse que él ha sido consciente de la imposibilidad de alcanzar una favorable aplicación del proceso mediante la práctica de la prueba solicitada»,[26] y

---

24 «Tribunal Supremo», StV 1990, p. 149.
25 K. K. HERDEGEN: StPO, 3. Aufl., parágrafo 244, Rdn. 94.
26 BGHSt 21, pp. 118, 121.

ello presupone, en cuanto excepción del principio de la prohibición de la valoración anticipada de la prueba, pronósticos coincidentes del Juez y del solicitante de la prueba acerca de la «plena improbabilidad de los hechos sometidos a prueba según las actuaciones practicadas hasta ese momento»[27]. Estos presupuestos muestran que los fundamentos del rechazo de la petición de prueba por retardo del proceso pueden entenderse ampliamente acortados por la jurisprudencia del Tribunal Supremo.

Hay casos en los que el Tribunal Supremo ha declarado como inobjetable el rechazo de las peticiones de la prueba por retardo del proceso: así, en un caso en el que el acusado en prisión preventiva desde hacía cinco meses cambió su declaración sobre los hechos «en el último día de la acción principal, acerca de una coartada y el origen de grandes sumas de dinero, invocando a testigos que vivían en el extranjero», y ello ante una contundente situación probatoria, como «constancia de fotografías de una cámara de seguridad, testimonios de reconocimiento, dispendio de grandes sumas de dinero el mismo día del atraco a un banco».[28]

Con todo, es de reconocer que el Tribunal Supremo ha concedido a este fundamento de rechazo de la petición de prueba una relevancia mayor cuando se formulan las peticiones de prueba al final del procedimiento y con determinados presupuestos, como situación contundente de prueba o contradicción de los hechos sometidos a prueba con los anteriormente aportados por la defensa, cuando el proceso ha llegado a su fin y se pretende comenzarlo de nuevo desde el principio[29] En todo caso, según la jurisprudencia del Tribunal Supremo, el meramente excesivo planteamiento de peticiones de prueba, con cuya aceptación o rechazo el Tribunal se ha de ocupar sobre un año y medio, no pueden ser tratadas con este instituto jurídico del rechazo por la pretensión del retardo del proceso.[30]

b') También el rechazo de las peticiones de prueba por *inaccesibilidad* de los medios de *prueba,* a la vista de la jurisprudencia de los Tribunales de casación, en la praxis ha alcanzado, como fundamento de rechazo, elevadas exigencias esenciales, en tanto «espada roma» para el combate de las abusivas peticiones de prueba: «un medio de prueba es inalcanzable cuando todos los esfuerzos del Tribunal para conseguirlo son inútiles y no se aprecia posibilidad de alcanzarlo en un tiempo previsible».[31]

Como más eficaz método se ha manifestado la designación como testigos del descargo de personas que viven en el extranjero, cuya declaración hubiera procedido al inicio del proceso, cuando ya han transcurrido meses o incluso años de substanciación del procedimiento.

El Tribunal Supremo ha considerado inalcanzable un testigo que vivía en Chipre; y cuyo estado de salud no le permitía desplazarse a Alemania al menos en el plazo de un año, y tal vez no fuera posible nunca.[32] Tampoco se estimó alcanzable un testigo que se fugó y refugió en España y contaba con tres órdenes de detención.[33]

---

[27] GOLLWITZER: JR 1980, pp. 34, 35; K. K. HERDEGEN: StPO, 3. Aufl., parágrafo 244, Rdn. 88.
[28] BGHR, parágrafo 244.3.2 StPO; BGH, NStZ 1989, p. 36.
[29] «Tribunal Supremo», en MDR 1990, p. 457; BGHR, parág. 244.3.2 StPO.
[30] «Tribunal Supremo», en NStZ 1992, p. 140.
[31] KLEINKNECHT, GOSSNER: StPO, 42. Aufl., par. 244, Rdn. 62.
[32] «Tribunal Supremo», en NStZ 1991, p. 143.
[33] «Tribunal Supremo», en JZ 1988, p. 982.

Más estrictamente juzgó el Tribunal Supremo el caso de inaccesibilidad de testigo en un procedimiento por tráfico de heroína en Alemania, en el que el defensor solicitó como prueba para la coartada del acusado la declaración de un testigo que se encontraba en una determinada dirección en Gambia. Después de que no pudiera ser encontrado allí, su mujer, que vivía en Amberes, aclaró que su marido estaría sólo por poco tiempo en Gambia y regresaría pronto a Amberes. El Tribunal Supremo consideró defectuosa esa situación de *inaccesibilidad* del testigo, considerando que el Tribunal de instancia debió al menos haber averiguado cuándo estaba previsto el regreso del testigo a Bélgica.[34]

C) Sobre la cuestión del *momento de presentación* de la peticiones dedicar breves reflexiones.

Según el parágrafo 246.1 del C.Pr.P. alemán, las formulaciones de petición no pueden ser rechazadas nunca por demora, la jurisprudencia ha estimado muy dilatado el tiempo para la presentación de la petición de la prueba, hasta el comienzo del pronunciamiento de la sentencia, o hasta el fin de la fundamentación oral de la sentencia.[35] De este modo, el tiempo de presentación de peticiones de prueba prácticamente se dilata hasta el fin de la fundamentación oral del juicio. Ello no parece que sea útil, porque una vez terminada la formulación del juicio no deben admitirse ulteriores modificaciones del mismo.

D) Con una conclusión querría terminar mi reflexión sobre la praxis del *rechazo de las peticiones* de prueba.

Respecto al rechazo de las peticiones de declaración de peritos (parágrafo 244.4 del C.Pr.P.), he de mencionar que, según el parágrafo 244.5 del C.Pr.P. alemán, las peticiones de inspecciones oculares y declaraciones de testigos que viven en el extranjero pueden ser rechazadas «cuando no resulten ser necesarias para la investigación de la verdad conforme al deber judicial de indagación de los hechos». En qué casos se da este presupuesto es cuestión que depende de la relación del derecho de petición de prueba con el general *deber de investigación* completa de los hechos por el Juez, establecido en el parágrafo 244.2 del C.Pr.P. alemán.

2. LA DISPOSICIÓN ESPECIAL SOBRE EL RECHAZO DE PETICIONES DE PRUEBA EN BASE A LA VALORACIÓN DE LOS MEDIOS PROBATORIOS PRESENTES

Una regulación especial rige para los *medios de prueba presentes,* es decir, aquellos de los que el Juez efectivamente puede hacer uso en el correspondiente proceso principal.

De los medios de prueba fácticos, que han procurado el Juez o el Fiscal, tiene que hacer uso el Juez, tales como los testigos y peritos que han sido propuestos y han comparecido en el procedimiento (parágrafo 245.1 C.Pr.P.).

Los restantes medios de prueba presentes (los testigos o peritos propuestos por la defensa o la fiscalía; los medios de prueba fácticos aportados por la defensa, como documentos y objetos de inspección ocular), tienen que ser incorporados por el Juez en el procedimiento principal sólo cuando ha sido formulada una petición de prueba (cuyo rechazo resulta dificultado por las reglas sobre desestimación de las peticiones de prueba).

---

[34] BGHT, par. 244, 3.2 StPO.

[35] «Tribunal Supremo», en NStZ 1986, p. 182.

La pretensión de dar por probado algo es completamente inadmisible, y constituye cuando menos un fundamento de rechazo, como la inaccesibilidad de los medios de prueba, y el fundamento de rechazo de la irrelevancia es válido sólo en determinado ámbito, por defecto de la conexión fáctica.

De singular importancia es aquí que la defensa y la fiscalía puedan requerir, aun en contra de la voluntad del Juez, la declaración de un perito en el procedimiento principal sobre hechos relevantes aún no probados. Los especiales fundamentos de rechazo del parágrafo 244.4 C.Pr.P. alemán, como el de la propia especialidad del Juez, no justifican el rechazo en este caso al tenor del parágrafo 245 C.Pr.P. alemán.

IV. LA RELACIÓN DEL DEBER DE INVESTIGACIÓN JUDICIAL CON EL DERECHO DE PETICIÓN DE PRUEBA

Para la defensa es realmente alarmante la transferencia legal del tratamiento de las peticiones de prueba al arbitrio judicial, conforme al parágrafo 245.5 del C.Pr.P. alemán. Cuando el rechazo de las peticiones de prueba se confiere al *arbitrio judicial,* ello significa necesariamente que el derecho de petición de prueba decae como tal, en especial ante las prescripciones contenidas en el parágrafo 244, apartados 3 y 4, y en el parágrafo 245 del C.Pr.P. alemán.

1. EL DERECHO A PLANTEAR PETICIONES DE PRUEBA

A) Ha de aclararse la cuestión de si se pueden *plantear peticiones* de prueba en absoluto. En los casos del parágrafo 244.5 C.Pr.P alemán, ha de contestarse esta cuestión claramente en sentido afirmativo, porque la Ley misma menciona tales peticiones de prueba. Pero también para los restantes procesos no debe regir otra cosa, por cuanto ello deriva de la propia situación constitucionalmente protegida del acusado, en cuanto sujeto del proceso, que sin el reconocimiento de este derecho correría el riesgo de ser degradado a mero objeto del proceso, una consecuencia que sin duda no es compatible con la proclamación por el Tribunal Constitucional de la dignidad de la persona constitucionalmente protegida (art. 1.2 de la GG).[36]

Así, tanto en la literatura como en la jurisprudencia, se ha reconocido con carácter general *también* la posibilidad de plantear peticiones de prueba en *aquellos* procesos en los que no rigen las reglas del parágrafo 244, apartados 3 a 5, del parágrafo 245 del C.Pr.P. alemán,[37] y de ello deriva también que el rechazo de dicha petición sólo puede tener lugar por virtud de una resolución judicial, conforme al parágrafo 244.6 del C.Pr.P. alemán.[38]

B) Ello nos lleva a una ulterior cuestión: ¿con qué fundamentos puede el Juez rechazar una petición de prueba allí donde no rigen las reglas de los parágrafos 245 y 244, apartados 3 a 5, del C.Pr.P. alemán? ¿cómo ha de entenderse la regla del parágrafo 244.5 C.Pr.P. alemán sobre el prudente arbitrio del Juez en el plano de la admisión de la prueba?

---

36 BVerfGE 39, pp. 156, 168.

37 K. K. PELCHEN: StPO, 3. Aufl., par. 385, Rdn. 4 (procedimientos a instancia de parte); KLEINKNECHT, MEYER-GOSSNER: StPO, 42. Aufl., par. 420, Rdn. 10 (procedimientos abreviados).

38 *Cfr.,* KLEINKNECHT, MEYER-GOSSNER: StPO, 42. Aufl., par. 384, Rdn. 14 y s.; par. 4200, Rdn. 11.

Un importante punto de vista ofrecen los preceptos sobre el ámbito de la aceptación de la prueba en los procesos a instancia de parte y en los procedimientos abreviados.

El parágrafo 384.2, respecto de los procesos a instancia de parte, y el parágrafo 420.2, respecto de los procedimientos abreviados, prescriben la validez del *principio de investigación* establecido en el parágrafo 244.2 del C.Pr.P. alemán, en mi opinión de manera puramente aclaratoria, por cuanto este principio rige en general para cada uno de los procesos regulados en la legislación procesal penal alemana, y en cada una de sus formas.

Puesto que tal máxima rige para toda actuación de búsqueda de la verdad por el Juez competente, extendiendo la aceptación de la prueba a todos los hechos y posibles medios de prueba relevantes para las decisiones, surge la siguiente cuestión: ¿cómo se compagina esta máxima del *deber de indagación* oficial con el derecho de petición de prueba?

2. LA RELEVANCIA DEL PRINCIPIO DE INVESTIGACIÓN

A) En la Alemania de la postguerra se concibió el Estado de Derecho, no como mera sumisión formal de todos los poderes del Estado a la Ley, sino como consecución del establecimiento de la Justicia material como criterio igualitario de medida para la Legislación y la Jurisprudencia en cada actuación estatal. En mi opinión, sólo es imaginable alcanzar una decisión judicial materialmente justa cuando se han constatado los hechos conforme a la verdad (relativo-objetiva) en la máxima medida que ha sido posible al órgano jurisdiccional.[39] Desde esta perspectiva, la máxima de la investigación oficial alcanza una fundamental relevancia constitucionalmente para el proceso penal conjunto.

Por ello, es comprensible la opinión, durante largo tiempo dominante en Alemania, según la cual «no el derecho de los sujetos del proceso a plantear la petición de prueba, sino el deber del Juez de explicar de oficio todos los hechos relevantes para la resolución judicial, es el principio dominante del derecho de prueba en el ordenamiento procesal penal, y con ello en el proceso penal conjunto: tal deber representa el superior punto de vista bajo el cual se puede alcanzar una imagen precisa del derecho de prueba de los sujetos del proceso».[40]

El derecho de defensa y acusación a plantear peticiones de la prueba se establecen como una mera concreción de la máxima de la indagación de las pruebas que corresponden de oficio al Juez, y sólo puede ser comprendido como el derecho a exigir que el Juez realmente atienda el cumplimiento de su deber de búsqueda de la verdad.

B) Esta opinión, que considero sigue siendo acertada, configura un deber general a la búsqueda de la verdad que requiere la admisión de la prueba, conforme al parágrafo 244.2 del C.Pr.P. alemán, «de oficio sobre todos los hechos y medios de prueba que son relevantes para la resolución». La opinión contraria consideraría que el Juez viene también obligado a la práctica de la prueba sobre los hechos que carecen de relevancia sobre la concreta decisión.

---

[39] *Vid.*, sobre la problemática de la consecución de la verdad, mi Informe al 60. *Deutschen Juristentag,* 1994, Gutachten C., pp. 23 y ss.

[40] ALSBERG, NÜSE, MEYER: *Der Beweisantrag im Strafprozess,* 5. Aufl., pp. 19 y s.; ENGELS: *Die Aufklärungspflicht nach par.* 244, Abs. 2, StPO, Diss. Bonn, 1979.

a) Se ha objetado recientemente que, en la práctica, el derecho de petición de la prueba es independiente del principio de la investigación de oficio, y que la petición de prueba podría obligar al Juez a ampliar su investigación de los hechos en un ámbito más amplio que el descrito en el parágrafo 244.2 del C.Pr.P. alemán.

La opinión por mí mantenida pasa por alto que la relevancia de un hecho necesariamente presupone una anticipación de la prueba, la cual puede ser distinta para los diferentes sujetos del proceso: con auxilio del derecho de petición de la prueba, la fiscalía y la defensa podrían determinar su opinión sobre la relevancia para la decisión de los hechos sometidos a prueba y de los respectivos medios de prueba, frente a la propia opinión del Juez. A mí esto no me parece en todo caso determinante.

Los Jueces de casación han de revisar el rechazo de las peticiones de prueba según el criterio del deber de investigación judicial, pero no sobre la relevancia para la resolución apreciada desde el punto de vista de cada solicitante. El Juez de instrucción sólo puede hacer uso de un medio de prueba disponible cuando el mismo era para él «conocido o reconocible y alcanzable», instándose la práctica de la prueba por cuanto la misma «podría conducir a la verificación de un hecho relevante».[41]

El deber de investigación judicial resulta lesionado cuando el Juez, según su impresión e hipotética consideración, pasó por alto al menos la evidencia de la práctica de la prueba o la relevancia del proceso. Con la petición de prueba, al menos se ha sugerido al Juez una práctica de prueba, ejerciéndose la pretensión de que el Juez atienda al cumplimiento de su deber de investigación.

El Juez de casación, respecto de la relevancia del medio de prueba para la resolución, se limita a verificar si el Juez de instrucción ha observado o no el correcto cumplimiento de su deber de investigación. El Juez no entra en la prognosis de cada solicitante acerca de la insuficiencia o relevancia de los medios de prueba: no es posible, en relación a la necesaria prognosis del denominado «derecho formal a la petición de prueba», comprobar una actividad que va más allá del deber de investigación judicial. Los fundamentos de rechazo de la petición de prueba, contemplados en el parágrafo 244, apartados 3 a 5, del C.Pr.P. alemán, han de considerarse como regulación de aquellos casos en que el principio de la investigación judicial no exige una admisión de prueba.

b) Si por el contrario se siguiera la concepción aquí rechazada, habría que llegar a la conclusión de considerar el rechazo de la petición de prueba como una facultad del *arbitrio judicial,* que nos remontaría a tiempos históricos de dominio autoritario en buena hora superados.

En 1950 se ha introducido en la legislación alemana la exigencia de que el ejercicio del *arbitrio judicial* sea *conforme a deber,*[42] *y* deje de poder ser libre y arbitrario, lo que implica la medición de la actuación indagatoria del Juez con el deber de la completa *investigación judicial,*[43] conforme a la máxima de la investigación de oficio proclamada en el parágrafo 244.2 del C.Pr.P. alemán.

41 K. K. HERDEGEN, 3. Aufl., par. 244, Rdn. 37.
42 BGHSt 8, pp. 177, 180.
43 «Tribunal Supremo», en NStZ 1984, p. 565.

La Primera Sala de lo Penal del Tribunal Supremo, en su Sentencia de 18 de enero de 1994, sobre el *deber de investigación* establecido en el parágrafo 244.2 del C.Pr.P. alemán entendió que el Juez podría rechazar una petición de prueba, consistente en la declaración de un testigo que vivía en el extranjero, estando aquí el Juez «liberado de la prohibición de la anticipación de la prueba».[44] Si esto fuera cierto, tendría que aceptarse la opinión, hasta ahora rechazada, de que el derecho de petición de prueba de hecho amplía el deber de investigación más allá del parágrafo 244.2 C.Pr.P. Alemán.

En contra de lo resuelto por la citada Sentencia de 1994, el Tribunal Supremo siempre ha reconocido la vinculatoriedad de la fundamental prohibición de la anticipación de la prueba. Con el mandato de la total investigación de la verdad, sobre todos los hechos relevantes para la resolución y con el empleo de todos los medios de prueba disponibles, no es compatible una anticipación del resultado de una práctica de prueba, como ya había resuelto en el año 1880 el Tribunal Supremo.[45] Asimismo, con razón, la doctrina había aceptado que la prohibición de la anticipación de la prueba necesariamente «deriva del irrevocable e inalterable deber del Juez de fundamentar la verdad».[46]

También la Cuarta Sala de lo Penal del Tribunal Supremo es concluyente: «el ejercicio de la discrecionalidad ha de medirse con el deber del Juez de cumplimentar la plena investigación fáctica».[47]

c) De lo expuesto se deduce que, con la transferencia de la aceptación de la prueba al arbitrio judicial conforme a deber, en el parágrafo 244.5 del C.Pr.P. alemán no es posible estimar un ampliado rechazo de la petición de prueba, que vaya más allá de lo previsto en el apartado 3 y 4 del citado parágrafo.

---

44 «Tribunal Supremo», StV 1994, pp. 229, 230; 5. Strafsenat, NStZ-RR, 1998, p. 178.

45 RGSt 1, pp. 189, 190.

46 L. R. GOLLWITZER, 24. Aufl., par. 244, Rdn. 183; H. J. HIRSCH: *Derzum Zwecke der Prozessverschleppung gestellte Beweisantrag und seine strafprozessuale Behandlung*, 1996, p. 39.

47 «Tribunal Supremo», en NStZ 1984, p. 565.

CAPÍTULO IX

LA PROHIBICIÓN DE PRUEBA*

I. PRUEBA Y PRUEBA ILÍCITA

1. La prueba

a) Definiciones

1 *aa)* En el procedimiento preliminar se debe «investigar» el hecho con la finalidad de saber si «se debe proceder con la acción pública» (art. 160, párr. 1, StPO) o si hay que sobreseer el procedimiento (art. 170, párr. 2, inc. 1, StPO). Lo mismo rige para el procedimiento de la sentencia: el objetivo principal del procedimiento penal es la sentencia, según el art. 260, párr. 1, StPO, cuyo objeto es la constatación judicial del «hecho indicado en la acusación» (art. 264, párr. 1, StPO) en relación con las «personas imputadas por la acción» (art. 155, párr. 1, StPO), o sea que es un hecho realizado por el hombre. Se debe entender justamente como prueba esta constatación: *probar* significa lingüísticamente nada más que «hacer saber»,[1] lo que en el procedimiento penal solamente puede referirse al hecho concreto del procedimiento. El art. 244, párr. 2 del StPO ofrece otra ayuda para la interpretación: la indagación del hecho concierne a hechos consumados; utiliza para ello determinados medios de prueba y apunta, según el concepto del tribunal, al reconocimiento de la verdad objetiva y relativa posible para el hombre.[2]

2 *bb)* Por consiguiente, se deberá entender como prueba el acontecimiento en el cual los hechos son determinados conforme a la verdad. **Las pruebas ilícitas** se caracterizan por lo tanto como «límites de la averiguación de la verdad en un proceso penal» (siguiendo las famosas palabras de Beling en el título de su trabajo aparecido en 1903).

b) La prueba como observación y valorización de los hechos

3 «La constatación» de los hechos presupone su observación, la que es posibilitada por los *objetos de prueba* (declarantes, documentos, objetos oculares)[3] denomi-

---

* Prof. Dr. EDGARDO ALBERTO DONNA. Catedrático de Derecho Penal en las Universidad Belgrano, de teoría del Delito en el Departamento de Posgrados de la Universidad de Buenos Aires, Argentina.

1 Duden, tomo 7, Etimología, guía *«be» y «weisen»*.

2 GÖSSEL, Dictamen C para 60. DJT, C 24 ff.: ver también en esta introducción núm. de margen G 42 ff.

3 GÖSSEL, art. 22 IIII.

nados no muy claramente como *medios de prueba.* La importancia de los hechos para el procedimiento penal, sin embargo, no se limita solamente en ser **observada.** El objetivo de la comprobación de los hechos en el procedimiento preliminar es decidir si se debe presentar la acción pública (art. 160, párr. 1, StPO; art. 152, párr. 2, StPO), y en el procedimiento judicial de la sentencia sirven como fundamento del fallo (art. 264, StPO) los hechos que son determinados en una valorización libre de los mismos (art. 261, StPO). En el procedimiento preparatorio, como también en el procedimiento de la sentencia, los hechos son o no juzgados estando presentes,[4] y esto teniendo en vista el objetivo aspirado: ésta es entonces, en el procedimiento indagatorio, la decisión sobre presentar o sobreseer la demanda y en el procedimiento de reconocimiento, la sentencia. La determinación de los hechos no es, por lo tanto, la mera recolección de datos, sino al mismo tiempo su valorización bajo dos aspectos: uno en cuanto a su existencia o inexistencia y, por otro lado, en cuanto a su relevancia respecto al *objetivo del procedimiento* aspirado en la etapa respectiva del procedimiento. Las palabras del art. 261 del StPO válidas para el plenario judicial permiten denominar a la determinación de los hechos relevantes al procedimiento como valorización de pruebas.

4 Si la determinación perceptiva de los hechos resulta siempre a partir de su relevancia del procedimiento y, por el contrario, su dictamen como relevante al procedimiento siempre a partir del hecho constatado, igualmente se pueden diferenciar estos procesos de **constatación y valorización de las pruebas** a pesar de estar unidos estrechamente[5] —y esto es igualmente válido para probatorios admitidos e ilícitos— tanto en el sumario como en el procedimiento de la sentencia.

c) La práctica y la utilización de la prueba

5 *aa)* La naturaleza de la determinación de los hechos, que tiene como objetivo la relevancia del procedimiento y que tiene como condición la percepción de los hechos, permite que la *observación* posibilitada por los portadores de prueba sea denominada a través de la persona del proceso penal respectiva (oficial de policía, fiscal, juez) como **presentación de prueba**, y la *valorización* en vista al objetivo anhelado durante el estado respectivo del procedimiento (acusación o sobreseimiento, fallo) como **aprovechamiento de prueba**.

6 A la **valorización de los medios de prueba** como auténtica (ver arriba núm. 3), por ejemplo la de un testigo o de un documento, no debería corresponder *ningún significado independiente:* si se valora el medio de prueba como no confiable (el testigo como no creíble, el documento como falsificado) el hecho declarado como existente por aquel medio de prueba es valorado entonces como no existente o como dudoso. Recién entonces la valorización de prueba decide si y de qué manera, los hechos que forman el objeto de la valorización de pruebas conforman las determinaciones reales para los fundamentos de la sentencia (como —así— existente, ni —así— sólo posiblemente, existente no excluyente).

7 *bb)* En conjunto, se debe entender entonces a la **prohibición de aprovechamiento de prueba** en cuanto al contenido, como una prohibición de convertir ciertos hechos en objeto de la *valorización de prueba.* Según las explicaciones en el núm. de margen 3 **puede concretarse** respecto a esta prohibición, convertir ciertos hechos

[4] Gössel, art. 22 III 2.

[5] Así acertadamente Bertram Schmitt, 394.

o circunstancias en el **fundamento fáctico de resoluciones** de las autoridades de la persecución penal: en el procedimiento preparatorio la decisión sobre la formulación de la acusación o el sobreseimiento, en el procedimiento de la sentencia el pronunciamiento.

d) Extensión de la prueba

8 *aa)* **El interrogatorio de los acusados como objeto de averiguación (ilícita) de los hechos**. El procedimiento de la probatoria se realiza tanto en el procedimiento preliminar como también en la etapa del procedimiento principal en el marco de la práctica de las pruebas, a través de la utilización de **objetos de prueba** *personales* (testigos, peritos) y *materiales* (documentos, percepciones sensoriales) *(medios de prueba,* ver arriba, núm. de margen 3). Pero aparte de ello, el interrogatorio del acusado acerca de la causa forma, sin duda, una de las fuentes más importantes para la determinación de los hechos. Por cierto, la Ley diferencia claramente —y con razón, teniendo en cuenta la posición respecto al derecho procesal del acusado—, la práctica de las pruebas en el procedimiento de la sentencia en el art. 244, párr. 1 del StPO del interrogatorio del acusado, y esto debe valer para el procedimiento preparatorio con respecto a los arts. 136, 136 a StPO. Igualmente, el interrogatorio del acusado acerca de la causa sirve también para la determinación decisiva del hecho (formulación de la acusación; sentencia): no pertenece formalmente pero sí materialmente al procedimiento de «probar», aunque como una parte independiente[6] respecto a la práctica de las pruebas en el sentido del art. 244, párr. 1, StPO. Consecuentemente, deben reconocerse también a las **pruebas ilícitas** en cuanto al interrogatorio del acusado, como **determinación ilícita de los hechos por interrogación del acusado**.

9 *bb)* **Modo de prueba**. La determinación de las circunstancias en el procedimiento penal no se limita solamente a los hechos que se refieren a la culpa y al castigo. La indagación de los hechos a determinar en **el procedimiento de cualquier medio de prueba**, para la existencia del presupuesto procesal o de impedimentos procesales, o respecto a las condiciones de actos procesales particulares o de otros hechos relevantes para el desarrollo del procedimiento, está limitado fundamentalmente por las pruebas prohibidas, tanto como las determinaciones en el procedimiento de limitación de pruebas[7] Los hechos para la incapacidad procesal, por supuesto, no deberán igualmente ser indagados a través de violencia corporal, como tampoco se debe conducir a testigos o acusados a que nombren direcciones de otros testigos, utilizando la tortura. Sin embargo, no requieren ninguna validez aquellas pruebas ilícitas que, como por ejemplo en el art. 256, StPO, solamente afectan al procedimiento de la limitación de las pruebas admisibles por la ley, y de cuya aplicación se encuentra liberado el procedimiento de cualquier medio de prueba.

2. PRUEBAS ILÍCITAS COMO LIMITACIONES DE LA PROBATORIA

a) Axioma

10 Que la búsqueda de la verdad en el proceso tenga limitaciones, corresponde a la segura, concisa y ampliamente reconocida teoría formulada por el Tribunal Supremo Federal: «No es... ningún axioma de la Ley Procesal Penal que se debe averiguar

---

[6] Compare aclaraciones al art. 244 StPO, 10 con otras comprobaciones; ver en esta introducción también núm. de margen G 55, I 85 y ss.

[7] KMR-PAULUS, arts. 244-502.

la verdad a cualquier precio»,[8] teniendo especialmente en cuenta «que el objetivo de aclarar y de castigar hechos penales es de una extremada importancia, pero no siempre y bajo todas las circunstancias es y puede ser el interés primordial del Estado».[9]

b) Límites jurídicos

11 En el mismo **StPO**, existen reglamentaciones que imponen limitaciones: así las prohibiciones expresas de la constatación, por ejemplo en los arts. 136 a y 252 StPO, pero también aquella reglamentación que une la averiguación de los hechos a modos determinados (como arts. 106 y 107 StPO en caso de registro) o a *presupuestos de contenido* (p. ej. arts. 81a, 253 StPO) y que declara como inadmisible una determinación de los hechos que se desvía o que no observa las reglas legales respectivas.[10]

12 Normas legales **fuera del StPO** pueden limitar también la determinación de los hechos: así, por ejemplo, la obligación de reserva en el derecho funcionarial para salvaguardar intereses superiores del Estado según arts. 61, 62 BBG, art. 39 BRRG, junto con los arts. 54, 96 StPO, y luego la obligación de reserva para los jueces con respecto a los actos de la consulta y votación de la sentencia. Pero, ante todo, se limita la determinación de los hechos por fundamentales **máximas propias de un Estado de Derecho.** Si ciertos hechos solamente pueden ser indagados bajo intervenciones en, por ejemplo, los derechos individuales, entonces la indagación de los hechos se encuentra unida regularmente a la existencia de poderes de intervención respectivos.[11] Asimismo, la averiguación de la verdad se encuentra sujeta a los preceptos de la justicia, que prohíben emprender la investigación de la verdad por medios no razonables para el acusado u otros participantes del proceso o afectados a éste, especialmente testigos, que lesionan el principio de la proporcionalidad, contravienen a los derechos humanos u otros derechos constitucionales y que no son aptos para encontrar la verdad y que van en contra a los intereses públicos.

c) Extensión

13 Con ello, la investigación de los hechos está limitada[12] de igual manera en todas las etapas del procedimiento penal y no solamente en los párrafos nombrados hasta ahora expresamente del procedimiento de indagación y de sentencia: esto ya se demuestra en la inequívoca hasta aquí disposición del art. 136 a, párr. 1, StPO.

d) Clasificación

14 Las normas que limitan la búsqueda de la verdad son designadas también como pruebas ilícitas como ya fue mencionado arriba en el núm. de margen 2. Ellas

---

[8] BGHSt 14, 358, 365; parecido BGH NJW 1978, 1425, 1426: «El procedimiento penal no persigue a toda costa el castigo apropiado de los culpables», ver también la resolución BGHSt 17, 337, 348, en la que de los artículos 52, 53, 55 StPO se deduce del «principio evidente para un Estado de Derecho», «que la obligación de testificar y la exigencia de pena estatal no deben imponerse desconsideradamente y a toda costa.

[9] BGHSt 19, 325, 329.

[10] GOSSEL, NJW 1981, 2217; otra opinión RENGIER 283, quien quiere excluir del ámbito de las prohibiciones de prueba tales disposiciones como las denominadas reglamentaciones del procedimiento de prueba —ver abajo núm. de margen 128—; pero en acuerdo a lo aquí presentado GRÜNWALD (derecho de prueba) 143.

[11] Compare por ejemplo PERSCHKE 25 y ss., 32.

[12] ROGALL, ZStW 91 (1979) 1, 8.

pueden ser, según la opinión ampliamente reconocida actualmente (para la crítica ver abajo núms. de margen 112, 147 ff.), por un lado sólo **prohibiciones de práctica de pruebas o sólo prohibiciones de aprovechamiento de pruebas** (ver arriba, núm. de margen 5) pero también, por otro lado, prohibiciones de práctica y de aprovechamiento de prueba *simultáneas* en vista de la estrecha comunicación de los cursos de observación y valorización (ver arriba, núm. de margen 4). Pero la pregunta sobre en qué casos existe una prohibición de valorización, indiscutiblemente se encuentra en primer plano.

15 En algunos casos, la **ley** misma responde a esta cuestión. Así, la Constitución permite el denominado «Gran Ataque de Escucha», acerca de la finalidad mencionada en el art. 13, párr. 5, inciso 1GG, de protección de las «personas ocupadas en una vivienda durante un operativo policial», pero prohíbe expresamente bajo determinadas circunstancias en el art. 13, párr. 5, inciso 2GG, la utilización de los conocimientos conseguidos con ello para ninguna otra finalidad que la mencionada en el inciso 1. Asimismo, la reglamentación general del Gran Ataque de Escucha en el art. 100 d, StPO establece en el párr. 3, inciso 3, una amplia prohibición del aprovechamiento de pruebas en los casos de los «arts. 52, 53, párr. 1, núms. 3, 3 a, 3 b, y art. 53 a, StPO». En forma similar, la StPO permite la investigación de otras personas que los inculpados en el art. 81c, StPO, pero limita expresamente la utilización de los conocimientos conseguidos con ello a través de la prohibición establecida en el párr. 3, inciso 5 de esta reglamentación, como en forma semejante también en el art. 98, párr. 3, inciso 3 StPO en la compensación de datos, en la escucha telefónica en el art. 100, párr. 5, StPO y en la utilización del investigador encubierto en el art. 110 e, StPO. Además, debe mencionarse aquí la prohibición del aprovechamiento de declaraciones que fueron logradas por métodos interrogatorios prohibidos en el art. 136 a, párrs. 1 y 2 StPO. Para el interrogatorio de los inculpados por el juez, ello fue dispuesto en el art. 136, párr. 3, StPO y lo mismo rige para el interrogatorio de los inculpados por el fiscal y la policía en el art. 163 a, párr. 3, inciso 2; párr. 4, inciso 2, StPO, pero también para el interrogatorio de testigos y peritos (art. 69, párr. 3, StPO; art. 72 StPO para el interrogatorio por el juez y —en el art. 161 a, párr. 1, StPO— por el fiscal y en el art. 163, párr. 5, StPO para el interrogatorio policial). Pero la prohibición de la lectura no pertenece a estas reglamentaciones;[13] las consecuencias de una violación de esta reglamentación no fueron reglamentadas por la ley;[14] para más detalles, ver las notas explicativas de las reglamentaciones mencionadas. También fuera del StPO fue ordenada una **prohibición de aprovechamiento de pruebas** (legalmente elemental) en casos aislados, así en cuanto a registros a punto de extinguir en el art. 51, párr. 1, BZRG y de los hechos o medios de prueba que no se refieren a hechos delictivos impositivos dados a conocer a través de actas de impuestos por declaraciones de contribuyentes (art. 393, párr. 2 AO[15]), así como, finalmente, según los arts. 1, 7, párr. 3 G 10, respecto a los hechos allí designados más específicamente que fueron averiguados por el servicio secreto. 16 Por lo demás, esta cuestión de ciencia y práctica se discute por completo de forma controvertida y se transformó mientras tanto en objeto de una cantidad de decisiones como también tomas de posición publicadas en la literatura, aunque no tuvo hasta ahora una respuesta convincente para todos. De todos modos, se debe resaltar como positivo el hecho de que la ciencia y la práctica llevan

---

13 A. A. KLEINKNECHT/MEYER-GOSSNER 43, Intr. 55.
14 Exacto BGHSt 2 99, 101 ff.
15 Compare LK-SCHÄFER, FS-DÜNNEBIER 22 y s.

en este terreno un diálogo extraordinariamente fructífero. La estrecha unión natural de la problemática en los casos concretos de derecho hace parecer lógico, presentar primeramente sólo las pruebas ilícitas y su manejo en la jurisprudencia en un párrafo aparte (abajo, núm. de margen 17 ff.), pero reservar su crítica en la literatura y los conceptos y teorías allí desarrollados en un párrafo especial a continuación (abajo 113 ff.).

II. LAS PRUEBAS ILÍCITAS EN LA JURISPRUDENCIA

1. BASES Y REGLAS FUNDAMENTALES

a) Teoría de la función

17 Si existe una prohibición de aprovechamiento, lo dictaminó desde siempre la jurisprudencia en estrecha conexión con la posibilidad de revisar violaciones de procedimiento (**teoría de la función**[16]), o sea, contrariamente a importantes voces en la literatura, si en una violación a una reglamentación de la obtención de hechos (prohibición de práctica de pruebas), se puede divisar una violación de la ley en la cual se basa la sentencia, que haga admisible una censura de la revisión.[17] Si esto es afirmativo, existe según la jurisprudencia una **prohibición de aprovechamiento de pruebas**.

18 Como resultado del art. 337, StPO la jurisprudencia indaga primero la presencia de una **violación de la ley**, generalmente durante la *práctica* de las pruebas. La reglamentación legal que es violada, es comprendida al mismo tiempo como una prohibición de práctica de pruebas (ver arriba núm. 14), como también la ausencia de una reglamentación legal como **fundamento de poder** para una eventualmente necesaria privación de los derechos individuales indispensables para una práctica de pruebas.[18] Recién cuando se confirma una violación de práctica de pruebas, la jurisprudencia investiga la siguiente cuestión: si a la violación de esta **prohibición de práctica de pruebas, hay que agregar una prohibición de aprovechamiento de pruebas** —con ello, por lo general, se plantea verdaderamente la cuestión de fundamentación— en el sentido del art. 337, StPO.[19]

b) Teoría de la circunscripción legal

19 aa) De una manera muy amplia, el Tribunal Imperial ha confirmado en una resolución del año 1922 una revisible violación del procedimiento. Fue un caso en que a un médico el tribunal le negó injustamente el reclamado derecho de la negativa a testificar para guardar el secreto profesional según el art. 53, StPO (= art. 52 a.F). El Tribunal Imperial percibió en ello una infracción al art. 52 a.F StPO, en el que se basó también la sentencia.[20] Pero para argumentar a la revisibilidad, el

---

[16] Compare GÖSSEL, GA 1991, 486; acerca de la opinión contraria en la literatura ver abajo núm. de margen 113 y ss.

[17] Compare p. ej., BGHSt 36, 217, 220; 40 336, 339; esta opinión es compartida en la literatura, p. ej., por ALSBERG/NÜSE/MEYER 478; RENGIER 291, SIDOW 70 y ss.; HAFFKE 75 y s.; HERDEGEN (observaciones) 116; otra opinión KMR-PAULUS, arts. 244, 501; DALAKOURAS 110, con otras documentaciones; DENCKER (prohibiciones de aprovechamiento) 19; PERES 22; S. SCHRÖDER 40; ROGALL, ZStW 91 (1979) 1; detalles acerca de estas opiniones ver abajo núms. de margen 141, 154 y ss.

[18] Por ejemplo BayObIG NZV 1997 276, 277; NJW 1997 3454; KG NJW 1997 2894, 2896; compare también OLG Frankfurt NJW 1995 2570, 2571.

[19] Compare p. ej., BGHSt 40 336, 339.

[20] RGSt 57 63, 65, 67.

Tribunal Imperial no se conformó con una infracción contra la norma de procedimiento para guardar el secreto profesional, sino que se centró determinantemente en que el acusado tuviera «el derecho de exigir que se proceda contra él conforme a la Ley Procesal.»[21] En la literatura, se concluyó de ello que «por lo tanto» podrían «todos los participantes del proceso basar la revisión... en infracciones del Tribunal mientras resultaran para su desventaja»[22] —por consiguiente, cada prohibición de prueba— representaría una prohibición de aprovechamiento de prueba y una violación de la prohibición de práctica de pruebas fundamentaría sin excepción la revisión,[23] y esto como un motivo absoluto y tácito de la revisión aun cuando la sentencia en absoluto se basara en esta violación.

20 Sin embargo, no parece compatible ni con el tenor literal ni con el sentido de los arts. 337, 338 StPO,[24] y además debe considerarse que existen disposiciones sobre la averiguación de las circunstancias que no atienden a la salvaguardia del acusado sino a otros intereses como, por ejemplo, en el art. 81 d, StPO (aclaraciones a 81 d, StPO), pero también —por lo menos en la mayoría de las opiniones— en los casos de los arts. 54, 55 StPO, (ver aclaraciones a 54, 55 StPO[25]). Pero si se toma la infracción a una prohibición de la formulación como revisible, se debería además apreciar que el Tribunal Imperial, para la confirmación de la violación de la ley, se hubiese podido conformar con la negación del juez del hecho de otorgar al testigo el reclamado derecho a la negativa a testificar. Pero no hizo precisamente ello, sino más bien recién luego de haber visto en la infracción contra el art. 53, StPO al mismo tiempo *una violación del derecho procesal del acusado* y en tanto también afirmó la revisibilidad: la simple infracción contra la prohibición de la práctica de las pruebas del actual art. 53, StPO fue calificado entonces, luego de una confirmación adicional de la violación de los derechos del acusado, como una **prohibición de aprovechamiento de prueba**. Igualmente, parece completamente comprensible la consecuencia surgida mencionada en la literatura, teniendo en cuenta la desmesurada amplitud de la característica pedida adicionalmente para la revisibilidad.

21 *bb)* En la decisión RGSt **57** debería verse una precursora de la llamada **Teoría del Ámbito Jurídico**, que el **Tribunal Federal** había desarrollado para el dictamen de violaciones a la obligación de instrucción, por un lado sobre un derecho existente de negación a testificar (art. 52, párr. 3, inciso 1, StPO) y por otro lado sobre un derecho existente, según art. 55, párr. 1, StPO, de negativa a declarar (art. 55, párr. 2, StPO). Con la esencial **afectación del ámbito jurídico** como **condición** indispensable para la censura de una violación de la ley según art. 337, StPO, se ha elaborado en general una característica para la limitación de la revisión: Las violaciones de meras reglamentaciones y de normas que no afectan en lo esencial al «ámbito legal del recurrente» o que «tengan para él una menor o ninguna importancia», no pueden ser fundamentadas por la revisión.[26]

---

21 RGSt 57 63, 64.

22 ALSBERG/NÜSE, 2ª edición, 205; Eb. SCHMIDT, apéndice II, arts. 55, 14.

23 Así BEHLING JW 1924 1721 y aún hoy p. ej., BERNSMANN StV 1998 73 y s.; compare además la documentación en RENGIER 290, núm. de pie 62; contraria con razón la opinión dominante p. ej., BGHSt 19 325, 331; LR-K. SCHÄFER, intr. 14 13; KK-PFEIFFER, intr. 120; KLEINKNECHT/MEYER/GOSSNER, intr. 55; ROXIN, arts. 24, 19; RANFT 1582; ALSBERG/NÜSE/MEYER 477; DENCKER 14; GRÜNWALD (derecho de prueba) 155; HERDEGEN (observaciones) 115.

24 Como aquí también AK-KÜHNE, ante arts. 48, 52; HAFFKE, GA 1973 78.

25 Compare además art. 54, 28; art. 55, 2; KLEINKNECHT/MEYER/GOSSNER, art. 54, 32 y art. 55, 17.

26 BGHSt 11 213, 215.

22 Esta decisión parece (sólo **momentáneamente**) el punto final de aquella jurisprudencia por la que «la utilización de un medio de prueba en general admisible bajo infracción a las reglamentaciones legales no está prohibida», en la que además hay que considerar el posible gravamen del acusado por la infracción respectiva.[27] Con la esencial «afectación del ámbito jurídico» se menciona aquí un criterio que conduce a adjuntar una prohibición de la práctica de pruebas a una prohibición de aprovechamiento de pruebas —con lo que, al mismo tiempo—, se admite expresamente que, a las infracciones contra las reglamentaciones sobre la práctica de la pruebas, no se deben agregar sin excepción prohibiciones de aprovechamiento.[28]

23 En conjunto, según la jurisprudencia, podemos hasta el momento diferenciar con ello **tres criterios decisivos** sobre la presencia de una **prohibición de aprovechamiento de pruebas**: por un lado, deben ser introducidos en el procedimiento los hechos (la circunstancia) bajo *infracción* de una ley en el sentido del art. 337, StPO, por otro lado debe el recurrente tener la autorización para la *censura* de esta infracción a la ley a causa de una afectación esencial de su ámbito legal y por último la *sentencia* debe *fundarse* en la infracción a la ley censurable.

24 *cc)* En otra **exposición** de la jurisprudencia para la doctrina de la prueba ilícita, el Tribunal Federal ha recurrido, mientras tanto, al carácter de la **afectación del ámbito legal** sólo para la dictaminación de la revisibilidad de infracciones contra las obligaciones de instrucción según los arts. 52, 55 y 243, párr. 4, inciso 1, StPO, pero por lo demás solo lo centró en **otros criterios**, como por ejemplo, la gravedad de la violación del procedimiento respectiva y la efectividad de la protección de la ley violada (más detalles abajo p. ej., núm. 36 f, 46, 51 f, 72 ff.).[29]

c) Teoría de la ponderabilidad

25 *aa)* En decisiones de los años 1990 hasta 1996, el Tribunal Federal ha concretado su jurisprudencia hacia los **criterios** decisivos con referencia a la presencia de una **prohibición de aprovechamiento**. «No todas las prohibiciones de practicar una prueba» tienen sin más «como consecuencia una prohibición de aprovechamiento de prueba. Más bien, se debe tomar la decisión en pro o en contra de una prohibición de aprovechamiento basándose en una amplia ponderación, en la que el peso de la violación del procedimiento, como también su significado para el ámbito legalmente protegido del interesado, sean igualmente importantes, como la consideración de que la verdad no debe ser averiguada a todo precio» —y «una prohibición de aprovechamiento siempre es evidente— cuando la reglamentación procesal violada esté destinada a asegurar los fundamentos de la posición legal de procedimiento del acusado durante el proceso penal».[30] Por otro lado, no existe una prohibición de aprovechamiento si la reglamentación del procedimiento violada «no atiende *a priori* a la protección del acusado».[31] Fuera de ello, puede

---

[27] BGH en DALLINGER MDR 1953 146, 147 y s. para la negación de una prohibición de aprovechamiento, en caso de una investigación de personas diferentes al acusado, que violan las reglamentaciones del art. 81c, párr. 1, StPO.

[28] Compare BGHSt 11 213, 218.

[29] No obstante HERDEGEN (Observaciones) 119 en estos otros criterios solamente encuentra una continuación de la teoría del círculo jurídico.

[30] BGHSt 38 372 373 y s.; así también BGHSt 38 214, 220.

[31] BGHSt 38 214, 220.

deducirse asimismo una prohibición de aprovechamiento «directamente de las calificaciones jurídico-constitucionales para la protección del derecho de la personalidad»[32] como también, conforme a decisiones anteriores, generalmente «directamente de la Constitución».[33]

26 *bb)* Aparte de los criterios mencionados arriba en el núm. de margen 23, para la determinación de una prohibición de aprovechamiento de pruebas (violación de una prohibición de práctica, derecho a censura, fundamento), el Tribunal Federal desde 1990 recurre cada vez más a un criterio intentado ya en 1964[34] para la determinación de una prohibición de aprovechamiento de prueba: se deben ponderar los intereses de una administración de justicia funcional contra el peso de la violación constitucional y su importancia para los intereses individuales del acusado.[35] Aunque con ello la Teoría del Ámbito Jurídico anteriormente desarrollada (arriba núm. de margen 21 f) conserva una cierta importancia, es ésta de una naturaleza inferior en el marco de la **amplia ponderación** que decide sobre la **existencia** de una prohibición de aprovechamiento. El Tribunal Federal se distanció con ello de un derecho a censura dependiente de una afectación del ámbito jurídico como condición, o de un elemento de una prohibición de aprovechamiento.

27 Considerando estos criterios, deberán ser investigados ahora los **grupos más importantes** de prohibiciones de práctica de pruebas en vista de si la jurisprudencia les adjunta una prohibición de aprovechamiento. Con ello se demostrará que la jurisprudencia, en no pocos casos, se desvía de las reglamentaciones fundamentales instaladas por ella misma de manera casi **contradictoria**. Estas explicaciones de introducción sólo pueden ofrecer un sumario en general; la profundización de las cuestiones particulares deben ser reservadas a los comentarios respectivos de las reglamentaciones individuales.

2. Faltas a los derechos de la negación a testificar y a callar

a) Faltas a las obligaciones de la instrucción de testigos

28 *aa)* La ley prescribe semejantes instrucciones solamente en los casos del art. 52, párr. 3, inc. 1 y art. 55, párr. 2, StPO. Bajo (desarrollo y) consulta de la Teoría del Ámbito Jurídico, arriba mencionado en el núm. de margen 21, el Tribunal Federal ha declarado como inadmisible y mediante el acusado como censurable —al **faltar la instrucción**— el aprovechamiento de una declaración de un testigo autorizado según el **art. 52** StPO para la negación a declarar, pero no, por otro lado, la utilización de la declaración de un testigo con derecho a negarse a declarar según art. 55, StPO. Si «el testigo no pudiera decidirse libremente a causa de desconocimiento legal» sobre hacer uso o no de su derecho concedido por el art. 52, StPO a la negativa a testificar, el ámbito jurídico del acusado se encuentra también «directamente afectado», porque el derecho a la negación de testimonio es otorgado «no solamente por el conflicto de conciencia del testigo, sino también para la protección de la familia del acusado» y que sirve «al mismo tiempo a la indulgente consideración respecto a los lazos familiares que liguen al acusado con el testigo».[36] Como

---

32 BGHSt 38 214, 219.
33 BGHSt 31 308.
34 BGHSt 19 325, 329.
35 BGHSt 38 214, 219 y s.; 42 139, 157.
36 BGHSt 11 213, 216; confirmado por BGHSt 38 96, 99; BGH NStZ 1992 219; 1993 500, 501.

extensión del principio de que nadie debería autoincriminarse *(nemo tenetur se ipsum accusare vel prodere* —más detalles abajo en el núm. de margen 64 ff.—), el art. 55 StPO quiere, por otro lado, ahorrar «al testigo... la humillación de una autoincriminación o de una acusación de sus allegados». Por ello, el aprovechamiento de la declaración de un testigo semejante no «es totalmente imposible», sino sólo mientras sea afectado el «ámbito de la personalidad del testigo» recién señalado: «pero» a través del conflicto del testigo el ámbito jurídico del acusado «no es afectado de manera tal, que se le pueda otorgar un derecho de censura de revisión a causa de una instrucción del testigo omitida».[37]

29 Aparte de las objeciones fundamentales contra la Teoría del Círculo Legal[38] y, especialmente en vista del derecho de cada acusado a un proceso conforme a la ley, el círculo legal del acusado posiblemente se encuentre afectado por cada contravención en el procedimiento, la opinión del Tribunal Federal no parece **libre de reparos.**

30 (1) Al mismo tiempo queda sin consideración que en el art. 52, párr. 1, núms. 2 y 3 StPO se otorga el derecho a no testificar también al no existir más el lazo familiar; esto y el derecho a negación del prometido a matrimonio (párr. 1, núm.l) sugieren centrarse sólo en las relaciones personales de los **testigos** con el acusado mencionados en el art. 52 StPO y de considerar a lo sumo estos **intereses** como **protegidos.**

31 (2) Pero por lo restante el **Tribunal Federal** ha decidido de manera contradictoria en la cuestión de la utilización del protocolo del interrogatorio policial de un testigo habiendo quedado sin instrucción contrario al art. 52, párr. 3, inciso 1, StPO y que en el momento del plenario había fallecido. Luego de haber fallecido la testigo, no tendría importancia si ella hubiese aplicado su derecho de negación a testificar luego de la instrucción correspondiente. «De que en ella existía un conflicto de obligaciones y de que hubo falta contra la obligación de instrucción el acusado no puede derivarse ningún derecho», y especialmente él no puede «remitirse exitosamente» a la instrucción omitida, o sea, a censurar la infracción a la ley, porque «las disposiciones sobre las instrucciones sólo velan por la protección del Testigo».[39] No obstante el hecho de la posible continuación de los lazos familiares más allá de la muerte y en una directa contradicción a la decisión del Gran Senado Penal en BGHSt **11** 213 tomada aproximadamente 10 años atrás, un perjuicio del ámbito jurídico del acusado no es negado porque los lazos familiares no sean más dignos de protección (lo que no obstante parece consecuente, pero en vista del art. 52, párr. 1, núms. 2 y 3 StPO apenas justificable), sino simplemente porque la obligación de instrucción sirve únicamente a la defensa de los intereses del testigo y en consecuencia hay que afirmar la primacía de la «exigencia justificada del público de un esclarecimiento de los hechos punibles», en este caso, el aprovechamiento de los protocolos policiales.[40]

32 Aunque aquí se centraliza en la justificación para la censura de una violación de la ley, no lo decide la afectación del ámbito jurídico, sino un **sopeso** entre el interés (aquí en segundo término) del testigo y los intereses de la **persecución**

---

37 BGHSt 11 213, 216 y s.; así también anteriormente BGH MDR 1951 309.
38 Ver LR-K. SCHÄFER, intr. 14 22 y ss.
39 BGHSt 22 35, 38.
40 BGHSt 22 35, 37.

penal, en la que contrariamente a la decisión anterior[41] sobre el derecho de negación a testificar de los allegados, sólo se afirma una **afectación del ámbito jurídico** de los legitimados a la negación de testimonio y que niega la misma al acusado.

33 (3) Más decididamente el Tribunal Federal **niega** una **afectación del ámbito jurídico** del **acusado** en una resolución posterior, sobre la admisibilidad del aprovechamiento de la declaración de un espía puesto por la policía para vigilar a un familiar con derecho a negarse a declarar, en cuanto a comentarios de este familiar durante una conversación, o sea, **fuera** de un interrogatorio o de una **situación semejante a un interrogatorio.** Aquí se negó una prohibición de aprovechamiento únicamente porque el derecho a no testificar debía *proteger únicamente al allegado:* «sólo este conflicto de las obligaciones en la persona del testigo han motivado al legislador a hacer entrar en segundo plano el interés público en el esclarecimiento de un hecho delictivo»— y que esta contradicción con las obligaciones en el art. 52 StPO no existe en comentarios «por voluntad propia», por ejemplo, frente a «vecinos y amigos verdaderos o falsos».[42]

34 (4) Ya antes, y más allá de ello, el Tribunal Federal ha **negado** en general una **prohibición de aprovechamiento** a pesar de faltar una instrucción previa en todas las declaraciones que no fueron realizadas en una **«situación semejante a un interrogatorio»**, sino por «voluntad propia»[43] como, por ejemplo, en comentarios espontáneos y no requeridos de un niño durante una «situación inofensiva de juego», dirigidos a empleados de una clínica en la que el niño había sido hospedado como víctima de abuso sexual de su padre para «la revisión médica y el tratamiento terapéutico.[44] Pero aquí se requiere sólo una eventual **violación** de una **ley** (aquí art. 252 StPO) como **criterio** de prohibición de aprovechamiento (aquí faltante), mientras (a la inversa) se afirma una prohibición de aprovechamiento, si se interroga a un perito ocupado en un procedimiento FGG anterior como interrogador, respecto de las declaraciones del entonces testigo, que había hecho valer en la posterior vista principal su derecho a no testificar: ésta declaración fue lograda en una situación semejante a un interrogatorio.[45] Igualmente, el Tribunal Federal acepta **la falta de instrucción por el juez** sobre el derecho a no testificar[46] o investigar sólo por violar los arts. 81c, párr. 3, inciso 2,2 medio inciso StPO; art. 52, párr. 3, StPO una prohibición de utilizar el dictamen de credibilidad[47] basado en una investigación igualmente bien llevada, y la que *además*[48] se centra en la cuestión del fundamento, aunque independientemente de si el elemento fundamental representa al mismo tiempo una característica de la prohibición de aprovechamiento.

35 (5) En la cuestión sobre el aprovechamiento de una declaración de un testigo procedente de una etapa anterior del procedimiento admitido por un

---

41 BGHSt 11 213.

42 BGHSt 40 211, 214 y s; caso *Sedlmayer,* confirmado por BGH NStZ 1995 557 —una contradicción clara con BGHSt 11 213—.

43 De la misma manera BGHSt 36, 384, 389.

44 BGH NJW 1998 2762; NStZ 1992 247; para un caso parecido de manifestaciones espontáneas, pero también en cuanto a posibilidades dadas para evitar una prohibición de aprovechamiento durante la espera a un funcionario de interrogatorio pertinente compare HUBER Criminalística 1991 633.

45 BGHSt 36 384, 387.

46 BGH NStZ-RR 1996 106.

47 BGHSt 36, 217, 220; BGH NJW 1991 2432, 2433; de la misma manera BGH NJW 1998 838, 839 en cuanto al caso semejante de una instrucción ausente del representante legal de un testigo conforme art. 81c, párrafo 3, inciso 2, StPO en unión con art. 52, párrafo 2, StPO.

48 En los casos BGHSt 36 217; BGH NJW 1991 2432; NStZ 1996 275.

interrogador judicial, el Tribunal Federal pone en primer plano un criterio diferente: si el testigo utiliza recién en el plenario su derecho a no testificar, entonces hay que considerar que la prohibición fundamental de aprovechamiento del art. 252, StPO como del art. 52, StPO sirvan para ahorrar al testigo aquel conflicto que «la ley misma le quiere ahorrar mediante adjudicación del derecho a no testificar».[49] El Tribunal Federal constituyó una resolución en la que igualmente debería ser utilizada la declaración de interrogadores judiciales, pero no extrajudiciales, sobre el contenido de manifestaciones anteriores del testigo que utiliza su derecho a no declarar recién en el plenario. Esta resolución fue pronunciada en BGHSt **11** 213, antes del desarrollo fundamental de la Teoría del Ámbito Jurídico y después de un año de la decisión del BGH MDR **1951** 309, y se centra en la afectación del ámbito jurídico, con **la prioridad de los intereses de la persecución penal** por sobre los intereses de los testigos.[50] Si este concepto de BGHSt **13** 394 es confirmado, entonces hay que ver en éste una contradicción a la Teoría del Ámbito Jurídico constituida sólo aproximadamente un año y medio atrás por la Gran Sala Penal en BGHSt **11** 213, de la cual también hay un desvío formal cuando no hay una centralización de un derecho a censura de eventuales violaciones de procedimientos, sino sólo si al introducir el contenido de la declaración al plenario existiera o no una **violación de la ley**.

36 *bb)* Si un testigo hace uso de su derecho a no testificar recién en el plenario, el Tribunal Federal mantiene, sin embargo, una **amplia prohibición de aprovechamiento**, debido a una medición entre los intereses contradictorios (arriba núm. borde 35), salvo en las declaraciones en *este* plenario *antes* de validar el derecho a no testificar,[51] o sea, también en vista de los resultados de un interrogatorio judicial por un interrogador judicial o también por la simple interpelación, cuando el derecho a la presencia del acusado del art. 168 c, párr. 2, StPO no fue protegido por una **violación del derecho a información** del art. 168 c, párr. 5, inciso 1, StPO; sin embargo, esta prohibición de aprovechamiento no es ilimitada, sino solamente al existir una expresa **oposición** al aprovechamiento de la declaración por el defensor[52] o por el acusado no defendido luego de haberlo instruido de su derecho de oposición.

37 No podemos encontrar sobre esta resolución en particular expresas explicaciones en lo referente a una supuesta afectación del ámbito jurídico del acusado; la prohibición de aprovechamiento se deriva decisivamente de lo que de otro modo «se convertiría en lo contrario la aumentada protección de derecho a presencia del acusado otorgado por la legislación».[53] Pero con ello es puesto en primer plano — bajo requerimiento de las características para la determinación de una prohibición de aprovechamiento— el **efecto de protección** premeditado por la legislación, *conjuntamente* con la *oposición* faltante y con ello posiblemente el criterio de fundamento, aunque se podría ver en ello un caso especial de afectación del ámbito jurídico. Como en el caso ya mencionado del interrogatorio de interrogadores, hay una discrepancia en cuanto a la teoría del ámbito jurídico desarrollada en BGHSt **11** 213,

---

49 BGHSt 13 394, 396 en unión con BGHSt 2 99.
50 BGHSt 2 99, 105.
51 BGHSt 2 99, 106 y s.; en virtud de la resolución del 5° Senado Penal (interpelación del I° Senado Penal), esto también debe regir para los testigos con derecho a negarse a declarar (BGH NStZ 1998 46); otra opinión p. ej., RENGIER NStZ 1998 48.
52 BGHSt 26 332, 333; 31 140, 144; 42 15, 22.
53 BGHSt 26 332, 334.

cuando la prohibición de aprovechamiento **no** es supeditada a una eventual **autorización a censura** de la violación del procedimiento.

38 Si en el caso mencionado anteriormente el criterio de fundamento se consideraba independiente de la presencia de una prohibición de aprovechamiento, la jurisprudencia ha considerado expresamente, en otros casos de esta índole, **fundamentar** la sentencia en la violación de la obligación de instrucción (o sea, contra disposiciones sobre la indagación de los hechos y con ello en contra de una prohibición de práctica) como una **característica de una prohibición de aprovechamiento**. Una «prohibición de aprovechamiento... es improcedente» excepcionalmente «cuando... un testigo no informado de su derecho a no testificar contrariamente a la ley procesal, conocía dicho derecho y no lo hubiese utilizado aunque hubiera sido informado según la ley».[54] Tampoco aquí se ahonda en detalles respecto de una supuesta afectación importante del ámbito jurídico como criterio de una prohibición de aprovechamiento, ni de una autorización a censura o a un efecto de protección para el acusado proveniente de una disposición violada: la prohibición de aprovechamiento es improcedente porque la sentencia en casos de esta índole **no puede fundamentarse** en la instrucción no realizada.[55]

b) Determinaciones de los hechos bajo violación del derecho de testigos a no declarar sin obligación de instrucción

39 *aa)* Los **legitimados para el derecho** a no testificar según el art. **53, 53 a** StPO por causas profesionales no son *obligados,* siguiendo el texto de la ley, a hacer uso de su derecho a no testificar. Por eso «no puede ser lesionado el derecho del procedimiento» si el testigo declara bajo renuncia a su derecho a no declarar, aunque no fuera liberado (art. 53, párr. 2, StPO) de la obligación a silencio protegida por la justicia penal (art. 203, StGB):[56] aquí ya excluye el texto de la ley una violación de la ley y por consiguiente una prohibición de aprovechamiento.

40 Pero si el tribunal menoscaba, a través de una instrucción incorrecta o hasta de una decisión incorrecta sobre la supuesta **no existencia** de un derecho a no testificar, la libertad de decisión de un testigo, entonces el Tribunal Federal **afirma** una prohibición de aprovechamiento centrándose en tres criterios: primero, bajo intercambio de las afectaciones importantes del ámbito jurídico en contra de la característica general de la violación de un *derecho* a «un procedimiento conforme a la ley procesal»; segundo, como fue mencionado anteriormente (por ejemplo, núm. margen 21), en el *derecho a la censura* de la violación del procedimiento;[57] y finalmente, en la mera *violación de la ley* (contra el art. 53, párr. 1, inciso 3, StPO,[58] ver arriba núm. margen 39), especialmente en la violación en contra de la prohibición de secuestro según art. 53, párr. 1, núm. 3, StPO, teniendo presente al médico con derecho a testificar según art. 97, párr. 1, núm. 2, StPO.[59]

---

54 BGHSt 40 336, 339.
55 BGHSt 40 336, 339; BGH NJW 1986 2121, 2122; NStZ StPO art. 52, núms. 13, 16; NStZ 1989 484; 1990 549, 559.
56 BGHSt 15 200, 202; 18 146, 147 y s.; acerca de la cuestión de una eventual prohibición de prueba material-jurídica en estos casos ver aclaraciones para arts. 53, 53 a StPO.
57 BGHSt 33 148, 154.
58 BGHSt 42 73.
59 BGHSt 43 300, 303.

41 Si es declarada la **liberación** del silencio profesional **para interrogatorios anteriores** pero **retractada más tarde** a consecuencia de que un médico utiliza en el plenario su derecho a no testificar, entonces no se deriva del art. 252, StPO ninguna prohibición de aprovechamiento para la presentación del contenido de interrogatorios anteriores realizados por un interrogador judicial porque, por la desvinculación anterior de la obligación a silencio, no existía ningún derecho a no testificar y que no existe «ninguna situación forzosa que lleve a una prohibición de aprovechamiento a la que debe ejercer en contra la prohibición del art. 252, StPO»[60] —aquí entonces se centra de otro modo en el **objetivo de la ley** como característica de la prohibición de aprovechamiento—.

42 *bb)* Del mismo modo el Tribunal Federal niega una prohibición de aprovechamiento centrándose en el **objetivo de la ley**, antes del desarrollo de la teoría del ámbito jurídico, si un testigo es interrogado contrariamente al art. **54**, StPO sin la autorización requerida: el art. 54, StPO «no está destinado para la protección del acusado» y por eso la revisión no podría fundamentar la violación de esta reglamentación.[61]

c) Violaciones en contra de la obligación a instruir al acusado de su derecho a callar

43 *aa)* El desarrollo y el **estado** actual de la jurisprudencia respecto de las consecuencias de violaciones en contra de esta obligación permiten interpretarse como un caso de aplicación de la **teoría del ámbito jurídico**. Desde siempre, el Tribunal Federal se ha centrado en la importancia de la obligación de la instrucción legal para el acusado, pero ha calificado esta importancia de diferentes maneras y le ha adjudicado finalmente una dimensión jurídica constitucional. Por su conexión de hechos apenas separables (violación del derecho a callar y de la obligación de instrucción en el procedimiento), esta problemática ya se trata en este lugar; por lo demás, para la importancia del derecho constitucional de la problemática de la prueba véase abajo núm. de margen 60 ff.

44 *bb)* Todavía en el año 1973, el Tribunal Federal supuso que una violación de la obligación judicial de instrucción del art. **243, párr. 4, inciso 1**, StPO no podría fundamentar la revisión.[62] Sólo un año más tarde, no obstante, al seguir desarrollando la **teoría del ámbito jurídico** (arriba núm. de margen 21 f), ha abandonado primero la doctrina de la existencia de violaciones de reglamentaciones sin consecuencias bajo influencia de la crítica ejercida por HANAK[63] y, al mismo tiempo, dado nuevo significado bajo dos aspectos a la importancia de una violación de la obligación de instrucción del art. 243, párr. 4, inciso 1, StPO: una vez bajo la **finalidad del procedimiento** de esta reglamentación pero por otro lado —y ahora concordando con la teoría del ámbito jurídico— bajo la influencia «de la condición jurídica de acusado» y finalmente con ello bajo referencia de la idea del fundamento.[64] Porque el art. 243, párr. 4, inciso 1, StPO, por un «eventual perjuicio» del acusado «a causa del desconocimiento», quiere prevenir que éste no pueda defenderse callándose e incriminarse a sí mismo; el derecho del acusado es carente de un proceso justo y de

[60] BGHSt 18 146, 150; confirmado por BGHSt 38 369, 371.
[61] BGH NJW 1952 151, 152.
[62] Compare la documentación en BGHSt 25 325, 328.
[63] JZ 1971 168, 169 y s.
[64] BGHSt 25 325, 329, 331.

la defensa de un procedimiento propio de un Estado de Derecho, cuando éste, al desconocer su derecho a no testificar, no fuese instruido judicialmente sobre la existencia del mismo.

45 Pero su condición jurídica **no** se encuentra **afectada**, cuando él «de todos modos conoce sus posibilidades de defensa o cuando para él no tiene importancia la elección entre declarar o callarse, porque él desea defenderse declarando respecto a la causa».[65] Según ello, sólo se puede confirmar una violación de los derechos del acusado, si el fin del precepto de instrucción es frustrado —y no es el caso cuando «el acusado, a quien atendía un defensor, estaba enterado de sus posibilidades de defensa y ya había hecho su elección antes del plenario»—, así como tampoco cuando el acusado, no en el procedimiento del recurso de apelación pero sí en primera instancia, «fue debidamente instruido (y calló respecto a la causa)».[66] Si existiese una violación de los derechos según estos principios, ésta podría ser censurada también con la revisión, pero sólo exitosamente mientras «la sentencia se base en la violación de la ley».[67]

46 *ce)* No obstante, recién en el año 1992, el Tribunal Federal, contrariamente a su jurisprudencia anterior[68] a presentación del OLG Celle,[69] en el procedimiento preliminar del art. **136, párr. 1, inciso 2**, StPO le adjudicó a la obligación de instrucción esencialmente el mismo objetivo, como a la misma mencionada anteriormente, en el art. 243, párr. 4, inciso 1, StPO.[70] Si la violación de una ordenanza de procedimiento lleva a una prohibición de aprovechamiento, se deberá decidir en base a una **ponderación** entre el **peso de la violación de procedimiento** y su importancia para «la esfera protegida judicialmente del interesado» (más detalles para la doctrina de la ponderación ver arriba núm. de margen 25 ff.).

47 Por esta **infracción en contra de la obligación de instrucción** (la instrucción no comprendida se equipara al de la instrucción omitida[71]) de los oficiales de la policía según el art. 163 a, párr. 4, inciso 2, StPO, en comparación con el art. 136, párr. 1, inciso 2, StPO,[72] como también por la simple obstaculización en la tratativa del acusado de hablar antes de su interrogatorio policial (eventual-mente a interrumpir inmediatamente) con su defensor,[73] como por ejemplo en sólo aparentes pero no serios intentos de la policía de corresponder a los deseos de un acusado extranjero a contactarse (presentación de una guía telefónica en vez de ponerle en conocimiento del número telefónico del servicio de emergencia de abogados),[74] resultan afectados semejantes fundamentos (violación del principio ***nemo tenetur*** — ver abajo núm. de margen 64— o por desconocimiento por parte del acusado en cuanto a sus derechos o, por otro lado, por *inhibición* de la *imposición* del derecho a consultar con un defensor,[75] hay aquí que presumir una prohibición de aprovecha-

65 BGHSt 25 325, 330.
66 BGHSt 25 325, 332.
67 BGHSt 25 325, 331.
68 P. ej., BGHSt 22 170; 31 395 y s.
69 NStZ 1991 303.
70 BGHSt 38 214, 220.
71 BGHSt **39** 349; ver también BGH NStZ **1993** 395; acerca del aprovechamiento de declaraciones procuradas sin instrucción según el derecho de la DDR, conside-rando el contrato de unificación, ver BGHSt **38** 263.
72 BGHSt **38** 214.
73 BGHSt **38** 372.
74 BGHSt **42** 15, 19.
75 BGHSt **38** 372, 375; **42** 15, 20.

miento,[76] aunque **no ilimitada,** correspondiente al objetivo de la protección de la ordenanza de instrucción. No obstante, sigue vigente la obligación de instrucción para cada interrogatorio, «independientemente de si el acusado conoce o no sus derechos».[77] Pero si el acusado conoce sus derechos, necesitaría menos protección, y así en este caso y en aquellos en que él aprobara el aprovechamiento de una declaración conseguida sin instrucción previa o (si ha sido sin defensa, luego de la instrucción judicial respecto a su derecho de protesta) no protestara *lo más tempranamente posible* en el plenario (hacerlo valer en el procedimiento de averiguación frente a la fiscalía no es entonces suficiente[78]) y *a más tardar* en el marco de la audiencia según el art. 257, StPO,[79] no correspondería una prohibición de aprovechamiento,[80] y en el que se trataría de un «aspecto parcial de la cuestión, si la condena está fundamentada en un error del procedimiento»[81] —necesariamente por ello se considera la fundamentación de la sentencia en la violación del procedimiento como una característica de la prohibición de aprovechamiento—.

48 No obstante la existencia de un amplio paralelismo con respecto a la prohibición de aprovechamiento por violación de la **obligación de instrucción** del art. 243, párr. 4, inciso 1, StPO, el Tribunal Federal, en el caso aquí tratado de una infracción contra el art. **136, párr. 1, inciso 2,** StPO, no se conforma con la evolución de la Teoría del Ámbito Jurídico expuesta arriba en el núm. de margen 44. En adición a la omisión de la obligación de instrucción, se supedita la existencia de una prohibición de aprovechamiento a una **ponderación** de la obligación de averiguar la verdad con el respeto de los derechos individuales del acusado —como también en la calificación del aprovechamiento de comentarios hechos espontáneamente o, en general, voluntariamente por parte del acusado fuera de una situación **semejante** a un **interrogatorio**—[82]. Para más detalles respecto de las violaciones pasibles de revisión de la obligación de instrucción del art. 136, párr. 1, StPO ver el art. 136, StPO, 78 ff.

49 *dd)* Las violaciones de la obligación de instrucción y demás disposiciones sobre derechos a no testificar y a callar son finalmente posibles por un **cambio de actitud de procedimiento** arbitrario al separar o unir el procedimiento: para ello se indican las explicaciones arriba respecto a I y a los arts. 2, 4, 273 StPO.

3. VIOLACIONES DE LAS DEMÁS REGLAMENTACIONES DEL STOP EN CUANTO A LA AVERIGUACIÓN DE LOS HECHOS

a) Violaciones de la normas que justifican intervenciones en los derechos constitucionales

50 *aa)* Una gran cantidad de disposiciones de la **StPO permite** intervenciones en los derechos constitucionales especialmente de los acusados, pero también de

[76] BGHSt **38** 214, 220.
[77] BGHSt **38** 214, 224.
[78] BGH NStZ **1997** 502.
[79] BGHSt **38** 214, 225 y s.; NStZ **1997** 502 para el caso de la instrucción ausente del acusado, acerca de que ya se hubiere anunciado un defensor durante el primer interrogatorio policial.
[80] BGHSt **38** 214, 225; **42** 15 en p. 22 expresamente contra FEZER JR **1992** 385 y WIDMAIER NStZ **1992** 519 (**en contra** la anulación de protesta del BGH nuevamente p. ej., VENTZKE StV **1997** 543, 547 y ss. con siguentes documentaciones); BGH JR **1995** 251, 252; la protesta omitida sigue obrando para el completo procedimiento a continuación: BGH NStZ-RR **1996** 144; OLG Stuttgart NStZ **1997** 405.
[81] BGHSt **38** 214, 225, 227.
[82] BGHSt **42** 139, 157 (la denominada resolución de trampas de escucha, ver también abajo núm. de margen 69); BGH NJW **1990** 461.

otras personas, con el objetivo de la averiguación de los hechos: p. ej., intervenciones sobre la libertad personal según art. 81, StPO, la integridad corporal según los arts. 81 a, 81 c StPO, el secreto de cartas, correo y telecomunicaciones según los arts. 99, 100 a StPO, la inviolabilidad de la vivienda según los arts. 102, 103, 104, 110 c StPO y finalmente el derecho a una autodeterminación informativa según los arts. 98 b y 75 StPO en comparación con art. 256 StPO. Aquí deberían mencionarse sólo como ejemplo los casos de posibles violaciones de los arts. 81 y 100 a StPO, en los que la jurisprudencia determina la presencia de una **prohibición de aprovechamiento de pruebas** en general en base a una **ponderación** entre los intereses de la persecución penal y los del acusado; por lo restante, se remite a las explicaciones respecto a las reglamentaciones aquí puestas en consideración, en vista de las consecuencias de un posible menoscabo del derecho a la autodeterminación informacional, a las explicaciones abajo en núm. de margen 88 f.

51 *bb)* Si al acusado se le realizara por una persona no médica una extracción de sangre bajo violación del art. **81 a** StPO, no resulta todavía la posibilidad del aprovechamiento de la muestra de sangre lograda incorrectamente, aún teniendo en cuenta una privación del derecho fundamental de la integridad corporal. Sobre ello decide una **ponderación** del interés estatal en «la aclaración del hecho» y de la protección garantizada por la constitución del acusado del art. 2, párr. 1, GG. La extracción de una muestra de sangre por un estudiante de medicina calificado pero aún no recibido como médico, sin embargo, no mermaría el «valor de la prueba conseguida ilegal-mente», a la que, considerando por añadidura, «también se podría haber obtenido por vías legales en cualquier momento» —y con ello, la violación del art. 81a, StPO «no se presenta tan grave como para hacer retroceder el interés en la aclaración del hecho, a la que corresponde una considerable importancia, teniendo en cuenta los miles de víctimas fatales que produce anualmente el alcohol en el volante». De este modo, hay que denegar una prohibición de aprovechamiento, la que en el mejor de los casos, se podría aceptar en una violación adicional de principios propios de un Estado de Derecho como acaso en el «abuso consciente del derecho coercitivo estatal».[83] De manera semejante, el Tribunal Federal ha denegado también una prohibición de aprovechamiento respecto a los objetos confiscados sin la disposición judicial de registro necesaria, cuando a la promulgación de la disposición respectiva no se le hubiese opuesto ningún obstáculo legal.[84]

52 De manera notable, el Tribunal Federal no toma en consideración, a pesar de una intervención en los derechos constitucionales expresamente afirmada, la **Teoría del Ámbito Jurídico** desarrollada por el mismo y deniega una prohibición de aprovechamiento en base a una **ponderación** de la **gravedad de la violación del procedimiento** con intereses de prioridad de la administración de justicia penal — al menoscabo inexistente del valor de la prueba y de la obtención legal posible en cada momento (arriba núm. de margen 51), no obstante, se le reconoce importancia sólo en el marco de la ponderación, aunque también se le puede tener en cuenta como una consideración adicional del **criterio de fundamentación** (arriba núm. de margen 17).[85]

---

[83] BGHSt **24** 125, 130 y s.

[84] BGH NStZ**1989** 375, 376.

[85] Así OLG Zweibrücken NJW **1994** 810, respecto a la admisibilidad del aprovechamiento de una muestra de sangre que no fue obtenida conforme al art. 81c, sino que fue extraída por el médico para la preparación de una operación; similar también OLG Celle NStE StPO art. 97, núm. 10.

b) Violaciones de las demás reglamentaciones individuales reguladoras de la averiguación de los hechos

53 *aa)* De una importancia especial son aquí primeramente las reglamentaciones acerca de la **averiguación de los hechos** en el **procedimiento preliminar,** pero también ya anteriormente con respecto a la averiguación de las circunstancias en el marco de la **protección contra el peligro** policial en base a reglamentaciones policiales. Mientras las reglamentaciones policiales respectivas sobre la averiguación de los hechos son observadas, la transmisión de los conocimientos respectivos a las autoridades de la persecución penal es reconocida como legal[86] y, en consecuencia, también su **utilización en el procedimiento penal**[87] «siempre cuando no se le oponga una prohibición especial de aprovechamiento». Esto permite concluir que la jurisprudencia también considera como significativas violaciones eventuales de la reglamentación respecto a la averiguación de los hechos fuera del plenario judicial para la confirmación de una prohibición de aprovechamiento, mientras que la introducción de los resultados de esta averiguación incorrecta de los hechos y su utilización como base de la sentencia representaría en especial una repetición de las violaciones anteriores. Con respecto a las violaciones de la reglamentación sobre la averiguación de los hechos fuera del plenario, ver las explicaciones de las reglamentaciones individuales respectivas.

54 *bb)* En **violaciones** de **otras reglamentaciones** respecto de la averiguación de los hechos en el plenario judicial, hasta ahora no mencionadas, se centra regularmente **sólo en la re visibilidad, es decir, en la presencia de una violación de la ley** y de su causalidad para la respectiva sentencia.

55 Así, se considera como revisible por violación del art. **256,** StPO la lectura de un informe que fue elaborado no por una autoridad pública sino de manera privada, por un médico empleado en un hospital, sin abordar la problemática de una prohibición de aprovechamiento y especialmente una eventual afectación del ámbito jurídico;[88] igualmente se considera como revisible la lectura de un informe de un hospital manejado en forma jurídica por una Sociedad Limitada (GmbH), sin abordar una eventual prohibición de aprovechamiento bajo confirmación del **requisito de fundamento.**[89] Lo mismo es válido para la lectura, no permitida por el art. **251,** StPO, de una observación en el expediente policial acerca de las declaraciones de un coacusado solamente escritas en pocas palabras, pero que según la voluntad del declarante no debían ser asentadas en forma de acta de interrogatorio.[90] De la mera violación de la ley se deriva una prohibición de aprovechamiento también en lo concerniente a la lectura de un protocolo sobre el interrogatorio interino de un testigo, al cual los participantes, contrariamente al art. **224,** StPO, no fueron citados.[91] Tampoco en este lugar se podrá entrar en detalles respecto de la cantidad de las violaciones imaginables que lleven a una prohibición de prueba; en referencia a ello, se remite a las explicaciones de las respectivas reglamentaciones.

---

86 BGH NJW **1996** 405.
87 BGH MDR **1991** 885, 886.
88 BGH NStZ **1985** 36.
89 BGH NStZ **1988** 19.
90 BGH NJW **1992** 326.

c) Violaciones de los principios generales del proceso que se refieren a la averiguación de los hechos

56 *aa)* También aquí pueden imaginarse numerosas violaciones, en especial aquellas de los principios propios de un Estado de Derecho, como por ejemplo la concesión de ser escuchado jurídicamente o la observación del derecho de la personalidad. Las prohibiciones de aprovechamiento de la Ley Fundamental, mientras tanto, son tratadas en particular en un párrafo más adelante (núm. de margen 60 ff.); aquí se debe tener en cuenta solamente las **violaciones de las máximas de la inmediación y de la verbalidad** eventuales en la práctica.

57 *bb)* El **art. 250, Inciso** 1, StPO representa una pronunciación umversalmente reconocida de los **principios de la inmediación y de la verbalidad** del procedimiento, como los de la práctica de pruebas, y se valora como resultado la prohibición de la lectura del art. 250, inciso 2, StPO. Según ello «la lectura de documentos» es entonces prohibida «cuando ella debe servir como sustituto del interrogatorio del defensor con respecto a la exactitud de su defensa»,[92] e independientemente de la presunta presencia de demás criterios, el art. 250, inciso 2, StPO prohíbe también el aprovechamiento del contenido del documento leído[93] por interrogación de un testigo, que hubiera leído dicho documento, con respecto a su contenido intelectual.[94] Debe juzgarse entonces si se debe confirmar o no una prohibición de aprovechamiento de pruebas, sólo en caso que hubiere una violación de la reglamentación del art. 250, inciso 2, StPO, bajo la observancia de las excepciones legales en los arts. 251 ff, 325 StPO. Del mismo modo, ya entonces la **lectura** de un documento está sujeta a una prohibición de aprovechamiento, cuando no se cumplan las condiciones de lectura estandarizadas en el art. 325, StPO como, por ejemplo, la lectura de un protocolo sobre un interrogatorio de un testigo en la cual el acusado no se halló presente.[95]

58 Si está sujeto a una prohibición de aprovechamiento el interrogatorio de un **testigo de saber de oídas** sobre aquello que otra persona le ha informado respecto a sus observaciones, depende entonces de la compatibilidad de esta forma de la determinación de los hechos con el art. 250, StPO y la que no puede ser discutida porque también el testigo informa de oídas sobre sus propias percepciones de comentarios de otras personas. Ya es absolutamente reconocido[96] para la calificación de la credibilidad de un testigo inmediato del hecho, que aparte del interrogatorio del testigo, que informa sobre sus inmediatas percepciones de los hechos, puede ser hasta necesario también el interrogatorio del testigo de oídas sobre quien el testigo inmediato ha informado respecto a sus percepciones. Sólo por falta de una violación del art. 250, StPO se excluye una prohibición de aprovechamiento respecto al interrogatorio de un testigo de oídas, quien es visto por eso en la jurisprudencia como un «medio de prueba suplementario».[97] El problema del interrogatorio del testigo de oídas es ante todo una cuestión de la valoración de la prueba y de aquellas cuestiones como ser, si el tribunal, bajo el punto de vista del art. 244, párr. 2, StPO, «se debe conformar con el testigo alejado del asunto».[98]

---

91 BGHSt **35** 82, 83.
92 BGHSt **1** 4, 5.
93 BGH NJW **1970** 1558, 1559.
94 OLG Kóln NStZ **1990** 557.
95 OLG Stuttgart NJW **1970** 343, 344.
96 BGHSt **20** 160, 162 y s.
97 Compare p. ej., BGHSt **33** 178, 181 con otra documentación; **36** 159, 160; OLG Köln NStZ **1990** 557.
98 BGHR StPO, art. 250, párrafo 1, inmediación I.

59 Debido a la falta de una violación del art. 250, StPO, es también admisible «el interrogatorio de interrogadores sobre las informaciones de un informante anónimo» (p. ej., **averiguantes encubiertos** según art. 110 a, StPO, denominados **espías).** No está sujeto a ninguna prohibición de aprovechamiento de pruebas y a saber independientemente de si la declaración de prohibición según los arts. 110 b, párr. 3, inciso 3, StPO, art. 96, StPO es dada **con conformidad jurídica o sin autorización.** Por eso testigos legalmente intercedidos pueden ser interrogados si su identidad es dada a conocer a pesar de la prohibición.[99] Tampoco lleva la injustificada declaración de prohibición con respecto al informante anónimo a una prohibición de aprovechamiento de interrogaciones a interrogadores como medio de prueba, «por lo menos, entonces, cuando la declaración de prohibición no es arbitraria o se demuestran manifiestamente errores en la aplicación del Derecho».[100] Y también aquí sirve sólo la posible violación de la ley como criterio de una posible prohibición de aprovechamiento, pero en la que queda pendiente el por qué una presunta declaración arbitraria de prohibición no permite la utilización del interrogatorio de un interrogador (la pregunta especialmente importante por la **fuerza probatoria** de las declaraciones de los interrogadores entradas aquí en consideración, afecta también esencialmente a problemas de la apreciación de pruebas, pero no a los de la prohibición de pruebas: en cuanto a ello remítase a las explicaciones de los arts. 250, 261 StPO).

4. PROHIBICIONES DE PRUEBA JURÍDICO-CONSTITUCIONALES

a) Derecho Constitucional y Derecho del Proceso Penal

60 *aa)* Muchas modificaciones y demás cambios y agregados aún no han llevado a reformar a la StPO, procedente del siglo pasado, en una ley en la que el Principio del Estado de Derecho se convirtiera a la luz de la comprensión actual de la Constitución, permanentemente, y de este modo, en un principio obligatorio de organización del procedimiento penal,[101] tal como corresponde a la concepción moderna de la Constitución y del procedimiento penal. Esto lleva obligatoriamente a la **aplicación directa de normas** jurídico-consti-tucionales sobre hechos significativos respecto al derecho del proceso penal, y todo esto, a tal grado, llevó a un estremecedor grito, que el Derecho del Proceso Penal Alemán esté en camino de «degenerar en una colonia del Derecho Constitucional».[102] Esta descripción de una situación es especialmente válida para el derecho de la Prohibición de Pruebas en el procedimiento penal. **61** *bb)* Como principio organizativo del Procedimiento Penal (arriba núm. de margen 60) el Derecho Constitucional influye de manera variada en el Derecho del Procedimiento Penal, al que hay que entender como el Derecho Constitucional[103] aplicado: desde la audiencia jurídica ante el juez legal, pasando por el principio de la proporcionalidad, hasta la protección de los derechos cívicos y libertades fundamentales y la observancia de la inmunidad parlamentaria del art. 46, GG.[104] En esta presentación introductiva de las Prohibiciones de Pruebas, solamente se podrá tratar la problemática actualmente en primer plano, de la **averigua-**

[99] BGHSt **39** 141, 144 y s.; compare también BGHSt **35** 82.

[100] BGHSt **36** 159, 163 bajo indicación de la opinión sostenida anteriormente en BGHSt **31** 148; **33 83.**

[101] Compare GÖSSEL GA **1991** 500 y dictamen para 60. DJT, C 27; RISSEL, La posición jurídica-constitucional del abogado. Diss. Marburg 1980. 68.

[102] *Arzt* GedS ARMIN KAUFMANN 847; más en detalle LR-RIESS, intr. G 1 y ss.

[103] BGHSt **19** 325, 330; BayOblG NJW **1979** 2624, 2625.

[104] Según BGH NJW **1992** 701, hasta un levantamiento defectuoso de la inmunidad no conduce a una prohibición de aprovechamiento luego del mandato de diputado, porque las reglas de la inmunidad

ción de los hechos conforme a la verdad en su **relación con la protección de los derechos individuales** de personas afectadas por semejantes averiguaciones, exigida por el art. 244, párr. 2, StPO; por lo restante, se remite a la exposición, particularmente en el párrafo G como en los números del margen H 91 ff y I 85 ff en esta introducción. De este círculo problemático deben ser observados, **de manera ejemplar**[105] en sus afectaciones a la doctrina de la prohibición de pruebas, menoscabos eventuales respecto de la dignidad humana, del ámbito privado y del derecho a la determinación individual informativa.

b) Violaciones del Principio del Estado de Derecho

62 De vez en cuando el Tribunal Federal ha aceptado expresamente, o tomado por posible, una prohibición de aprovechamiento a causa de violación de «los principios de un procedimiento penal propios de un Estado de Derecho», si es infringido el precepto propio de un Estado de Derecho derivado del art. 2, párr. 1; 20, párr. 3 GG, de «facilitar al acusado en todo momento la posibilidad de una defensa ordenada y efectiva»,[106] como así también, por ejemplo, en los casos «en los que ha carecido una condición pertinente esencial para la disposición de medidas según el art. 100, StPO» o «que la disposición fue tomada sin respetar el principio de la subsidiaridad» (p. ej., art. 98 a, párr. 1, inciso 2, StPO),[107] pero también en caso de que, por una medida policial de investigación, es eludida la autorización de la disposición judicial para una intervención en los derechos privados.[108] En consecuencia, generalmente en averiguaciones **sin fundamento legal,** fue por eso también tomada en consideración en la jurisprudencia una prohibición de aprovechamiento:[109] como en medidas de escucha bajo intervención en el campo de «una vivienda protegida según el art. 13, GG»,[110] en la(s) aplicación(es) sin fundamentos legales y forzada(s) de vomitivos»[111] como en medidas de vigilancia de tránsito por empresas privadas sin autorización legal para el traspaso de tareas soberanas a manos privadas.[112]

---

tenían como fin la preservación de la capacidad de función del parlamento: ninguna prohibición de aprovechamiento a pesar de una violación de la ley por falta de un menoscabo del objetivo de la ley.

105 Ya por falta de espacio en este lugar no pueden abordarse todas las infracciones imaginables contra eventuales prohibiciones de prueba jurídico-constitucionales; aquí se puede y debe tratar solamente de extraer principios que exceden al caso individual y que sean significativos para la jurisdicción total de las prohibiciones de pruebas; en cuanto a ello las prohibiciones de aprovechamiento a causa de violación del principio *«in dubio pro reo» y* en vista de delitos no juzgados en firme, no pueden otorgar sentencias adicionales acerca de estas prohibiciones igualmente importantes y significativas ver EISENBERG (derecho de prueba) 411 y ss., 420 y ss.

106 BGH NStZ **1998** 309, 310 para el caso del aprovechamiento de documentación secuestrada de manera ilícita, elaborada por el acusado para la preparación de su defensa; además aquí también se considera como violado el art. 6, párr. 3 MRK.

107 BGHSt **41** 30, 31.

108 BGHSt **31** 304, 308; 35 32, 33.

109 El art. 244, párr. 2, StPO ya por falta de una determinación suficiente de las intervenciones posibles, no puede ser considerado como una norma general de autorización para intervenciones en los derechos fundamentales, compare acerca de ello GÖSSEL FS-BOCKELMANN 812; **otra opinión** STÖRMER 77 y WÖLFL La utilización en el procedimiento penal de grabaciones secretas en imágenes y sonido (1997) 114 y ss., 165.

110 BGH NStZ **1997** 195, 196; ver además BGH NJW **1997** 2189 (1 BGs 65/97).

111 OLG Frankfurt NJW **1997** 1647, 1648.

112 BayOblG NVZ **1997** 276, 277 para mediciones de velocidad; BayOblG NJW **1997** 3454 por un lado, y por el otro KG NJW **1997** 2894 para el tránsito tranquilo; compare en este contexto también BVerfGE **85** 386, 400 y ss. y OLG Karlsruhe MDR **1992** 802.

63 Pero la jurisprudencia en estos casos regularmente permite, de manera diferente, que en por ejemplo intervenciones en los derechos individuales (vea abajo núm. de margen 64 ff), que sea suficiente para la aceptación de una prohibición de aprovechamiento no sólo la sola falta de un fundamento legal en la intervención y con ello la **violación de los principios propios de un Estado de Derecho.** En concordancia con la doctrina mencionada arriba en el núm. de margen 25 ff, debe decidir primeramente una ponderación, si a la práctica de pruebas sin fundamento legal corresponde también una prohibición de aprovechamiento.[113] Sorprendentemente, el Tribunal Federal ha aceptado una prohibición de aprovechamiento *sólo* en el caso de *eludir* al poder de disposición judicial ya por su *incompatibilidad* con los principios propios de un Estado de Derecho,[114] pero no en las demás violaciones de los principios propios de un Estado de Derecho mencionadas arriba en el núm. de margen 62.[115] En concordancia con ello, el KG confirma una prohibición de aprovechamiento en el marco de una ponderación por «inobservancia consciente de las reglamentaciones legales válidas»,[116] mientras el BayObLG, aplicando asimismo el método de la ponderación llega a un resultado contrario: a pesar de una ejecución de un proceso contraria a un Estado de Derecho, se debe denegar una prohibición de aprovechamiento porque no es grave la violación del procedimiento, en el cual no existiera ningún aprovechamiento deliberado de la violación y que además la averiguación legal hipotética hubiera llevado «con una probabilidad cercana a la seguridad» al mismo resultado,[117] con lo cual el tribunal toma en consideración también **el elemento de fundamentación**[118] (ver arriba núm. de margen 17).

c) Pruebas prohibidas a causa de perjuicio de la dignidad humana

aa) El decreto antepuesto en la Constitución para el respeto y la protección de la dignidad humana por todos los poderes estatales (art. 1, párr. 1, GG) prohíbe especialmente a las autoridades de la persecución penal, obligar al acusado a coaccionar en su **propia prueba de culpabilidad:** «una obligación a la autoincriminación afecta al mismo tiempo a la dignidad del hombre cuya declaración es utilizada como medio contra el mismo».[119]

En ningún lado de la StPO nominada expresamente, pero sí en el art. 14, párr. 3g, IPBPR, que vale como un simple derecho jurídico (explicaciones en la introducción a MRK y al IPBPR, 24 edición, núm. de margen 19 ff), aparece con ello como integrante de la protección **de la dignidad humana,** la cita originada del ámbito

---

[113] BGHSt **31** 304, 308; **35** 32, 34; **41** 30, 34; BayOblG NZV **1997** 276, 277; NJW **1997** 3454; KG NJW **1997** 2894; OLG Frankfurt NJW **1997** 1647, 1648.

[114] BGHSt **31** 304, 308.

[115] BGHSt 41 30, 34; En el caso BGH NJW **1997** 2189 solamente se aceptó una prohibición de práctica, no se presentó la cuestión de una prohibición de aprovechamiento —acerca de la cuestión de si no es necesaria ya una ponderación para la decisión sobre una prohibición de práctica—, compare GÖSSEL NStZ **1998** 126, 129. En el caso de los documentos de defensa secuestrados de manera ilícita, la prohibición de aprovechamiento recién fue confirmada en base a una ponderación del interés en un ejercicio funcional del Derecho penal con el precedente derecho a una defensa efectiva (BGH NStZ **1998** 309, 310).

[116] KG NJW **1997** 2894.

[117] BayOblG NZV **1997** 276, 277 y casi igual también NJW **1997** 3454, 3455.

[118] De manera expresa BGHSt **35** 34 y s.

[119] BVerfGE **56** 37, 42; BGHSt **38** 214, 220; 302, 305; acerca de la importancia de este principio en el Derecho Impositivo, compare BESSON; acerca del total, en detalle arriba intr. I 85 y ss.

jurídico inglés y casi siempre transmitida en su versión latina: *«nemo tenetur se ipsum prodere (accusaréf.*[120]

65 *bb)* **El derecho del acusado a guardar silencio** resultante de esta cita y asimismo el **derecho consecuente de los testigos a negarse a declarar,** aparte de las obligaciones resultantes a instruir, se encuentran codificados en el StPO y ya fueron tratados más en detalle arriba en los núms. de margen 43 ff y 28 ff.

66 Pero resta mencionar que la alegación del derecho de negarse a informar del art. **55,** StPO no debe ser utilizada para incriminar al testigo precedente en un procedimiento penal ulterior, porque de otro modo estaría menoscabada la dignidad humana por violación del principio *nemo tenetur*[121] *–sin ninguna ponderación–* se ve aquí una prohibición presunta sólo por la violación de una norma del derecho fundamental y extraída directamente de la Constitución.

67 No obstante, «la protección contra la autoincriminación no se limita a procedimientos penales y comparables» –y esto rige de la misma manera para los acusados como también y «en especial» para «testigos».[122] Pero esta «protección contra la autoincriminación» no se otorga completamente «sin considerar si con ello se menoscaban intereses de terceros dignos de tutela» –y por eso hay que «ponderar» la **libertad de la autoincriminación** perteneciente a la salvaguardia de la dignidad humana con **intereses de información de terceros**[123] justificados, lo que sin embargo lleva en un procedimiento de quiebra solamente a la confirmación de la obligación de informar del concursado, pero sólo cuando esta obligación es complementada «por una prohibición penal de aprovechamiento».[124] De manera diferente al **Tribunal Federal, el Tribunal Constitucional de la República Federal** obtiene la prohibición de aprovechamiento como resultado de una **ponderación** entre los intereses contradictorios y no acaso directamente del menoscabo de la dignidad humana protegida por la Constitución.[125]

68 *ce)* Hasta tanto el **art. 81b**permita medidas de identificación, éstas forzosamente sólo deben realizarse cuando sean soportadas **pasivamente** (por ejemplo, toma de impresiones digitales, mediciones, fotos);[126] pero si el acusado es obligado «a proporcionar él mismo activamente» semejantes medidas, se lesiona el principio del *nemo tenetur.* Por ejemplo, si el acusado es obligado «a tests, reconstrucciones del hecho, pruebas gráficas, a la creación de hechos semejantes

---

[120] Compare acerca de ello intr. I 85 y ss. con más documentación; NOTHHELFER 4 y s.

[121] BGHSt **38** 302, 305 y s.

[122] BVerfGE **56** 37, 44.

[123] BVerfGE **56** 37, 49.

[124] BVerfGE **56** 37, 50; ver también arriba núm. de margen I 98.

[125] De esta constelación no obstante habrá que diferenciar los casos en los que una obligación legal de información no se encuentra reforzada por medidas coercitivas estatales, y cuya falta de cumplimiento solamente se encuentra conectada con desventajas jurídicas no penales. En estos casos una prohibición de aprovechamiento ya es negada por falta de una obligación de autoincriminación: de esta manera pueden aprovecharse de manera muy dudosa en un procedimiento penal, realizado a causa de art. 143 StGB (BVerfG NStZ **1995** 599 y s.), declaraciones fuera de una situación del interrogatorio, p. ej., durante un control aduanero (así OLDENBURG NStZ-RR **1996** 144; por lo demás ver arriba núm. de margen 48), así también las declaraciones del asegurado en base al art. 34, párr. I, WG, y lo correspondiente también rige para las declaraciones en el procedimiento de un aspirante a asilo según art. 8, párr. 2 AsylVfG (BGH NStE art. 47, interpretación núm. 8; semejante también OLG HAMM NStE art. 47, interpr. núm. 6; muy dudoso).

[126] BGH NStZ **1993** 47, 48.

al hecho en sí, para la presentación de un peritaje», para una prueba hablada con el fin de identificar la voz,[127] o si se le transforma en objeto de una filmación de video.[128]

69 Pero aquí el Tribunal Federal no deriva una prohibición de aprovechamiento de la mera violación de las Normas de la Ley Fundamental para la protección de la dignidad humana (de manera diferente que en los casos mencionados arriba en núm. de margen 66). Una prohibición de aprovechamiento es confirmada recién luego de una **ponderación de intereses** (en cuanto a la concordancia con el Tribunal Constitucional de la República Federal, ver arriba núm. de margen 67) en comunicación con el **elemento de fundamento** del art. 337, StPO, cuando las informaciones logradas bajo la violación de la ley nombrada tampoco hubieran podido ser logradas «por el camino legal al momento del aprovechamiento».[129]

De manera muy semejante, el Tribunal Federal (GrSSt), en la denominada «resolución de trampas auditivas» *(Hörfallenbeschluss),* ha hecho depender de una ponderación de intereses el aprovechamiento de semejantes declaraciones autoincriminatorias de los acusados que fueron aportadas por personas privadas por orden de las autoridades de la persecución penal.[130]

d) Prohibiciones de prueba a causa de menoscabo de la esfera privada

aa) La esfera privada como saliente del derecho general de personalidad

Ya es reconocido desde hace tiempo en la jurisprudencia del Tribunal Constitucional de la República Federal que las diversas leyes fundamentales (también) sirven para la «protección de la personalidad» mencionada en el art. 2, párr. 1, GG,[131] pero además también «la existencia de un derecho general de personalidad garantizada constitucionalmente por el art. 2, párr. 1, en comunicación con el art. 1, párr. 1, GG» como un «'innominado' derecho de libertad» complementando los derechos de libertad especiales.[132] Este **derecho general de personalidad** contiene «un elemento de libre desenvolvimiento de la personalidad» (art. 2, párr. 1, GG), que «como el derecho al respeto del ámbito protegido se contrasta del elemento 'activo' de este desarrollo, de la libertad de acción», y que no se encuentre «circunscripto concluyentemente», pero cuyas «relevancias» hubieren sido elaboradas por la jurisprudencia del Tribunal Constitucional de la República Federal como también del Tribunal Federal «mediante el respectivo caso a dictar resolución». «Así, no deben ser afectados y reconocidos como bienes de protección del derecho general de personalidad la esfera privada, secreta e íntima..., el honor personal, el derecho de disposición sobre la presentación de la propia persona..., el derecho a la imagen propia y de la palabra hablada... y bajo ciertas circunstancias el derecho de no ser afectado por la imputación de comentarios no hechos»,[133] y además en ade-

---

[127] BGHSt **34**39, 45 y s. Pero de manera diferente es utilizada más tarde una conversación grabada con el consentimiento del acusado, pero entonces es aprovechada sin su consentimiento para una comparación de voces: BGH StV **1985** 397.

[128] LG Berlín NStZ **1989** 488.

[129] BGHSt **34** 39, 53.

[130] BGHSt **42** 139 con observ. RIESS NStZ **1996** 505 y ROXIN NStZ **1997** 18; ver además KUDLICH JuS **1997** 696.

[131] Compare p. ej., BVerfGE **54** 148, 152.

[132] BVerfGE **54** 148, 153.

[133] BVerfGE **54** 148, 153 con documentación adicional.

lante —para ello ver abajo núm. de margen 88 f— el derecho a la autodeterminación informativa.[134]

71 La averiguación de los hechos en el procedimiento penal puede lesionar las relevancias nombradas del derecho general de la personalidad, en especial por utilización de anotaciones personales y profesionales, documentos de toda clase, fotografías, grabaciones en cintas magnéticas de audio o de video y de demás portadores de datos (disco rígido de una computadora, disquetes, CDs). La **siguiente exposición se limita** a cuestiones fundamentales y actuales; en lo restante se remite a las explicaciones de las reglamentaciones individuales respectivas en la StPO, como por ejemplo los arts. 81b, 94, 98 a, 98 c, 100 c, StPO.

bb) **La protección de la esfera privada según la Teoría de tres etapas del BVerfG**

72 (1) En su resolución fundamental del 31 de Enero de 1973, el Tribunal Constitucional de la República Federal reconoció, además de una esfera saliente de la protección del art. 1, párr. 1, en relación con el art. 2, párr. 1, dos **zonas** de **protección** constitucional respectiva. Con la «esfera íntima del individuo», la ley fundamental ha otorgado al ciudadano individual un **ámbito central** de «una configuración privada e intocable de la vida, que se encuentra protegida de la influencia del poder público»[135] y cuya intervención, atendiendo al art. 19, párr. 2, GG, y en el sentido de la absoluta garantía de mantenimiento de la esencia,[136] «no podrían justificar aún los más altos intereses del público en general».[137] Pero según el Tribunal Constitucional de la República Federal «no todo ámbito de la vida privada se encuentra bajo la protección absoluta de la ley fundamental del art. 2, párr. 1, en comunicación con el art. 1, párr. 1»: «Como ciudadano dependiente y ligado a la sociedad cada uno debe más bien aceptar las medidas del Estado que son tomadas en pos del interés público preponderante y bajo estricta observancia del principio de la proporcionalidad, siempre y cuando no menoscaben el ámbito intocable de la vida privada».[138] Por consiguiente, hay que reconocer una **esfera privada de protección siguiente,** además del ámbito central inaccesible a las intervenciones estatales, en la que la admisibilidad de intervenciones estatales depende de una **ponderación** del derecho a privacidad con los intereses del público; en el procedimiento penal entonces, con los intereses de una administración de justicia penal funcional.[139]

73 Las intervenciones estatales llegan a ser **admisibles ilimitadamente** recién **fuera** de las esferas de protección nombradas, en las que «por regla general el derecho al libre desarrollo de la personalidad... todavía no se encuentre afectada», como ser con respecto a la palabra hablada en «comentarios» en los que «predomina tanto el contenido objetivo de lo dicho, que la personalidad de hablante retrocede ante ella casi por completo y por ello la palabra hablada pierde su carácter privado», como por ejemplo «en asuntos de negocios».[140]

---

[134] BVerfGE **65** 1, 41 y ss.; según la opinión aquí sostenida, la teoría de tres pasos del BVerfG solamente es ampliada y no superada mediante el desarrollo del derecho a una autodeterminación informacional. Más detalles en GÖSSEL GA **1991** 508.

[135] BVerfGE **34** 238, 245.

[136] Compare GÖSSEL GedS Meyer 138.

[137] BVerfGE **34** 238, 245.

[138] BVerfGE **34** 238, 246.

[139] BVerfGE **34** 238, 249; acerca del topos de la administración de la justicia funcional ver en detalle intr. G 10 y ss.

[140] BVerfGE **34** 238, 247.

74 (2) **Limitaciones** lo suficientemente claras entre las **diferentes fases** se transforman así en condiciones importantes para la posibilidad de práctica de la Teoría de tres Etapas.

75 (aa) El OLG Schleswig, aplicando la Teoría de las tres Esferas del Tribunal Constitucional de la República Federal, ha juzgado como utilizable una grabación de video secreta sobre el hurto de dinero durante su conteo en la sala de un casino realizada a este fin por un empleado de Hacienda como revisor porque, teniendo en cuenta el control recíproco de todas las personas presentes en el momento del conteo del dinero, el proceder del actor en el **lugar de trabajo** del casino **no** puede ser imputado al ámbito protegido de la **vida privada.** Por lo demás, la cuestión acerca de si se encuentra afectado el ámbito protegido de la vida privada, podría ser decidida «también en el ámbito social externo... sólo tomando en consideración todas las circunstancias del caso individual concreto» —y esto rige también para grabaciones del comportamiento de una persona en el lugar de trabajo, a la que en todo caso no hay que imputarle como tal el ámbito privado protegido por la Constitución—,[141] De forma semejante, el Tribunal Federal no ha puesto más las grabaciones de participantes de una reunión pública al resguardo de la protección del derecho de la personalidad general de los participantes de la reunión.[142]

76 *(bb)* Si ya con ello se demuestra como problemática la elaboración de un ámbito público no comprendido en la protección del derecho general de la personalidad, la tratativa de delimitar un **área central** de vida privada absolutamente protegida de un ámbito privado protegido **sólo** constitucionalmente, debería plantear aún más dificultades.

77 (11) Hasta donde se puede ver, el **Tribunal Constitucional de la República Federal** se ha ocupado de la cuestión por primera vez en una resolución del año 1957. Al confirmar la constitucionalidad de las reglamentaciones penales de aquel entonces en contra de la homosexualidad masculina, el tribunal consideró como «abandonado» del ámbito íntimo de la vida privada absolutamente protegido, cuando las «actuaciones de la persona que influyan en el ámbito de otro, sin que circunstancias especiales, como por ejemplo lazos familiares, hagan aparecer esta actuación común como aún perteneciente al ámbito más íntimo». «El contacto con la esfera de la personalidad de otra persona» lleva generalmente a una **referencia social** del comportamiento humano regulable judicialmente, aunque, excepcionalmente, no cuando la referencia social no es lo suficientemente **intensa**[143]—y en consecuencia el ámbito íntimo ya entonces fue tomado como abandonado, tan pronto alguien «participe a otros voluntariamente»,[144] también en comentarios en cartas de un detenido provisionalmente a su esposa[145] como también en cartas de despedida dirigidas a determinadas personas a causa de un intento de suicidio—.[146]

78 La **intensidad de la referencia social** requerida con ello como distinción de limitación, aparece mientras tanto apenas **insegura** jurídicamente. Si en una conexión telefónica vigilada admisiblemente, el auricular no es colgado de manera

141 OLG Schleswig, JZ **1979** 816, 817.
142 BGH NJW **1975** 2075, 2076.
143 BVerfGE **6** 389, 433; de la misma manera BayOblG NJW 1979 2624, 2625.
144 BVerfGE **33** 367, 377.
145 BVerfGE **35** 35, 39.
146 BGH NJW **1995** 269.

correcta y, por ello, éste transmite como un micrófono a los aparatos de grabación todos los sonidos de una habitación privada, haciendo caso al Tribunal Federal, el aprovechamiento de la grabación de una conversación llevada en esta habitación entre el matrimonio debe tomarse como una intervención en «el ámbito intocable de la vida privada», «al cual el poder público no debe influir».[147] La jurisprudencia del **Tribunal Constitucional de la República Federal** para la delimitación de la esfera íntima con la esfera privada permanece aquí sin **considerar:** también sin algunas ponderaciones entre los intereses de la persecución penal y del derecho de la personalidad, la «conversación entre un matrimonio en la vivienda matrimonial» se imputa «al ámbito intocable».[148] Sorprende tanto más que el Tribunal Federal *renuncia* en esta decisión a la *delimitación* entre *el ámbito central y el de la ponderación,* ya que no es previsible la afectación mutua de las esferas respectivas de la personalidad de los cónyuges. Desde luego, la referencia social se dejaría adjuntar al ámbito central como menos intenso, desde el punto de vista del Tribunal Constitucional de la República Federal a causa de relaciones familiares —pero de ese modo quedaría como poco comprensible por qué entonces los comentarios por carta entre esposos y las relaciones sexuales entre solteros deben representar una referencia social aumentada que lleva a un abandono del ámbito íntimo, como lo supone el Tribunal Constitucional de la República Federal como también el BayObLG—.[149] La inseguridad es aumentada, si se piensa en aquellos acontecimientos psíquicos internos, que se dan a conocer también en el plenario público, por ejemplo, en informes sobre la culpabilidad o el estado psíquico del acusado según el art. 81, StPO.

79 (22) La **inseguridad** acerca de la delimitación clara del ámbito central aumenta aún más cuando se observa la jurisprudencia para el aprovechamiento de **diarios** y de **grabaciones en cintas de audio.**

80 En un fallo del año 1964 el **Tribunal Federal** toma por transgredida *—a pesar* de la jurisprudencia del *Tribunal Constitucional de la República Federal—* la «esfera más íntima» perteneciente al derecho general de la personalidad, si una conversación de uno de los cónyuges es grabada sin el consentimiento del otro, como también el aprovechamiento de anotaciones en un diario, escrito sin fines de darse a conocer[150] —sin embargo, desde el punto de vista de la teoría relativa de la conservación del ser, defendida en aquel entonces por el tribunal federal, sólo se decide acerca de los derechos estatales de intervención, y con ello del aprovechamiento de los conocimientos así logrados, en base de una **ponderación** de los intereses de la persecución penal con la protección del derecho fundamental (vea núm. de margen 48): no hay lugar para la protección de la personalidad en anotaciones de un criminal acerca de «sus crímenes y de sus víctimas», porque el GG protege el desarrollo y no la decadencia de la personalidad —entonces aquí hay que confirmar el aprovechamiento y, por lo contrario, hay que denegarlo si se trata de anotaciones de relaciones amorosas fuera del ámbito de la criminalidad grave—.[151] Esta decisión despierta serias dudas, porque la tesis de que la supuesta decadencia de la

---

[147] BGHSt **31** 296, 299.
[148] BGHSt **31** 296, 300.
[149] BVerfGE 6 389, 432 y ss. para actuaciones homosexuales; BayOblG NJW **1979** 2624 y s. en caso de contacto —heterosexual— con prostitutas; acerca de críticas compare BENDA en: La dignidad humana y el ordenamiento jurídico liberal (1974) 23, 30 y LORENZ GA **1992** 263.
[150] BGHSt **19** 325, 327; con el mismo resultado BGHSt **34** 397, 399, 401.
[151] BGHSt **19** 325, 331, 333.

personalidad desprotegida lleva a un comportamiento criminal, niega de hecho la existencia de un núcleo intocable de la personalidad, por lo menos en el ámbito del comportamiento criminal, y con ello podría ponerse en directa contradicción con el fallo del Tribunal Federal acerca de la pertinencia de una conversación conyugal sobre un comportamiento criminal común al ámbito central absolutamente protegido[152] —pero también acerca del fallo acertado del Tribunal Constitucional de la República Federal, según el que también en el área de la criminalidad grave, sí permanece «un miembro» de la comunidad judicial «con el derecho constitucional de la protección de su individualidad»—.[153]

81 Por otro lado, el Tribunal Constitucional de la República Federal dictaminó en una resolución del año 1989 —también en *oposición* a la recién mencionada resolución del *Tribunal Federal* acerca de la protección absoluta de las conversaciones conyugales— que al formular por escrito sus pensamientos en un diario, el autor los excluyó del ámbito central absolutamente protegido[154] —una resolución apenas comprensible que al fin y al cabo limita el ámbito central a los sentimientos y pensamientos, a los que de hecho nadie puede recurrir, mientras, por otro lado, el art. 81, StPO autoriza la intervención en la vida interior psíquica, sin que ello alguna vez fuera cuestionado (ver arriba núm. de margen 78): *ya de este modo* casi se **desiste** de la doctrina de la existencia de un ámbito central absolutamente protegido, y por eso el BayObLG atribuyó al **ámbito absolutamente protegido,** con todo el derecho y en contra de esta opinión jurídica constitucional, la carta aún no enviada de un drogadicto a su médico y confirmó así una prohibición de aprovechamiento.[155] Por lo demás, esta resolución recién mencionada del Tribunal Constitucional de la República Federal acerca del diario también parece **contradictoria:** por cierto, se mantiene el principio de existencia de un ámbito central absolutamente intocable de la personalidad,[156] pero más bien no se hace depender la coordinación de un hecho al ámbito central, en el sentido de la teoría relativa de la protección de la esencia de que «si en realidad existe un significado o una relación social», sino «de qué naturaleza e intensidad» está presente. «Esto» podría «ser contestado satisfactoriamente sólo bajo consideración de las particularidades de los casos individuales» y entre otros dependerá de «en qué forma e intensidad» el hecho respectivo afecte «por su naturaleza a las esferas o los intereses de la sociedad».[157] De acuerdo con el BGHSt **19** 325, 331 se supone que las anotaciones o declaraciones «acerca de la planificación de futuros delitos o informes de delitos cometidos» no son pertenecientes «al ámbito intocable de la vida privada» con la consecuencia de poder ser aprovechados en el procedimiento penal[158] —pero sí se hace depender la pertinencia al terreno del ámbito central de la clase de anotaciones y de la intensidad de la afectación con intereses de la sociedad y en consecuencia es determinada por consideraciones de conveniencia, por este motivo se debe desistir también de la **teoría absoluta de la protección de la esencia—**,[159] Además hay que considerar que la

152 BGHSt **31** 296, 300.
153 BVerfGE **35** 202, 233.
154 BVerfGE **80** 367, 376.
155 BayOblG MDR **1992** 993.
156 BVerfGE **80** 367, 373.
157 BVerfGE **80** 367, 374.
158 BVerfGE **80** 367, 375.
159 LORENZ GA **1997** 62 hasta considera simple «semántica» sujetarse a la existencia de un área central protegida absolutamente, en realidad existiese una «ponde-rancia en su forma pura»; como aquí ya LORENZ GA **1992** 264.

jurisprudencia en ninguna parte se expresa clara y terminantemente con respecto a la relación de la protección del ámbito central del derecho de la personalidad con la garantía de la esencia del art. 19, párr. 2, GG.[160]

82 Si el **Tribunal Federal** reconoció como ámbito **intocable** de la vida privada el registro de la conversación en una habitación ya comentado en el núm. de margen 78, por el contrario, en una posterior resolución trató al ámbito central, **no obstante,** como un **ámbito de ponderación.** Así, fue declarado admisible el aprovechamiento de **anotaciones en un diario,** a pesar de una posible intervención en el ámbito central del derecho de la personalidad, en base a una **ponderación** en un proceso en el que estos registros sirvieron «para la aclaración de un asesinato, o sea a uno de los delitos más graves que el Código Penal conoce», y que aunque no habiendo sido el único medio de pruebas, sí «fue de considerable significancia para la resolución»[161] —y en un proceso a causa de un trabajo de agente secreto, comparado con el asesinato «un delito significativamente menos importante», la protección del derecho de la personalidad fue calificado como prioritario respecto a los intereses de la persecución penal,[162] pero también porque estaban a disposición otros medios de prueba para la convicción del acusado—,[163]

83 (cc) Aparte de las dificultades de la delimitación recién expuestas en el núm. de margen 76 ff, la decisiva **ponderación concreta de casos individuales** entre los intereses de la persecución penal y los intereses de la protección de la **esfera privada fuera del ámbito privado** absolutamente protegido acerca de una prohibición de aprovechamiento, también causa considerables dificultades.

84 El recurso de **grabaciones en cintas magnéticas** secretamente producidas por **terceros** (particulares),[164] es tomado por el **Tribunal Constitucional de la República Federal** entonces como impensable, cuando sucede aquello «en casos de criminalidad grave —sea contra cuerpo y vida de otros, sea contra los principios existenciales de la regla fundamental libre y democrática u otros bienes jurídicos de rango comparable— tanto para la determinación de la identidad de delincuentes como para el descargo de acusados injustamente»; pero según ello, no puede establecerse un límite exacto para la intervención en el derecho de la palabra propia.[165] En todos los casos se trata primero decisivamente de la defensa del principio de la proporcionalidad, en el que por un lado tiene importancia la *gravedad de la intervención* en el derecho general de la personalidad, por otro lado la *«concreta injusticia»* en caso particular, independiente del tipo del hecho jamás realizado. Más allá hay que considerar en la ponderación necesaria, según la grabación de audio respectiva se preste para la convicción o para el descargo como *único medio de prueba,* pero también en qué medida «los comentarios contenidos en la cinta y posiblemente no relevantes para el procedimiento penal...» podrían «ser limitados al círculo de los participantes inmediatos del procedimiento» —según estos criterios el sólo interés en la aclaración de los hechos por sospecha de defraudación fiscal, la estafa y falsificación de documentos (en especial sin considerar la concreta injusticia) no podría

---

160 Compare p. ej., BVerfGE **34** 238, 245: el ámbito inviolable de la vida privada —»además» rigiese la prohibición del art. 19, párr. 2, GG—.
161 BGHSt **34** 397, 401.
162 Seguramente contrario a BGHSt **19** 325, 331.
163 BGH NStZ **1994** 350.
164 Compare acerca de ello a FRANK.
165 BVerfGE **34** 238, 249 y s.

justificar la intervención en el derecho de la personalidad—.[166] Los mismos principios rigen también para el aprovechamiento de **cassettes de audio;**[167] si hay que confirmar según ello una prohibición de aprovechamiento, el contenido de las grabaciones tampoco puede ser utilizado a través del interrogatorio de personas que estén al tanto del contenido de las mismas.[168]

También el **EuGHMR pondera,** aunque bajo un ligero desplazamiento de la acentuación: así, este tribunal consideró sólo admisible el aprovechamiento de una cinta de audio grabada antijurídicamente, hasta tanto el **derecho a defensa** sea protegido y la condena no se base exclusivamente en el medio de prueba conseguido ilegalmente.[169]

85 El aprovechamiento de una **carta de despedida** dirigida a otra persona a causa de un intento de suicidio, fue declarada como admisible por el **Tribunal Federal** luego de agregarla al ámbito privado fuera del ámbito central, en base a una **ponderación** de los intereses aquí contradictorios: la carta contendría indicios esenciales para «la aclaración del intento de asesinato imputado al acusado», y esto justificaría la primacía de los intereses de la persecución penal.[170]

86 **Documentos médicos** escritos (p. ej., historias clínicas) «por cierto no afectan», según opinión del **Tribunal Constitucional de la República Federal,** «con sus datos sobre anamnesis, diagnóstico y medidas terapéuticas al ámbito intocable de la esfera íntima, pero sí al ámbito privado del paciente». El aprovechamiento de semejantes documentos sin acuerdo de los pacientes afectados depende entonces también aquí de una **ponderación:** los intereses de la persecución penal pueden ser prioritarios cuando, «en épocas de revueltas generales o de avanzada violencia», el médico debe dar a conocer la identidad de sus pacientes, «que le llegan a él con heridas de arma blanca o de bala», pero también entonces «cuando el médico mismo sea culpado de un delito o sea sospechoso de participar en un delito del paciente acusado» y que para la aclaración de estos delitos sea necesario el acceso al archivo de los pacientes —por otro lado, es en general prioritario el respeto de la esfera privada, si se trata de «la aclaración de delitos que sólo pueden ser atribuidos al paciente» aún cuando los documentos respectivos se encuentren al cuidado de un sucesor del médico anteriormente atendiendo—.[171]

87 De manera semejante a la utilización de documentos médicos, el Tribunal Constitucional de la República Federal ha calificado el aprovechamiento de **actas de clientes** de una oficina **de asesoría sobre drogodependencia** de Caritas. Tampoco estas actas afectan «a la esfera intocable de la intimidad, pero sí al ámbito privado del cliente».[172] Hay que tomar a los intereses de la persecución penal como prioritarias «mientras se trate de la lucha contra traficantes ilegales»o mientras resulten de ello «indicios para el cometimiento de un crimen capital».[173] —pero, por otro lado,

---

166 BVerfGE **34** 238, 250 y s.; así también BayOblG NJW **1990** 197, 198 en un procedimiento a causa de difamación y falsa sospecha.

167 BGHSt **36** 167, 173; BGH MDR **1991** 885.

168 BayObLG NJW **1990** 197, 198, no obstante solamente para grabaciones en cinta magnética.

169 EuGHMR NJW **1989** 654 y s.: «Caso Schenk».

170 BGH NJW **1995** 269.

171 BVerfGE **32** 373, 379, 381; así también concerniente a delitos del médico que atiende BGHSt **38** 144, 147 y s.

172 BVerfGE **44** 353, 372.

173 BVerfGE **44** 353, 377, 379.

retroceden ante la protección de la personalidad, mientras se trate de actas de una oficina de asesoramiento de drogodependencia pública y judicialmente reconocida y con ello sirva a fines de asistencia social de la salud, y se trate sólo «de hacer valer la exigencia penal estatal acerca de consumidores de drogas».[174]

e) Prohibiciones de pruebas por menoscabo del derecho a la autodeterminación informativa

88 *aa)* En el año 1983, el **Tribunal Constitucional de la República Federal** confirmó con el derecho de la autodeterminación informativa un **nuevo bien de protección** del derecho general de la personalidad (vea arriba núm. de margen 70): la «facultad resultante del individuo de la idea de la autodeterminación, de autodeterminar por principio cuándo y dentro de qué límites son reveladas circunstancias personales de la vida».[175] Pero permanece sin aclarar si el Tribunal Constitucional de la República Federal quiere agregar **un ámbito central intocable** a este derecho como también al derecho de la palabra hablada[176] y en qué medida se trata de la garantía de la protección de la esencia del art. 19, párr. 2. El tenor literal de la resolución habla más bien en contra del reconocimiento de semejante ámbito intocable: «el individuo no tiene el derecho, en el sentido de un dominio absoluto e ilimitado, acerca de 'sus' datos» —él debe «aceptar las limitaciones de su derecho a una autodeterminación informativa en el interés preponderante común», hasta tanto resulten «claros y reconocibles para el ciudadano», bajo observación del principio de la proporcionalidad en base a un fundamento legal de condición y extensión».[177] Un **interés general preponderante** sólo podría existir regularmente «en datos con referencia social, excluyendo las declaraciones íntimas de autoincriminación no exigi-bles», y en lo restante presupone una obligación de indicación de datos referentes a personas, «que el legislador determine con el fin de su utilización específica y precisa de modo que las declaraciones sean adecuadas y necesarias para este fin» y «que estén limitadas a la finalidad determinada judicialmente», por lo cual se requiere «una protección —asegurada oficialmente— en contra del mal uso de prohibiciones de curso y aprovechamiento» como también sean esenciales «obligaciones de instrucción, información y de extinción, como demás medidas de protección del proceso judicial».[178]

89 *bb)* La fuerza explosiva en el proceso penal de esta institución desarrollada por el Tribunal Constitucional de la República Federal se reveló claramente con los avances en el análisis genético y el descubrimiento de las **huellas digitales de ADN.** La aspirada clasificación con el análisis genético de las bases genéticas del individuo puede por lo visto menoscabar masivamente su derecho de disponer de sus datos. También afectan a este derecho los datos personales contenidos en la huella digital de ADN utilizada exclusivamente para la identificación de un individuo.

90 El Tribunal Federal en el art. 81, StPO también vio, bajo consideración de la jurisprudencia del Tribunal Constitucional de la República Federal, un funda-

---

[174] BVerfGE **44** 353, 377 y s.

[175] BVerfGE **65** 1, 42 con más documentación; admisibilidad de investigaciones bajo intervención en este derecho, ver *Perschke* 54 y ss.

[176] BVerfG NJW **1992** 815 acerca de la imposibilidad de aprovechamiento en un proceso del tribunal laboral de conocimientos sobre una conversación llevada y escuchada en un teléfono de servicio.

[177] BVerfGE **65** 1, 43 y s.

[178] BVerfGE **65** 1, 46.

mento suficiente para esta intervención, pero fue solamente afirmado sin mayor fundamentación, como también la proporcionalidad de una extracción de sangre para la elaboración de la huella digital de ADN[179] —teniendo en cuenta la condición instituida por el Tribunal Constitucional de la República Federal para las intervenciones permitidas en el derecho de la autodeterminación informativa, una afirmación apenas fundamentable: ya lo demuestra claramente en el art. 81 a, StPO la falta de toda protección, aunque con respaldo oficial, contra el **uso para ñnes extraños** por prohibiciones de curso o de aprovechamiento, sin perjuicio de la —ausente— defensa de los siguientes requerimientos presentados arriba en el núm. de margen 88. Asimismo, aparece como comprensible la dictaminación del Tribunal Federal para la admisibilidad de la huella digital de ADN: demasiadas medidas de averiguación, también reguladas en la StPO, contienen intervenciones en el derecho a la autodeterminación informativa, sin bastar con ello las condiciones instaladas al respecto en BVerfGE **65** 1, 44 —aquí se piensa solamente en el informe psiquiátrico acerca del estado psíquico del acusado según el art. 81, StPO, el que es presentado hasta en la audiencia pública,[180] pero además también en la persecución por imágenes ausente de sospecha según art. 1, art. 3 G 10 y los arts. 1, 12 Ley-BND.[181]

91 Sorpresivamente, el Tribunal Constitucional de la República Federal tomó también el **art. 81 a, StPO** como fundamento suficiente para elevación y el aprovechamiento de la huella digital de ADN en el procedimiento penal,[182] pero al mismo tiempo tomó amplia distancia de las condiciones expuestas en BVerfGE **65** 1, 44, 46 para el procedimiento penal. En especial, se renunció al requerimiento de protección con respaldo oficial contra el uso para fines extraños por prohibiciones de curso y de aprovechamiento, «en vista de una posibilidad de abuso solamente teórica», y el Tribunal Constitucional de la República Federal considera la determinación que especifique el ámbito exigida originalmente[183] como aún protegida a causa del bastante indeciso distintivo de la significancia del proceso (hasta tanto puede ser afectado el círculo de los relacionados?) —y esto sin enfrentarse ni siquiera en forma de planteo con argumentos contrarios de peso de la literatura.[184, 185] Pero afortunadamente el legislador tomó aquí la iniciativa y creó en el art. 81 e, StPO el fundamento legal necesario según la opinión aquí representada (ver más detalles en las explicaciones al art. 81 e, StPO).

5. ALCANCE DE LA PROHIBICIÓN DE APROVECHAMIENTO

a) Efectos ampliados de la ley

92 *aa)* Si y en qué medida se deben sacar **conclusiones** del **legítimo silencio** de acusados o de medios de prueba personales, no es cuestión de un efecto ampliado de las prohibiciones de pruebas referentes a la averiguación de los hechos (ver

179 BGHSt **37** 157, 158; compare también BGHSt **38** 320, 322 y BGH NStZ **1991** 399, 400.
180 Para más detalles compare p. ej., SK-RUDOLPHI ante art. 94, 42 y ss.; GÖSSEL GedS MEYER 121, 143 y ss. y GA **1991** 507 y s.
181 Ver acerca de ello BVerfG NJW **1996** 114.
182 BVerfG NJW **1996** 1587, 1588; NStZ **1996** 45; reforzado por BVerfG NStZ **1996** 606.
183 BVerfGE 65, 1, 46.
184 Compare p. ej., JUNG MschrKrim **1989** 103, 105, 107; KELLER NJW **1989** 2289, 2294.
185 BVerfG NStZ **1996** 45, 46.

arriba núm. de margen 2),[186] sino de los límites de la libre **valoración de la pruebas;** como se indica en las explicaciones acerca del art. 261, StPO (acerca de la importancia del aprovechamiento de pruebas como valorización de pruebas ver arriba núms. de margen 3, 5 y abajo núm. de margen 127).

93 *bb)* Se entiende bajo el posible **sentido ampliado de la ley** de

prohibiciones de pruebas sólo el planteo de si, aparte del aprovechamiento de las informaciones conseguidas directamente bajo violación de una prohibición de aprovechamiento, también se encuentra prohibido el aprovechamiento de **todas las demás pruebas** que, sin la violación de la prohibición de aprovechamiento, no se hubiesen podido conseguir. Hasta ahora, la jurisprudencia **negó** en principio semejante efecto ampliado de la ley: «No todo error de procedimiento que produce una prohibición de aprovechamiento de un medio de pruebas lleva sin más a la paralización de todo el procedimiento penal».[187] La jurisprudencia reconoció hasta ahora sólo en dos casos **excepciones** a este principio: por un lado el *interrogatorio de acusados* y por otro lado la *escucha telefónica* (ver abajo núm. de margen 97 f).

94 (1) La prohibición de aprovechamiento del art. 136 a, párr. 3, StPO, correspondiente al principio recién mencionado, rige sólo para «las declaraciones del acusado producidas por la violación del art. 136 a, párr. 1, StPO, pero no para una declaración ulterior..., durante la que su libre albedrío no fuera menoscabado». Semejante efecto ampliado limitado como **cuasi-ampliación** de la prohibición del art. **136 a, párr. 3,** StPO es reconocido para aquellas declaraciones ulteriores en las que la violación del art. 136 a, párr. 1, inciso 1, StPO durante la declaración anterior directamente conseguida «ha seguido efectuándose y ha menoscabado la libertad de declarar del acusado de manera judicialmente considerable»;[188] no puede haber diferencia para la cuestión de aprovechamiento de la declaración, si la presión fue ejercida en el interrogatorio mismo, o si una presión anterior sigue teniendo efecto».[189]

95 **No es aprovechable** entonces, por ejemplo, una declaración delante del juez investigador, en la que produjo un efecto «el engaño de la fiscal a cargo de la averiguación acerca del supuesto hallazgo del cadáver de un niño»[190] y, de la misma manera, una declaración delante del juez de prisión, la presión no autorizada al llevar al acusado delante del cadáver de su hijo, ejercida durante el interrogatorio policial, sigue todavía teniendo efecto al momento del interrogatorio judicial,[191] o un engaño antijurídico por el anterior interrogador oficial de policía, sin que el juez «elimine o disminuya el error producido por la policía o hasta que indique el posible desaprovechamiento» de las declaraciones anteriores, como por ejemplo una confesión.[192] Por el contrario, hay que **negar** un **efecto continuado,** si el acusado igualmente confiesa en conocimiento de su derecho a callarse y de la imposibilidad de poder aprovechar sus declaraciones delante la policía, y con ello defendiendo su libertad de decidir.[193]

---

186 **Otra opinión** LR-K. SCHÄFER, intr. **14** 38; compare también LR-RIESS, intr. I 92 y ss.
187 BGHSt **27** 355, 358.
188 BGH NJW **1995,** 2047 con otra documentación.
189 BGHSt **17** 364, 368.
190 BGH NStZ **1996,** 290, 291.
191 BGHSt **17,** 364, 368 y s.
192 BGHSt **35,** 328, 332; LG DORTMUND NStZ **1997,** 356, 358.
193 BGHSt **37,** 48, 53 y s.

96 En casos así, la **aceptación de un efecto ampliado** de la prohibición original de aprovechamiento se fudamenta entonces en que la **violación de la ley** producida durante el interrogatorio anterior finalmente **sólo se hubiese repetido** a causa de su efecto continuado durante la eventual introducción en el plenario de los resultados de este interrogatorio defectuoso —un simple cuasi efecto ampliado—.

97 (2) A la negación fundamental de un efecto ampliado de prohibiciones de aprovechamiento corresponde también la jurisprudencia acerca de la imposibilidad de aprovechamiento por principio de los resultados logrados de una **escucha telefónica** ordenada ilegal-mente. Semejantes conocimientos no deben «ser utilizados como medios de prueba en el procedimiento penal», ni tampoco los conocimientos derivados de las declaraciones del acusado «bajo impresión de reserva»[194] ilegalmente logrados, pero también aquí —como asimismo en declaraciones del acusado obtenidas violando el art. 136 a, párr. 1, StPO (arriba núm. de margen 94)—, rige sólo al seguir efectuándose la violación de la ley original, pero no cuando el acusado —»tal vez porque pasó algún tiempo»—[195] declara voluntariamente y sin la influencia de la interpelación, por ejemplo «para 'desahogarse' de los hechos».[196]

98 El Tribunal Federal ha aprobado por ello aquí (desde ahora confirmado por la legislación en el art. 100 b, párr. 5, StPO en la F. del OrgKG), no sólo un *cuasi* efecto ampliado de esta índole, sino también a un **efecto ampliado real,** porque la escucha telefónica sólo es admisible para la persecución de aquellos hechos penales de todos los participantes de las conversaciones escuchadas, que estén mencionados en el catálogo de las reglamentaciones que justifican esta intervención en el derecho fundamental del art. 10, GG (art. 1, art. 1 párr. 1, art. 2, párr. 1, G 10; art. 100 a, StPO) o que estén relacionadas con éste[197] —y esto es válido en base a una **ponderación** de intereses de la persecución penal con los intereses individuales afectados observando el principio de la proporcionalidad—, también en cuanto a aquellos «conocimientos y documentos a los que las conversaciones escuchadas sólo indican el camino y que son hallados en base a otras averiguaciones realizadas fuera de la escucha telefónica».[198]

b) Conocimientos logrados por particulares

99 *aa)* La «obtención de un medio de prueba» meramente ilegal por un **particular,** como por ejemplo grabaciones a escondidas de audio en contra del art. 201, StGB o declaraciones logradas por exacción o menoscabos corporales[199] frente a un posterior testigo, no lleva «indefectiblemente» a «la imposibilidad del aprovechamiento durante el procedimiento penal de este medio de prueba»; según el Tribunal Federal hay que decidir acerca del aprovechamiento en estos casos aplicando la **Teoría de tres etapas** del Tribunal Constitucional de la República Federal[200] (arriba núm. de margen 72 ff). El EuGHMR sólo ha dictaminado sobre la cuestión del aprovechamiento de tales pruebas bajo los aspectos de una ejecución del proceso equitativa (art. 6, MRK) y de un menoscabo de la esfera privada (art. 8 MRK) y la

[194] BGHSt **32,** 68, 70.
[195] BGHSt **27** 355, 358.
[196] BGHSt **35** 32, 35.
[197] BGHSt **29** 23, 24 con otra documentación.
[198] BGHSt **29** 244, 251.
[199] Compare acerca de ello OLG OLDENBURG NJW **1953** 1237.
[200] BGHSt **36** 167, 173.

admitió conforme a los hechos cuando «los derechos de la defensa fueron respetados» y el conocimiento obtenido ilegalmente «no había sido la única prueba en la que se basaba la condena».[201]

100 *bb)* La jurisprudencia del Tribunal Federal lleva finalmente a los **criterios de aprovechamiento** que ya fueron significativos en la cuestión de un efecto ampliado de la prohibición de aprovechamiento del art. 136, párr. 3, StPO (arriba núm. de margen 94 ff): ¿significaría la introducción al mismo plenario de conocimientos ilegalmente obtenidos particularmente una violación de la ley y llevaría así a una prohibición de aprovechamiento? La expresa referencia a la Teoría de tres etapas desarrollada en el BVerfGE **34** 238 no lleva con ello a nuevos criterios de prohibiciones de pruebas —el EuGHMR solamente se centra en los puntos de vista de la observación de los derechos de defensa hasta ahora no mencionados por el Tribunal Federal— el valor de la prueba considerado además por este Tribunal es un problema de la apreciación de pruebas (ver respecto a ello también arriba núm. de margen 58).

c) Posibilidad de obtención legal de pruebas

101 El Tribunal Federal ha exigido expresamente, aunque no permanentemente, que la sentencia también debe **basarse** en una violación de la ley que lleva a una prohibición de aprovechamiento (compare arriba núm. de margen 17). Esta indispensable condición, ya según el art. 337, StPO, no se encuentra particularmente en los casos en los que, por cierto, el hecho respectivo fue introducido en el proceso bajo una violación de la ley, pero que hubiera podido ser logrado **por vía legal** (arriba núms. de margen 51 f, 69). Pero en el caso de una escucha telefónica sin orden judicial la admisibilidad de esta argumentación fue **desechada:** «No hay lugar para una contemplación bajo el punto de vista de una 'intervención sustituía hipotética'».[202]

6. Comprobación según el derecho procesal de prohibiciones de aprovechamiento

102 La existencia de una violación de una prohibición de pruebas, con la consecuente imposibilidad de aprovechar al medio de prueba, se encuentra sujeta a las normas de **cualquier medio de prueba.**[203] También rige para las violaciones del art. 136 a, StPO en primera instancia.[204] En la instancia de revisión, se debe observar a la violación no en virtud del cargo, sino por censura, según el art. 344, párr. 2, StPO,[205] de manera diferente que en la inobservancia de obstáculos del procedimiento.

103 En la apreciación de los resultados de las averiguaciones no se considera el axioma *«in dubio pro reo»;* las fallas en el procedimiento deben ser comprobadas.[206]

---

[201] EuGHMR NJW **1989** 654, 655 y s.

[202] BGHSt **31** 304, 306; compare también ROXIN NStZ **1989** 379.

[203] Jurisprudencia permanente, compare p. Ej., BGHSt **42** 15, 18.

[204] BGHSt **16** 164 = JR **1962** 108 con observ. Eb. SCHMIDT; **opinión frecuente** p. ej., KK-BOUNONG art. 136 a, 43; KMR-MÜLLER art. 136 a, 21; SK-ROGALL art. 136 a, 83; **otra opinión** PETERS 339; crítico art. 136 a, StPO, 68.

[205] Dejado en suspenso en BGHSt **25** 25 y s.

[206] BGHSt **38** 214, 224; **otra opinión** LR-HANACK arts. 136 a, StPO, 69; Se estiman considerables las dudas acerca de la presencia de una infracción al procedimiento cuando, por causas situadas en la esfera de la justicia, se halla *seriamente* quebrantada la suposición de legitimidad y de la forma jurídico-procesal del procedimiento estatal; para la aplicación ilimitada del teorema *«in dubio pro reo»* HAUF 197.

III. RESULTADO DEL SUMARIO ACERCA DE LA JURISPRUDENCIA RESPECTO A LAS PROHIBICIONES DE PRUEBAS

1. CRÍTICAS Y DEFICIENCIAS

104 *a)* La jurisprudencia ha logrado con gran mérito labrar criterios decisivamente importantes acerca de la presencia de violaciones de prohibiciones de pruebas y de su apreciación como violaciones revisibles del procedimiento. Pero especialmente algunas contradicciones al utilizar estas características permanecen insatisfactorias (compare por ejemplo arriba núms. de margen 31, 32, 57, 63, 66); la consulta a veces pareciendo arbitraria de los diferentes criterios (compare p. ej., arriba núms. de margen 36 f, 40 f) y los resultados tan sólo muy poco convincentes en la aplicación de la denominada **Teoría de tres Esferas** (arriba núm. de margen 72 ff, compare ante todo núms. de margen 78, 80 ff). Particularmente insatisfactorias se muestran las confusiones, por un lado acerca de en qué casos ya la sola **violación de la ley** decide acerca de una prohibición de aprovechamiento y en qué casos lo hace recién una **ponderación** entre los intereses individuales colisionándose con los intereses estatales respecto de una persecución penal efectiva (p. ej., arriba núm. de margen 62 f); pero también, por otro lado, acerca de la importancia del **elemento de fundamento,** ya como característica de una prohibición de aprovechamiento o ya como una característica adicional al violar una prohibición de aprovechamiento que decide sobre el éxito de la revisión (arriba núm. de margen 38).

105 *b)* La diferenciación ya mencionada arriba en el núm. de margen 14 entre las prohibiciones de práctica y de pruebas hace parecer como casi evidente que la jurisprudencia haga resaltar la cuestión sobre en qué casos y bajo qué condiciones debe o no asignarse a la prohibición de práctica una prohibición de aprovechamiento y en qué casos no (compare arriba núm. de margen 25 f): es reconocido universalmente que no todas las violaciones del procedimiento pueden justificar la revisión; asimismo, esto debe valer para la averiguación de los hechos. De este modo, se encuentra afectada la problemática de la **relación** entre la **prohibición de práctica y de aprovechamiento,** la que ya en vista de los casos mencionados arriba en el núm. de margen 62, igualmente parece como poco clara por ahora.

2. LA RELACIÓN ENTRE PROHIBICIONES DE PRÁCTICA Y DE APROVECHAMIENTO

a) Independencia y dependencia de las prohibiciones de aprovechamiento

106 Debemos agradecer a DENCKER y ROGALL la **división** ya universalmente reconocida de las prohibiciones de **aprovechamiento** en aquellas de naturaleza independiente y aquellas dependientes. Según ello, las prohibiciones de aprovechamiento son *dependientes* cuando resultan «como consecuencia de una violación de prohibiciones de práctica», mientras que son *independientes* cuando resultan independientemente «de una violación anterior de una prohibición de práctica»,[207] así por ejemplo el aprovechamiento de un hecho averiguado legalmente en procedimiento según el art. 1, arts. 2, 3 G 10 con motivo de otros hechos penales distintos a los contenidos en el catálogo de estas reglamentaciones (prohibición de aprove-

[207] ROGALL ZStW **91** (1979) 3 y RUDOLPHI-Symp. 145; así ya antes DENCKER 10 y s., 101; así también DALAKOURAS 107; GRÜNWALD (derecho de prueba) 142; RANFT 1582; WALDER 39 y ss.; crítico PERES 136; STÖRMER 12; HERDEGEN (observaciones) 110.

chamiento según art. 1, art. 7, párr. 3 G[208]), además el aprovechamiento de declaraciones averiguadas en forma legal de testigos con derecho a no testificar, los que por ejemplo recién hacen valer dicho derecho en el procedimiento de apelación (prohibición de pruebas de arts. 250, inciso 2, 252 StPO[209]). Ya con ello se demuestra la necesidad de aclarar, aparte de la diferenciación de prohibiciones de práctica y de aprovechamiento, también la relación respectiva de ambas clases de prohibiciones de pruebas.

b) Prohibiciones de aprovechamiento y etapa del procedimiento

107 La cuestión puesta en primer plano (también) en la jurisprudencia sobre en qué casos hay que adjuntar una prohibición de aprovechamiento a una prohibición de práctica se basa regularmente en que una prohibición de aprovechamiento esté referida a aquellos hechos que fueron averiguados mediante una violación de una prohibición de práctica de pruebas durante una etapa anterior al pronunciamiento de la sentencia.[210] Pero esta opinión no parece muy compatible con la sola existencia de prohibiciones de aprovechamiento independientes.

108 Por lo demás ya fue indicado arriba (núms. de margen 3 y 5) que el aprovechamiento de pruebas significa la valoración de las mismas, la que hay que realizar ya durante el procedimiento de averiguación y que no se encuentra reservada solamente al procedimiento judicial de la sentencia (núms. de margen 4 f, 13). Lo mismo vale también para la práctica de las pruebas: ella no sucede solamente durante el procedimiento de averiguación, sino ya como condición de la valorización de pruebas también en el procedimiento judicial de la sentencia (arriba núm. de margen 3 ff) —y esto no solamente durante la primera práctica de pruebas (por ejemplo la declaración de un testigo hasta ahora desconocido durante el plenario de la apelación), sino también bastante a menudo durante la introducción al plenario de un hecho averiguado en el procedimiento de indagación: también el contenido de documentos secuestrados durante el procedimiento de averiguación se determinará nuevamente mediante lectura y por consiguiente es planteado durante el procedimiento de la sentencia (arriba, núm. de margen 3). Pero, por lo tanto, pueden de igual modo no ser respetadas las **prohibiciones de práctica** y las de **aprovechamiento** tanto en el **procedimiento de averiguación** como en el **procedimiento judicial de la sentencia.** Pero también puede ser permitido, en el procedimiento judicial de la sentencia, convertir en fundamentos para la sentencia hechos o circunstancias que durante el procedimiento de averiguación fueron determinados ilegalmente (p. ej., una extracción de sangre violando el art. 81 a, StPO).

109 Pero con ello, sin embargo, no es cuestionada la **diferenciación** entre prohibiciones de aprovechamiento independientes y dependientes: Por lo menos el compromiso matrimonial en la sala de audiencia durante el interrogatorio de los testigos y la inmediata validación del derecho a no testificar debería demostrar claramente que una práctica de pruebas admisible en el procedimiento de la sentencia también está sujeta a una prohibición de aprovechamiento independiente de una anterior violación de una prohibición de práctica de pruebas.

---

208 SCHROEDER JR **1973** 253; en cuanto a ello también parece digno de mención, que el BGH en el denominado fallo de la conversación en un lugar cerrado (BGHSt **31** 296, ver acerca de ello arriba núm. de margen 78) negó el aprovechamiento de las conversaciones grabadas, independientemente del hecho de si la grabación fue o no compatible con las normas legales.

209 DENCKER 111.

210 Compare p. ej., LR-SCHÄFER, intr. **14** 13; SCHLÜCHTER 4.2.

c) Efectos precedentes de prohibiciones de aprovechamiento

110 *aa)* Aunque hasta ahora se le haya prestado poca atención a la opinión aún hoy ocasionalmente sostenida en la literatura, esta debería no obstante contar con una aprobación general. Según esta opinión, puede resultar de la **existencia** de una eventual **prohibición de aprovechamiento** durante el proceso judicial, **un efecto anticipado que lleve a una prohibición de práctica** para etapas anteriores del procedimiento: si quizás al aprovechamiento de una intervención corporal se antepusiese una prohibición fundamental, ya se encuentra no proporcional el orden judicial para la ejecución de esta intervención según art. 81a, StPO o art. 81c, StPO, justamente por su posterior imposibilidad de aprovechamiento.[211] Al reglamentar el denominado «gran ataque de escucha», la legislación hasta ha ordenado expresamente tal efecto anticipado para determinados casos (art. 100 d, párr. 3, inciso 2, StPO). **1** *bb)* Pero si existen casos en los que a una *prohibición de práctica* no se agrega una *prohibición de aprovechamiento* (arriba, núm. de margen 107), se debe tener en cuenta también un eventual **efecto anticipado** de la **inexistencia** de una **prohibición de aprovechamiento,** teniendo en vista a la obligación judicial de esclarecimiento del art. 244, párr. 2, StPO. Así, en el año 1997 fueron publicadas algunas resoluciones en las que el reclamo de esclarecimiento o el reclamo de causa sostenida por un esclarecimiento insatisfactorio fueron considerados justificados, precisamente porque en las resoluciones respectivas impugnadas acerca de una violación de una prohibición de práctica también se le había adjuntado injustificadamente una prohibición de aprovechamiento: tanto en el aprovechamiento no realizado de resultados de medidas acerca de la supervisión de tránsito (ver arriba núm. de margen 62 f),[212] obtenidos sin fundamento jurídico y por ende contra el estado constitucional, como en la no realizada protesta del defensor contra el aprovechamiento de una prueba elevada incorrectamente,[213] indispensable para la aceptación de una prohibición de pruebas. Si ahora se tiene presente que el aprovechamiento de prueba es esencialmente una apreciación de la prueba y que al mismo tiempo está conectada a la determinación observante de las circunstancias (núm. de margen 108), esta jurisprudencia lleva hacia el resultado memorable de que la obligación judicial de esclarecimiento en el marco del aprovechamiento indispensable obliga a violaciones de la ley durante la averiguación de los hechos. Pero esto aparece no solamente inaceptable, sino también contradictorio: ¿como puede ser indicado al tribunal algo del ordenamiento jurídico según art. 244 StPO, cuya realización le está prohibida en el ordenamiento jurídico por una prohibición de práctica de pruebas?[214] —Lo mismo rige también para el procedimiento de averiguación, porque la obligación de esclarecimiento del art. 160, StPO que rige para la labor indagatoria del fiscal corresponde como es sabido al art. 244, StPO.

3. La dudosa diferenciación entre la prohibición de práctica y aprovechamiento

112 La ley no conoce el concepto de la «prohibición de práctica de pruebas» como tampoco el de «prohibición de aprovechamiento de pruebas» —solamente

---

211 GÖSSEL GedS MEYER 130; STERNBERG-LIEBEN NJW **1987** 1242, 1243 y s.; compare también SCHRÖDER, *Derecho Procesal Penal,* 2ª edición (1997) 121.

212 BayOblG NZV **1997** 276 para el tránsito fluido, y NJW **1997** 3454 para el tránsito tranquilo (pero también compare KG NJW**1997** 2894).

213 OLG CELLE NStZ-RR **1997** 177—aquí sobre la censura de la causa fundamentada en una instrucción deficiente—.

214 Para detalles compare GÖSSEL NStZ **1998** 126, 129. La posibilidad de hacer validar por el art. 244, párr. 2, StPO todas las intervenciones en los derechos fundamentales al faltar una prohibición de

conoce la «violación de la ley» (art. 337, StPO). Si se divide la violación de la ley, aunque sólo en el área parcial de la prueba, en las dos presentaciones judiciales diferentes entre sí, por un lado en la violación de una prohibición da práctica y por otro lado en la de una prohibición de aprovechamiento, se presenta, entre otras, casi obligatoriamente la cuestión de su respectiva relación con las consecuencias recién expuestas en el núm. de margen 111. Pero esta reflexión demuestra el remedio posible y asimismo necesario: con las voces de la literatura, las que como hasta ahora han levantado reparos contra la diferenciación entre práctica y aprovechamiento de pruebas,[215] hay que **renunciar** a la **diferenciación** entre práctica y aprovechamiento de pruebas, y con ello también a la cuestión de si se puede atribuir a la prohibición de práctica también una prohibición de aprovechamiento. En lugar de ello, debe centrarse en la **violación de la ley,** como también en si el respectivo acusado se encuentra gravado hasta tanto el ordenamiento jurídico le exija o no aceptar esta violación; más detalladamente se tratará este tema (abajo núm. de margen 140 ff.) luego de un resumen de las opiniones en la literatura.

IV. LAS DOCTRINAS DE LA PROHIBICIÓN DE PRÁCTICA DE PRUEBAS DESARROLLADAS EN LA LITERATURA

1. VÍAS PARA LA OBTENCIÓN DE DOCTRINAS DE LA PRÁCTICA DE PRUEBAS

a) Doctrina de actuación y las doctrinas de la independencia de las prohibiciones de práctica de pruebas

113 Aparte de consultar al planteo de la actuación establecido por la jurisprudencia, «límites y... extensión del derecho de reclamo de revisión» como «lugar clave para la comprensión de las prohibiciones de prueba»[216] y de definir y sistematizar las prohibiciones de pruebas «en vista de sus funciones procesales (arriba núm. de margen 18), desde siempre se trató en la literatura de considerar las prohibiciones de prueba como **instituciones procesales independientes** y, basándose en la esencia de la prohibición de prueba, de encontrar reglamentaciones ordenadas sistemáticamente y con ello a una dogmática de la prohibición de pruebas, sin reparar en las consecuencias jurídico-constitucionales.[217]

b) Las dos vías de las doctrinas de la independencia

214 En las doctrinas de la prohibición de pruebas independientes esencialmente se recorren dos caminos. Partiendo de una determinada definición de la prohibición de pruebas se trata, por un lado, de llegar al objetivo de una doctrina de prohibición de pruebas mediante división de las prohibiciones de pruebas (abajo núm. de margen 115) y, por otro lado, mediante una **unión** de criterios **formales** y **materiales** (abajo núm. de margen 129 ff.).

---

aprovechamiento, ya no entra en consideración por las razones expuestas en la nota al pie 109; quien tenga una opinión contraria debería contestar la pregunta de por qué el art. 244, párr. 2, StPO no puede desplegar su fuerza autorizadora y valedera en todos los casos en los que la prohibición de ejercicio se encuentra ligada con una prohibición de aprovechamiento.

215 Compare p. ej., GRÜNWALD (Derecho de Prueba) 116 y PERES 14.

216 Así la descripción acertada de RENGIER 219 con documentación adicional.

217 Compare la documentación en GÖSSEL FS-BOCKELMANN 802; NJW **1981** 649 y GA **1991** 483; ver además BOCKEMÜHL 94 y s.; KELNHOFER 51 y ss.

2. LAS DOCTRINAS FORMALES DE LA PROHIBICIÓN DE PRUEBAS

a) Prohibiciones de pruebas como prohibiciones de práctica y de aprovechamiento de pruebas

115 *aa)* Dentro de las prohibiciones de pruebas se diferenció primeramente a dos **grupos interfiriéndose** mutuamente: por un lado, las prohibiciones de aprovechamiento de pruebas (ver arriba núm. de margen 14) y, por otro lado, las prohibiciones de práctica de pruebas (prohibiciones para la averiguación de ciertas circunstancias o de la utilización de ciertos medios de prueba). Esta división aún hoy en día es reconocida ampliamente;[218] con respecto a la crítica, ver arriba núm. de margen 111 f.

116 *bb)* También en la literatura se toma aún hoy como decisiva la cuestión de si **la violación de una prohibición de práctica** siempre tiene como consecuencia **también una prohibición de aprovechamiento** o no. Pero con ello surge como indispensable **filtrar** del círculo de todas las violaciones imaginables de las reglamentaciones acerca de la averiguación de los hechos a aquellas que, como violaciones de las **prohibiciones de aprovechamiento** de pruebas, den motivo para la revisión.[219] Las doctrinas formales de prohibiciones de pruebas aquí tratadas intentan lograrlo por medio de una división formal, como se expondrá más adelante.

117 *cc)* En referencia **formal** a la diferenciación de prohibiciones de práctica y de aprovechamiento de pruebas y partiendo de la suposición de que las violaciones de prohibiciones de aprovechamiento de pruebas suponen una anterior violación de prohibiciones de práctica de pruebas, se ha tratado primero de adjuntar una **prohibición de aprovechamiento** a ciertas clases de **prohibiciones de práctica de pruebas,** aunque no a otras.

---

[218] Compare p. ej., KK-PFEIFFER, intr. 118 y ss.; KMR-PAULUS, arts. 244, 486, 489; KLEINKNECHT/ MEYER/GOSSNER, intr. 50; AK-KÜHNE ante art. 48, 48; RANFT 1582; ROXIN, art. 24, 16 y ss.; RÚPING 135; ALSBERG/NÜSE/MEYER 431 y s.; BOCKEMÜHL 92; KELNHOFER 48; GÖSSEL JZ **1984** 361; GROPP 217; ROGALL System 143; **rehusando** PERES 14; «La diferenciación es superflua»; dudoso también GRÜNWALD (Derecho de Prueba) 142.

[219] Aunque aquí no se podrá ofrecer un panorama algo más representativo del Derecho comparado, igualmente se debe señalar que en algunos países pertenecientes al círculo jurídico del **common-law** (Australia, Inglaterra, Irlanda, Canadá, Nueva Zelanda, Escocia, USA) también pueden introducirse al procedimiento pruebas obtenidas de manera ¡licita. Pero menos en Canadá y los USA, el juez tiene el derecho de excluir pruebas en ciertos casos graves, lo mismo se le concede en Inglaterra, cuando la admisión de las pruebas tuviere un efecto negativo hacia el acusado («judicial *discretion to exelude evidence on the ground that the strict rules of admission would operate unfairly against an accused»),* lo que también es negado expresamente en caso de un *«entrapement»* (poner una trampa) —contrariamente al art. 136 a, párr. 1, inc. 1, stop— que también comprende al engaño (extraído de: *report of the Federal/Provincial Task Force on Uniform Rules of Evidence, Carswell Ltd.* Toronto **1982,** pág. 226). En los USA también es limitado en gran parte el principio de la admisibilidad de pruebas obtenidas en forma ilícita: cada prueba obtenida bajo violación de los derechos constitucionales de un habitante, automáticamente es excluida *(Report,* pág. 229 en lugar indicado). En **Italia** puede reprobarse mediante la revisión solamente la «inobservancia de prescripciones de procedimiento», cuyo cumplimiento por lo demás es fijado so pena de nulidad, ser inservible, inadmisibilidad o exclusión (art. 606, párr. 1, letra c, del Código Procesal Penal italiano, citado según la edición de texto bilingüe en Athesia, Bozen 1991). Acerca de la situación jurídica en Austria ver *Schmoller* FS Platzgummer 283. Pero para una prohibición de aprovechamiento sin excepciones en «todos los medios de prueba obtenidos bajo violación de las normas jurídicas» ver BERNSMANN StraFo. **1998** 73 y s.

b) División de las prohibiciones de práctica de pruebas

118 Seguramente, la tratativa más extensa de una división sistemática de todas las prohibiciones de pruebas la ha emprendido PETERS en su informe para el 46. DJT, y ha dejado decidir a la respectiva clase de prohibiciones de pruebas, si representan o si conducen a una prohibición de aprovechamiento.[220] Esta propuesta, que se basa en los preparativos de BELING, la **división** de las prohibiciones de pruebas en prohibiciones de temas, medios y métodos de pruebas, entendidas como subdivisiones de las **prohibiciones de práctica de pruebas,** ha tenido un reconocimiento universal.[221] Pero más allá de un cierto valor didáctico y sistemático no se le puede adjudicar a esta división **ninguna importancia:** a las tratativas de derivar de una clase de prohibición de pruebas, características para la determinación de posibilidades de sanación respecto a violaciones cometidas o de prohibiciones de aprovechamiento, hay que calificarlas como fracasos,[222] así como porque no fue lograda convincentemente una clara clasificación en las subdivisiones propuestas de las diversas prohibiciones de pruebas, como es presentado más adelante.

119 *aa)* Según las **prohibiciones de temas de prueba,** ciertas circunstancias no deben ser averiguadas: así, por ejemplo, los objetos sujetos a secreto de asistencia judicial y a la discreción oficial (art. 43, DRiG; art. 54, StPO) y, asimismo, antecedentes penales saldados o a punto de saldar (art. 51, BZRG).

120 La pertenencia de prohibiciones de práctica de pruebas a este subgrupo **no explica,** mientras tanto, si en una eventual violación se encuentra presente una **prohibición de aprovechamiento.** El art. 51, BZRG, no obstante, establece expresamente una prohibición de aprovechamiento, pero sólo para el caso regular: el hecho y la condena pueden ser determinadas en oposición al art. 51, BZRG, cuando el acusado se remite a este artículo para su descargo[223] —y, mientras una violación del art. 43, DRiG lleva siempre a una prohibición de aprovechamiento,[224] por otro lado la revelación de secretos profesionales sin la autorización necesaria en oposición al art. 54, StPO no puede fundamentar la revisión y con ello una prohibición de aprovechamiento— (ver arts. 54, 31 StPO).

121 **Tampoco puede decidir** la pertenencia al aquí tratado subgrupo de prohibiciones de práctica acerca de **posibilidades de subsanación:** mientras una posterior autorización en los casos del art. 54, StPO puede conducir a una subsanación de la violación respectiva, en los casos restantes la revisibilidad se podría excluir solamente por el motivo de que el hecho averiguado, contrariamente a la prohibición, es ignorado durante la obtención de la sentencia y entonces sí es observada la prohibición de aprovechamiento: las declaraciones acerca de posibilidades de subsanación sólo pueden hacerse, de acuerdo con ello, observando las particularidades de la prohibición respectiva.

122 Más allá, aparece apenas posible una **clara adjudicación** a este grupo, porque por un lado el art. 54, StPO puede ser adjuntado al medio de prueba a

---

[220] PETERS, Tratado del 46. DJT (1966) Tomo I 91, 99, 106 y ss.
[221] LR-K. SCHÄFER, intr. **14** 3 y ss.; KK-PFEIFFER, intr. 119; KLEINKNECHT/ MEYER/GOSSNER 51 y ss.; RANFT 1583, los que además nombran al grupo de las denominadas prohibiciones de pruebas relativas.
[222] KMR-PAULUS, art. 244; AK-KÜHNE ante art. 48, 48; DALAKOURAS 107; RÓGER 9; GOSSEL GA 1991 484.
[223] BGHSt 27 108, 109.
[224] Compare p. ej., RANFT 1585.

deliberar,[225] pero por otro lado rige también lo contrario (interrogatorio bajo violación del art. 252).

123 *bb)* **Las prohibiciones de medios de pruebas** deben excluir de la averiguación de la verdad a determinados medios de prueba,[226] como el testigo sin instruir contra el art. 52, párr. 3, inciso 1, StPO y el art. 55, párr. 2 o el informe por escrito de un médico privado acerca de graves lesiones corporales como prueba documental prohibida, por el art. 256, StPO; como «prolongación» o «complemento» del art. 52, StPO,[227] pertenece aquí también la prohibición con respecto a la determinación del contenido de la anterior declaración del testigo mediante otros medios de prueba (protocolos del interrogatorio, interrogadores —ver acerca de ello las explicaciones acerca del art. 252, StPO—) y el que recién más tarde hace valer su derecho a no testificar.

124 Tampoco aquí la pertenencia a este grupo de prohibiciones de práctica permite **ninguna manifestación** de que su violación tenga como consecuencia una **prohibición de aprovechamiento** revisible: una violación del art. 256, StPO fundamenta la revisión (ver explicaciones respecto del art. 256, StPO), al igual que el interrogatorio de testigos no instruidos según art. 52, párr. 3, inciso 1, StPO, pero no aquel interrogatorio del testigo que no fue instruido contrariamente al art. 55, párr. 2, StPO —y además no es posible llegar a una **clara limitación** respecto al grupo de las prohibiciones de temas de pruebas, por las causas ya presentadas arriba en el núm. de margen 122—. Para una eventual subsanación, rigen las exposiciones respectivas al núm. de margen 121.

125 **Las prohibiciones de métodos de pruebas** se hallan presentes cuando una **determinada clase** de la constitución de un medio de prueba es absoluta o relativamente **inadmisible** (según circunstancias del caso), mientras, sin embargo, otros métodos estén a disposición. Ejemplos: la prueba de investigación, la obtención de la declaración del acusado o de la declaración de un testigo de manera ilícita según los arts. 136 a, 69, párr. 3, StPO; la averiguación de la imputabilidad del acusado por extracción de humores (art. 81 a, StPO) bajo violación del principio de la proporcionalidad en hechos penales de poca importancia[228] o por una extracción de sangre por una persona no médica.

126 En este grupo, hasta la **atribución** es extremadamente problemática: el testigo torturado tanto como la prueba de sangre extraída por una persona no calificada podría considerarse como un medio de prueba prohibido, por lo cual en la literatura se considera idéntica a la prohibición de métodos de prueba hasta con la prohibición de medios de prueba.[229] Tampoco permite la pertenencia al grupo de las prohibiciones de métodos de pruebas a las declaraciones acerca de la presencia de **una prohibición de aprovechamiento** como su esencia o consecuencia;[230] mientras el art. 136 a, StPO en su párrafo 3 norma una clara prohibición de aprovechamiento, la jurisprudencia permitió el aprovechamiento de una muestra de sangre extraída por una persona no calificada (violación del art. 81 a, StPO),[231] pero no a la

225 Compare RANFT 1592; RENGIER 284 y s.
226 Compare p. ej., ROXIN art. 24, 14.
227 Compare p. ej., KLEINKNECHT/MEYER/GOSSNER, art. 252.1.
228 BVerfGE **16** 194, 202; aclaraciones más detalladas para art. 81 a, StPO.
229 AK-KÜHNE ante art. 48, 48.
230 ALSBERG/NÜSE/MEYER 477.
231 BGHSt **24** 125.

extracción de humores en hechos delictivos de poca importancia.[232] Del mismo modo, hay que calificar las eventuales **posibilidades de subsanación** según las particularidades de la violación respectiva (ver arriba núm. de margen 121).

127 *dd)* **Divisiones suplementarias.** Tampoco **otras divisiones** de prohibiciones de pruebas propuestas en la literatura aportan ninguna conclusión sobre aquellas características que pudieran señalar claramente las prohibiciones de aprovechamiento de pruebas. Hasta tanto sea propuesta con **prohibiciones de pruebas relativas** a la comprensión separada de la averiguación de los hechos ordenada o realizada mediante determinadas personas, se comprenderán solamente los grupos ya arriba mencionados de las prohibiciones de medios de prueba[233] y de prohibiciones de métodos de prueba; mientras tanto, rigen las exposiciones respecto a los núms. de margen 123 y 126.

128 El hecho de si existen las denominadas **prohibiciones de regulación o procedimiento de pruebas,** que «regulan modalidades de la práctica de pruebas por causa del buen orden externo del procedimiento»,[234] pero que «nunca pueden prohibir o excluir la obtención de una prueba determinada»[235] no es considerado aquí como importante.[236] Sólo aparece como decisivo si una determinada norma limita o no la averiguación de los hechos y éste es el caso también en aquellas disposiciones que liguen la determinación de los hechos a determinadas maneras o condicionamientos respecto al contenido (arriba núm. de margen 11). Se debe considerar además, que también aquí la **atribución** a este grupo de normas de prohibiciones causan considerables dificultades. De ello resulta que la prohibición de la extracción de sangre por una persona no calificada es agregada a este grupo,[237] que anteriormente fuera propuesta para ser agregada al grupo de las prohibiciones relativas de prueba y de método (con problemas de limitaciones respecto al grupo de la prohibiciones de medios de prueba); tampoco de esta división debería dejarse derivar ningún criterio para la determinación de prohibiciones de aprovechamiento de pruebas.

3. DOCTRINAS FORMALES-MATERIALES DE LA PROHIBICIÓN DE PRUEBAS

a) Carácter

129 Las tratativas de lograr informaciones acerca del carácter de las prohibiciones de pruebas sólo mediante una división *formal* de las mismas aparecen, aún más allá de los modelos recién rechazados, en absoluto prometedoras, porque de una simple disposición formal no se puede extraer ningún criterio en cuanto al contenido, para la precisión más detallada aunque sólo de una parte de los objetos a ordenar. Ya por eso se ha tratado justificadamente desde siempre —aceptando la división formal de las prohibiciones de pruebas en prohibiciones de práctica y aprovechamiento—, de determinar el último grupo nombrado **también materialmente** según criterios *en cuanto al contenido,* que se refieren al carácter y la finalidad de las prohibiciones de pruebas respectivas, pero también a la importancia de los intereses aquí afectados y que se chocan entre sí.

---

232 BVerfGE **16** 194.
233 Así AK-KÜHNE ante art. 48, 48.
234 LR-K. SCHÄFER, intr. **14** 8.
235 RENGIER 283.
236 Contra esta división ALSBERG/NÜSE/MEYER 479.
237 LR-K. SCHÄFER, intr. **14** 9.

130 Si al principio estaban en primer plano las tratativas de hacer decidir sólo determinadas características individuales (planteos factoriales, abajo núm. de margen 131 f) acerca de la presencia de prohibiciones de pruebas, ya pronto siguieron **planteos complejos,** en los que el carácter, la función o la finalidad de las prohibiciones de pruebas fueron fusionados con ciertos métodos para la determinación de prohibiciones de pruebas y de las características a los que para ello hay que recurrir (abajo, núm. de margen 135 f).

b) Planteos factoriales

131 *aa)* Como lo demuestra en especial la clara exposición por ROGALL, aquellos autores que quieren hacer decidir acerca de la presencia de prohibiciones de prueba a diversas (generalmente a varias) características en cuanto al contenido, parten de una determinada **función** o de una determinada **finalidad** de aquella reglamentación jurídica que fuera trasgredida con la obtención o el aprovechamiento de la sentencia respectiva, o que hubiese sido trasgredida en caso de su inminente obtención o aprovechamiento.[238] Así, fue atribuida a las prohibiciones de prueba por ejemplo la función «de proveer a la víctima de un medio jurídico efectivo»,[239] de proteger a la averiguación de la verdad del tribunal de la utilización de «medios y vías»[240] por experiencia llenos de defectos, de mantener la pureza del procedimiento[241] o de asegurar la superioridad moral del Estado,[242] «de quitar a las autoridades de la persecución penal el incentivo para la obtención antijurídica de medios de prueba»[243] o de apartar posibles «peligros para la efectividad especialmente preventiva de la pena»[244] por un comportamiento estatal incorrecto durante la averiguación de los hechos,[245] de la misma manera que aquellas para la función preventiva general de la pena, en la que se encuentra «la conservación y creación de la concientización de valores éticos sociales».[246]

132 Aunque la elaboración de estas posibles finalidades de las prohibiciones de pruebas es muy meritoria e iluminadora, no sería posible lograr de esta manera una **determinación** suficientemente clara de las **prohibiciones de pruebas:** al fin y al cabo, todas las finalidades nombradas llevan la aceptación de una prohibición de pruebas en cualquier violación de las normas de la averiguación de los hechos.[247]

133 *bb)* Lo mismo rige también para el planteo de PERES, quien siempre quiere aceptar una prohibición de aprovechamiento, cuando «son violados derechos de los participantes del procedimiento, bienes jurídicos del público en general o intereses del Estado»:[248] cualquier averiguación incorrecta de los hechos viola el derecho del

---

238 ROGALL ZStW **91** (1979) 11 y ss.

239 Compare acerca de ello el resumen en OTTO GA **1970** 290.

240 Eb. SCHMIDT MDR **1970** 461, 464; **contrario** SCHÖNEBORN MDR **1971** 713, 715; para este objetivo en casos de los arts. 250 y ss. AMELUNG (Derechos de dominio de informaciones) 28.

241 OSMER 10 y ss.; parecido REINICKE 181 y ss.: «Principio de Sanciones Interprocesal».

242 Eb. SCHMIDT, art. 136 a, 21.

243 GRÜNWALD, JZ **1966** 499.

244 Así ROGALL en su resumen ZStW **91** (1979), 13.

245 Compare OTTO GA **1970** 300.

246 DENCKER (Prohibiciones de aprovechamiento) 60, 72; parecido también RANFT FS-SPENDEL 724; Función satisfactoria del Procedimiento Penal.

247 Compare acerca de ello GOSSEL NJW **1981** 650 y s., y GA **1991** 485; crítica fundamental además p. ej., en ROGALL ZStW **91** (1979) 11 y ss. y también DENCKER (Prohibiciones de Aprovechamiento) 47 y ss., quien no obstante a la esencia de una prohibición de aprovechamiento, la ve en la alteración de la función preventiva general de la pena, 59 y ss.

248 PERES, 136.

acusado a una **manera de procedimiento** según la ley procesal y por ende llevaría sin excepción a una prohibición de aprovechamiento. Nada diferente rige también para las denominadas **doctrinas de la finalidad** de protección, que proponen aceptar una prohibición de aprovechamiento siempre y cuando sean menoscabadas las finalidades de protección perseguidas por las reglamentaciones respectivas acerca de la averiguación de los hechos.[249]

134 Tampoco convence el planteo, posiblemente más novedoso, respecto de la caracterización de la prohibición de aprovechamiento como violación de un derecho al control de información, que es distinguido por la existencia de un derecho público-jurídico a una omisión de elaboración de informaciones:[250] esta opinión, por un lado, no puede someter a una prohibición de aprovechamiento el uso de hechos que fueron obtenidos violando el art. 250, párr. 2, StPO y, por otro lado, explicar además por qué las violaciones de los **derechos de control de información** de testigos (arts. 52, 53, 54 y 55, StPO) en presencia del acusado pueden llevar a una prohibición de aprovechamiento y por qué en algunos casos no.[251]

c) Planteos complejos

135 De la cantidad de las prohibiciones de aprovechamiento, según las doctrinas que las catalogan por su característica, función y finalidad, pueden ser mencionadas aquí solo algunas que hasta ahora han merecido una especial atención.

136 *aa)* Según DENCKER, todas las prohibiciones de aprovechamiento sirven a la finalidad, ya mencionada arriba en el núm. de margen 131, de evitar posibles peligros para el menoscabo del efecto preventivo general de la pena, y en caso de su **dependencia** «siguen» ellos «a cada acto injurídico estatal de obtención de pruebas, en el que es transgredido el bien jurídico individual» —en caso de su **independencia** «encuentran» ellos «su fundamentación en las transgresiones de confianza amenazadas por un aprovechamiento que podrían evitar o menoscabar el ejercicio de derechos protegidos—,[252] y aquí DENCKER se centra en la **finalidad de protección de la norma** para la determinación de una trasgresión jurídica.[253]

137 Independientemente de las **dudas** ya arriba mencionadas en el núm. de margen 131 acerca de las finalidades adjuntadas a las prohibiciones de aprovechamiento por DENCKER, hay que formular sin embargo, que por ejemplo los arts. 81 a, 81 d, StPO contienen prohibiciones de pruebas que son propiamente menoscabadas, así como también su finalidad de protección, como por ejemplo con la extracción de sangre por una persona no médica o por la revisión corporal por un hombre, pero sin representar al mismo tiempo prohibiciones de aprovechamiento (no obstante, DENCKER quiere afirmar una prohibición de aprovechamiento en caso del art. 81, StPO[254]), mientras, por el contrario, la lectura del acta de una declaración de un testigo contrariamente al

---

[249] Así p. ej., GRÜNWALD (Derecho de Prueba) 155; la hasta ahora única excepción reconocida por GRÜNWALD —ninguna prohibición de aprovechamiento en caso de violaciones irreparables «de intereses de personas diferentes al acusado, de la comunidad o del Estado», p. 152— no convence por el hecho que también en caso de anteriores violaciones de intereses por el debate de los hechos obtenidos de manera fallida, nuevamente se encontrarían afectados los intereses ya violados.

[250] STÖRMER 234 y s. en conexión a AMELUNG (Derechos de dominio de Informaciones); compare acerca de ello también AMELUNG (FS-BEMMANN) 510 y ss.

[251] Denegando también ACKEMANN 183 y ss.

[252] DENCKER, 147.

[253] DENCKER, 92.

[254] DENCKER, 97.

art. 250, inciso 2, StPO; art. 325, StPO igualmente no permite reconocer una trasgresión del bien jurídico, así como la lectura, contrariamente al art. 256, de un informe de un hospital organizado privado-judicialmente. Por lo demás, tampoco parece muy lógico suponer como inadmisible el aprovechamiento de delitos a punto de ser canceladas contrariamente al art. 51, BZRG, porque de otro modo surgiría un daño de confianza que también sólo podría menoscabar el ejercicio de los derechos protegidos.

138 *bb)* ROGALL define uniformemente el carácter de las prohibiciones de pruebas independientes como dependientes de constituir «instrumentos de protección del individuo frente a la persecución penal estatal» para «la imposición de los bienes jurídicos individuales en el procedimiento penal»[255] y le agrega la cuestión sobre la determinación de una prohibición de aprovechamiento, a la que hay que responder en base a una **ponderación** entre los intereses de la protección judicial del individuo, colisionando aquí con los intereses de la persecución penal, «teniendo en cuenta la gravedad de la falta, la dignidad y la necesidad de la protección del... interés lesionado como también del interés existente de la persecución penal»,[256] un procedimiento al que denomina como «doctrina normativa de consecuencia jurídica».[257]

139 Pero **tampoco** a este planteo se lo puede **seguir,** porque tampoco están aquí comprendidos los casos de prohibiciones de pruebas sin menoscabo de los derechos individuales (arriba, núm. de margen 137: arts. 250, inciso 2; 325, 256, StPO) y, a falta de un bien jurídico individual menoscabado, no se encuentra una situación de ponderación[258] —por la misma razón tampoco se pueden aprobar las combinaciones del planteo de la ponderación hasta ahora propuestas, con otros criterios del planteo de la ponderación—.[259]

V. OPINIÓN PROPIA

1. PUNTO DE PARTIDA

a) Apreciación de las discusiones hasta ahora

140 La discusión acerca de la doctrina de la prohibición de pruebas en la ciencia y la práctica puede ser denominada como fructífera, ya que se pudo discutir y denominar por lo menos los puntos de vista más importantes para el desarrollo de la dogmática correspondiente. En un terreno tan difícil y discutido, esto podría ser señalado como un importante **avance en el reconocimiento.** Sin embargo, aún no se llegó a la meta (ver también arriba núm. 16). Como fue expuesto arriba en los núms. de margen

---

255 ROGALL ZStW **91** (1979) 21.

256 ROGALL (RUDOLPHI-Symp.) 157 y ya anteriormente ZStW **91** (1979) 22 y ss.; afirmando en contra de la crítica aquí presentada BOCKEMÜHL 104 y ss.; similar también SK-WOLTER ante arts. 151, 196, 201 y ss.; compare también S. SCHRÖDER 51 y ss.; solamente una ponderación en tanto no fue realizada ya por la ley.

257 JZ **1996** 948.

258 Contra la teoría de la ponderación mayormente los defensores de las teorías del objetivo de protección (arriba, núm. de margen 137), compare p. ej., GRÜNER 39, quien de manera memorable señala el peligro de la teoría de la ponderación, de convertir prohibiciones de aprovechamiento en instrumentos de «consideraciones de equidad de los jueces penales».

259 Compare BEULKE 663 y s.: El criterio del objetivo de protección como característica prioritaria con empleo subsidiario de la teoría de la ponderación en caso de restricciones de medios de prueba derivables de la constitución; FEZER (cuestiones fundamentales) 38 y KORIATH 105: La ponderación en casos situados de manera particular habiendo prohibiciones de aprovechamiento independientes; en caso de prohibiciones independientes siempre prohibición de aprovechamiento.

117 ff, 129 ff, a los planteos hasta ahora desarrollados en la ciencia se oponen aún considerables dudas. La jurisprudencia, en vista del gran número de los criterios para la determinación de prohibiciones de pruebas, tampoco logró el desarrollo de reglamentaciones acerca de un dictamen predominantemente seguro sobre la presencia de las mismas.[260] Esto podría tener su explicación en que, por un lado, hay una justificada centralización en la decisión concreta en el caso individual pero que, por otro lado, la complejidad de la problemática de la prohibición de pruebas no fue lo suficientemente tenida en cuenta. Según las opiniones aquí representadas hay que **considerar todos los planteos hasta ahora desarrollados,** en los que finalmente deberán ser reconocidos antagonismos parciales[261] en una aparente contradicción y desprendidos por una manera de contemplación trascendente. Esto debe ser tratado aquí de manera metódica, descripta en otro lado como manera de la obtención jurídica, evitando una forma de proceder que abarque los diferentes planteos de una manera sólo acumulativa:[262] en un trabajo procesal en conjunto de la naturaleza de la causa, el tenor literal de las normas, la sistemática jurídica y la política criminal.[263]

b) Planteos decisivos

141 Quien quiera saber qué es una prohibición de aprovechamiento, primero debe por sí mismo tratar de aclarar al concepto del aprovechamiento, de acuerdo a la Doctrina de la Independencia expuesta arriba en el núm. de margen 113. Particularmente, bajo el punto de vista de la naturaleza de la causa y de una consideración adicional de la interconexión sistemática de los enunciados jurídicos, puede determinarse el aprovechamiento de pruebas como una valorización de hechos observados como un auténtico fundamento de resolución en el proceso de la valoración de pruebas (arriba, núm. de margen 3 ff).

142 La cuestión a continuación sobre qué casos está **prohibido** convertir determinados hechos o acontecimientos en un objeto de la valorización de pruebas y, con ello, en el fundamento efectivo de resolución (arriba, núm. de margen 5 ff), debe enfrentarse con **dos problemas:** por un lado, con la *violación* de las reglamentaciones jurídicas, que califican a los hechos o circunstancias como objetos (in)apropiados de la valorización de pruebas y, por otro lado, con la *carga regular del acusado* mediante esta violación (pero también concebible en otro participante del proceso, como por ejemplo el actor privado; respecto a ello ver abajo núm. de margen 155 ff).

143 *aa)* Estas reglas entradas aquí en consideración no se encuentran solamente en el StPO sino en muchos sectores del ordenamiento jurídico, como por ejemplo en el art. 393, párr. 2, AQ, y también especialmente en la Constitución. Debido a esto, parece justificado tomar una **violación** de un **ordenamiento jurídico** globalmente por una condición de una prohibición de aprovechamiento. Si existe tal violación, debe juzgarse bajo el punto de vista de los términos respectivos de las reglamentaciones, de la conexión sistemática de las leyes y de la criminalidad, entre otros, con referencia a las finalidades perseguidas por las reglamentaciones respectivas, especialmente a eventuales fines de protección, aunque depende también, bajo ciertas circunstancias, de una ponderación de los intereses respectivos quizás en colisión (abajo, núm. de margen 146 ff).

---

260 Crítico referente a la jurisprudencia, particularmente del BVerfG FRANK 75.

261 P. ej., entre una tasación de casación legal y una teoría independiente de prohibición de prueba — así p. ej., ROGALL ZStW **91** (1979) 7 y s. —o también— así p. ej., GRÜNWALD (Derecho de Prueba) 155 —entre el objetivo de protección y la teoría de ponderación—.

262 Este peligro con razón señala SK-WOLTER ante arts. 151, 197.

263 GÖSSEL, FS-PETERS, 41.

144 *bb)* La segunda cuestión sobre la **carga del acusado** etc. mediante un aprovechamiento de prueba prohibido se encuentra ligada al derecho de recurso; aquí se debe considerar particularmente, bajo el punto de vista de la naturaleza de la causa, si el acusado se encuentra menoscabado en sus derechos por una valorización de pruebas prohibida y si la sentencia puede basarse en ello (abajo núm. de margen 154 ff).

2. LA VIOLACIÓN DEL ORDENAMIENTO JURIDICO

a) Alcance

145 La **prohibición de aprovechamiento,** a entender como una prohibición de valorización, se refiere al proceso de la **valorización de la prueba** tanto en cuanto a la *determinación* de hechos, como también a su *apreciación* (ver arriba, núm. de margen 3 ff).

146 *aa)* Aunque los **hechos** fueran **observados** en el plenario de manera **lícita,** puede ser **prohibida** su apreciación en el marco de la valorización de pruebas y con ello su **aprovechamiento** (arriba, núm. de margen 141): así, por ejemplo, la declaración del coacusado A anterior, quien luego de la separación del procedimiento aplica el ahora derecho correspondiente a no testificar durante el proceso en contra del coacusado restante. Pero también, a la **inversa,** una averiguación ilícita de los hechos (interrogatorio policial del inculpado sin instrucción acerca del Derecho vigente a callar), puede ser absolutamente accesible a la valorización judicial en el plenario y con ello el **aprovechamiento** relevante para la sentencia: así, por ejemplo, en casos en los que el inculpado que declara sin haber sido instruido durante el procedimiento preliminar, conocía su derecho a callar, o que en el plenario no protestó contra el aprovechamiento de sus declaraciones anteriores hechas luego de la instrucción (arriba, núm. de margen 47).

147 *bb)* Con ello se demuestra la **independencia** de la **prohibición de aprovechamiento** de una **prohibición de práctica** demostrada arriba en el núm. de margen 112, así como también que la prohibición de aprovechamiento abarca asimismo aquellos hechos que, sin ninguna violación de la prohibición de práctica, ni siquiera fueron introducidos al plenario: el mero saber especial de un juez, que recién es dado a conocer durante la deliberación del colegio jurídico, así como también hechos que, por litispendencia o cosa juzgada o por falta de acusación, no fueron convertidos en objeto del procedimiento.

148 A causa de esta independencia, parece realmente lógica la pregunta de si en algún **momento** durante el procedimiento penal hubo **violación del ordenamiento** jurídico en las medidas para la obtención del fundamento efectivo de la sentencia. No interesa en qué **etapa del procedimiento,** tal vez en el procedimiento preliminar, ha sucedido (arriba, núm. de margen 108), como tampoco la cuestión sobre si se antepuso o no al aprovechamiento una violación de la prohibición de práctica (aquí hay que considerar las prohibiciones de aprovechamiento dependientes, ver arriba núm. de margen 106).

149 De este modo, para la **existencia** de una prohibición de **aprovechamiento** no **depende,** ni en qué etapa del procedimiento con observancia de hechos fue **violada** una **prohibición de práctica,** ni si éste fue realmente el caso. Si, por ejemplo, las anotaciones del diario del inculpado se convierten en el fundamento efectivo de la sentencia, sólo es decisivo si el aprovechamiento contenido en ella viola o no el ordenamiento jurídico (núm. de margen 143). No tiene importancia si una prohibición de práctica fue violada en el procedimiento preliminar o recién más tarde: la intervención de los derechos de personalidad unida a la observancia prohibida del contenido

del diario según art. 110, StPO, será repetida regularmente durante la introducción al plenario, pero puede ser subsanada por un posterior consentimiento del inculpado, —pero, por el contrario, en una extracción de sangre prohibida y al introducir el resultado del examen, la violación de la prohibición de práctica del art. 81a, StPO no será tampoco repetida, aún cuando el resultado de la muestra de sangre es inaprovechable (excepcionalmente)—.[264]

b) Constatación

150 *aa)* Se debe deducir, en primer lugar, si el ordenamiento jurídico se opone a la valorización de hechos determinados para la obtención de la sentencia, a partir de los **términos** respectivos de las reglamentaciones a considerar sobre la averiguación de los hechos (así, por ejemplo, en las prohibiciones de aprovechamiento expresas del art. 51, párr. 1, BZRG y del art. 136 a, párr. 3, StPO, también ver arriba núm. de margen 15); pero, más allá de esto, puede ser inferido (casi siempre) recién a partir de la **conexión de la ley** o decidido bajo aspectos **político-criminales:** así, por ejemplo, la prohibición de interpelación de una declaración anterior luego de hacer valer el derecho de negarse a testificar (ver aclaraciones al art. 252, StPO). Las prohibiciones de aprovechamiento expresamente reglamentadas por la ley, también pueden ser denominadas como **absolutas prohibiciones de aprovechamiento,** porque independientemente de otras reflexiones (p. ej., según las doctrinas de ponderación o finalidad de protección), con la simple violación de la ley debe confirmarse una violación de la prohibición de aprovechamiento; no obstante, en estos casos la revisión sólo puede ser fundamentada si la sentencia se basa en una transgresión de la prohibición de aprovechamiento en este sentido absoluta (ver abajo núms. de margen 163 ff y 171).

151 *bb)* Pero en la mayoría de los casos la presencia o ausencia de una **violación** del ordenamiento jurídico recién puede juzgarse considerando además **otros** criterios **jurídico-constitucionales** o significativos de manera **político-criminal,** en la cual hay que prestar atención a la diferenciación de derecho fundamental y bien jurídico protegido constitucionalmente desarrollada por IPSEN.[265] Debe aplicarse este procedimiento particularmente para responder la pregunta sobre si una medida concreta para la determinación de los hechos viola el ordenamiento jurídico **sin** una **norma de poder** que lo autorice especialmente (ver arriba, núm. de margen 62 f).[266] Aquí podría encontrarse el verdadero significado de las **doctrinas del objetivo de la finalidad,** de las **doctrinas de la ponderación** y de la **finalidad de protección,**[267] como también de la observación del Principio de la Proporcionalidad.

152 Si, por ejemplo, el art. 1, párr. 1, junto con el art. 2, párr. 1 y, eventualmente, también con el art. 19, párr. 2, GG, prohíbe la apreciación judicial de hechos que se encuentran anotados en el **diario** de un inculpado, recién puede ser decidido, según la actual jurisprudencia, recurriendo con justo título a la **Teoría de tres etapas** del Tribunal Constitucional de la República Federal luego de la exclusión de las anotaciones del **ámbito central** del derecho de la personalidad y de su atribución a la además protegida esfera privada, en base a una ponderación de los intereses aquí colisionando (más detalles arriba, núm. de margen 76 ff) —y esto rige también para los conoci-

---

[264] Compare KLEINKNECHT/MEYER/GOSSNER, arts. 81 a, 32 y ss.
[265] IPSEN, Efectos legales sobre los bienes jurídicos protegidos constitucionalmente JZ **1997** 473.
[266] Compare PERSCHKE, p. ej., 32 y ss., 102 y ss.
[267] Acerca de la relación de las teorías mencionadas por último, ver también BEULKE, 663 y s.; FEZER (Cuestiones Fundamentales) 38 y KORIATH, 105.

mientos obtenidos por particulares bajo intervención en la esfera de la personalidad del inculpado u otras personas (arriba núms. de margen 84 y 99 f)—.

153 Lo mismo rige para la validación del **derecho a negarse a testificar** del art. **53,** StPO: si esta reglamentación también prohibe la valorización aprovechable de declaraciones anteriores del testigo en aquel momento liberado de su obligación a guardar silencio, permite negarse con la finalidad del art. 53, StPO, a corresponder solamente a una situación coactiva realmente existente del testigo (ver arriba núm. de margen 39). Sin embargo, con ello no fue proporcionada la suficiente claridad: respecto a la transgresión de derechos a negarse a testificar, existe en general una inseguridad considerable. Como ya fue planteado arriba en el núm. de margen 28 ff, el Tribunal Federal por un lado ha extendido* por ejemplo, el **ámbito de protección** del art.**52,** StPO al ámbito de la personalidad pero, por otro lado, (y más tarde) sostuvo que el art. 52, StPO tuviese presente sólo la protección del testigo.[268] No obstante, no puede ser cuestionada por estas dificultades la aptitud fundamental del Criterio con el objetivo de la protección para la determinación de una violación de reglamentaciones.

3. APROVECHAMIENTO DE PRUEBAS DESFAVORABLE

a) Significancia del Derecho de Revisión

154 La obtención de la sentencia y la **valoración de las pruebas** se

refieren necesariamente a personas determinadas (art. 155, párr. 1, StPO) y por eso no deben ser juzgadas absolutamente, desprendidos de los participantes del procedimiento afectados concretamente: la valoración de las pruebas no está prohibida de manera abstracta, sino sólo para **desventaja** de un cierto participante del procedimiento: generalmente **del acusado.**

155 *aa)* En vista del gran poder del Estado persiguiendo penalmente, esto también parece justificado en la abrumadora mayoría de los casos: ya el principio de una justa ejecución del proceso requiere un control efectivo y la limitación del poder estatal que se encuentra enfrentando al inculpado. De manera similar, debe considerarse que también **otros participantes de proceso** pueden ser **menoscabados** en sus derechos por medio de una valorización prohibida de las pruebas.

156 Al menos en casos muy excepcionales, parece digno de mención reconocer **prohibiciones de aprovechamiento** para **evitar desventajas de otros participantes del proceso,** tal como la fiscalía, el actor privado o accesorio o los participantes del proceso, a causa de decomisos o secuestro de patrimonio, por ejemplo cuando es averiguado un hecho de descargo para el acusado violando el ámbito central de la personalidad del actor privado, o según los arts. 136 a, StPO y 69, párr. 3, StPO con la aplicación prohibida de violencia contra un testigo (lo que llevará a la utilización de la frase *in dubio pro reo).* Casos semejantes serán extremadamente raros, pero en vista de la creciente criminalidad organizada no se les podrá más ubicar completamente en el terreno de lo exótico y necesitan por ello una discusión hasta ahora ausente, la que aquí (también en vista de posibles desventajas de la fiscalía) sólo puede ser reclamada, pero no realizada.

157 *bb)* Pero ahora ya se puede, mediante estas reflexiones, advertir un hecho: no se puede hablar razonablemente de una prohibición de aprovechamiento sin tener en

[268] Compare por un lado BGHSt **11** 213, 216 y s., por otro lado BGHSt **22** 35, 37 y s.; ver además arriba núm. de margen 28 y s., como también GÖSSEL NJW **1981** 652 y GA **1991** 488 y ss.

cuenta al **afectado** concretamente por una apreciación de pruebas prohibida. Pero, con ello, se transforma en indispensable, a pesar de respetadas voces contrarias en la literatura (ver arriba, núm. de margen 17), considerar en este contexto también los elementos del **derecho de recurso,**[269] especialmente aquellos del Instituto de la Revisión —pero además también para evitar un «desmembramiento del derecho de revisión y de prohibición de pruebas»—.[270]

158 *cc)* Una apreciación de pruebas sólo puede transformarse bajo dos condiciones en una **desventaja para el acusado:** por un lado debe estar por ello menoscabada la situación jurídica del acusado *[gravamen* del acusado, abajo núm. de margen 159) y, por otro lado, la valorización de pruebas prohibida debe haber llevado a una sentencia judicial del hecho que incrimina al acusado *[cuestión de fundamento,* abajo núm. de margen 163 ff).

b) Gravamen

159 Si la **condición jurídica** del acusado permanece **inviolada** por una valorización de pruebas prohibida, difícilmente se puede hablar de una prohibición de aprovechamiento: si la grabación de una cinta de audio valorizada ilícitamente no afecta al acusado A, sino exclusivamente al coacusado B, no hay violación de una prohibición de aprovechamiento para desventaja de A. Es mérito de la Teoría del Ámbito Jurídico desarrollada por el Tribunal Federal (arriba, núm. de margen 21 f),[271] haber acentuado eficazmente este aspecto.

160 *aa)* Aquí, por otro lado, son de importancia las reflexiones político-criminales sobre la **finalidad de protección:** aún si fuera menoscabada la finalidad de protección del art. 55, StPO mediante el interrogatorio del testigo mantenido sin instrucción, no es obligatoriamente una *finalidad de protección existente confrontando al acusado.*[272] Quien ve la finalidad del art. 55, StPO exclusivamente como la de proteger al testigo de declaraciones autoincriminatorias, no puede considerar como gravado al acusado a causa de una violación de la obligación de instrucción del testigo según art. 55, párr. 2, StPO —pero de manera diferente es tomada la finalidad del art. 55, StPO en la protección de la averiguación de la verdad del tribunal ante declaraciones conflictivas.[273]

161 Finalmente, tampoco puede ser tomado como gravado quien quiera hacer valer el hecho en contra de sí mismo, averiguado de manera antijurídica, o quien **no se oponga** al aprovechamiento de manera razonable,[274] hasta tanto el ordenamiento ju-

---

[269] Similar p. ej., AMELUNG, FS-BEMMANN 509 y s.; FRISCH 188 y ss. Y RUDOLPHI 97; GRÜNER 26 y ss. hasta considera determinante para la averiguación de prohibiciones de aprovechamiento independientes, los criterios para la revisibilidad de normas constitucionales.

[270] Así ALSBERG/NÜSE/MEYER 478; acerca de esta problemática ver arriba núm. de margen 17 y los nombrados en la nota al pie 17.

[271] Acerca de la importancia de la teoría del ámbito jurídico ver también la discusión entre BAUER (NJW **1994** 2530; WISTRA **1996** 46) y HAUF (NStZ **1993** 457; WISTRA **1995** 53).

[272] Así también FRISCH 192 y s.

[273] Compare GÖSSEL, NJW **1981** 653.

[274] Afirmativo ROXIN arts. 24, 34 acerca de un requerimiento de objeción en caso de instrucción del acusado deficiente o ausente, pero dudando JZ **1997** 346; pero negando por principio BEULKE NStZ **1996** 262. Pero a favor de la opinión aquí sostenida y el reconocimiento ligado a ella de un filtro de revisión legal (así GRÜNER 11) ya debería hablar la motivación legislativa (acertado GRÜNER 11 con documentación adicional). También en el proceso penal de los EE.UU. la censura a tiempo en el plenario es la condición reconocida absolutamente para alegar una violación de las reglas sobre la exclusión de pruebas (exclusionary rules), compare LaFave/Israel Criminal procedure (1992) art. 10.2, p. 502, pero en que no obstante habrá que considerar la estructura constitucional diferente al proceso penal alemán.

dicial (p. ej., art. 136 a, párr. 3, StPO) no prohiba al aprovechamiento respectivo independientemente de la aprobación u oposición del inculpado.

162 *bb)* Con ello, se hace evidente que no en todos los casos un proceder contrario a la Ley Procesal en el marco de la averiguación de los hechos tiene como consecuencia una prohibición de aprovechamiento en favor del acusado: **no es competente,** en general, para la protección de la **constitucionalidad estatal** del proceso.

c) Fundamento

163 Finalmente, hay que aceptar una prohibición de aprovechamiento recién cuando la valorización de las pruebas que grava al acusado puede llevar, o ya ha llevado, a una decisión judicial de hecho **inculpándolo.** Aparte del menoscabo del derecho por la sola valorización de pruebas prohibida, hay que exigir con ello un **siguiente** (si **es** necesario recién futuro) **gravamen fundamentándose en ella por la sentencia** misma. En conexión a la Doctrina de la Relación de Fundamento, que fue desarrollada en la Teoría de la imputación objetiva el Derecho Penal material,[275] aquí se propone afirmar esta exigencia recién cuando entre la valorización de pruebas prohibida y la sentencia no exista una *relación real* no excluyente y tampoco de manera *final.*[276] Hasta tanto no fuera dictada la sentencia, el dictamen de esta relación no obstante condiciona un pronóstico, cuya realización es conocida por el derecho material y cuyas dificultades pueden ser superadas.[277]

164 *aa)* Siempre existe un **nexo real** cuando la valoración de la prueba —desventajosa para el acusado y violando el ordenamiento judicial— hubiera conducido a un veredicto de culpabilidad o a una imposición de la consecuencia jurídica que, de otra manera, o sea al ser suprimida esta valoración de pruebas, *no* habría sido dictado, o lo habría sido de manera *más favorable* para el acusado.

165 (1) Por consiguiente, **falta** la indispensable **conexión de fundamento** cuando la sentencia de culpabilidad se apoya exclusivamente en la declaración fidedigna del propio acusado y de un testigo de cargo, pero **no** en la apreciación de anotaciones de un diario **contraria a la prohibición** y que menoscaba el derecho de la personalidad del acusado: lo mismo rige si es leído un protocolo policial de una confesión violando el art. 254, StPO y si la sentencia de culpabilidad se apoya solamente en el admisible interrogatorio por el oficial de policía interrogador respectivo.

166 (2) Asimismo, no existe una conexión real si el inculpado sin instrucción contrariamente al art. 136, párr. 1, inciso 2, StPO **no** hubiera declarado de manera **diferente** conociendo su derecho a callar (arriba, núm. de margen 47). Lo mismo rige si el hecho averiguado bajo violación del ordenamiento judicial se hubiese podido determinar **aún sin** una **violación** semejante: si el juez hubiese debido ordenar a instancias correspondientes de la fiscalía el secuestro de documentos relevantes para el procedimiento, los que la policía ha secuestrado sin peligro de demora, la valorización de los hechos resultantes de estos documentos relevantes para el procedimiento se encuentran independientes de la violación de reglamentaciones acontecida previamente.[278]

---

[275] Similar también KELNHOFER 22 y ss., 301.

[276] Compare también GÖSSEL, NJW **1981** 2218 y s., y MAURACH/GÖSSEL, AT arts. 43, 85 y ss.

[277] **Otra opinión** aparentemente REINECKE, 157.

[278] En el resultado así también S. SCHRÏDER 136 y ss.; pero **otra opinión** GRÜNER 41.

167 Pero aquí hay que **centrarse** siempre en el **curso concreto:** si, por ejemplo, faltó en el momento del procedimiento de averiguación respectivo el fundamento jurídico para su ejecución, como tal vez en la medición de la velocidad del tránsito por empresas privadas, hay que afirmar la conexión real independientemente de una posibilidad de crear tal fundamento; pero, por otro lado, es diferente cuando la medición de velocidad concreta realizada privada e ilícitamente, también hubiera podido y debido realizarse por un oficial de policía, lo que en caso de una **violación deliberada** de poderes obligatorios estatales hay que negar regularmente, porque la voluntad de violar debería excluir a la legítima variante de averiguación.

168 *bb)* Debe afirmarse una **conexión de fundamento final** siempre que aquella reglamentación, cuya violación es objeto de una prohibición de aprovechamiento, deba evitar justamente la valoración de la prueba *relevante para la sentencia.* También es de importancia la **finalidad (de protección)** de la reglamentación violada.

169 **El art. 81 d,** StPO no puede entonces representar una prohibición de aprovechamiento: esta reglamentación tiene como fin evitar la intervención no proporcional en la esfera de la personalidad de una mujer, pero no el de excluir los conocimientos de valorización de pruebas y de obtención de la sentencia conseguidos mediante una violación de esta reglamentación. Lo mismo rige también, en caso del art. 81a, StPO, en la extracción de sangre por una persona no calificada: aquí sólo se podría aceptar una prohibición de aprovechamiento si el legislador también hubiese ordenado la extracción por un médico, por lo menos para el aseguramiento del valor de prueba.

170 Asimismo, la cuestión sobre la **prohibición de efecto ampliado** es un problema de la conexión final:[279] el Tribunal Federal ha aceptado con todo el derecho que el art. 1, art. 7, párr. 3 G 10 prohibe el aprovechamiento sin excepción de todos los hechos averiguados mediante la escucha telefónica, que no afecten ninguno de los delitos enumerados en el catálogo de art. 1, arts. 2, 3 G 10 (arriba, núm. de margen 97 f). Si esto rige también en otros casos, debe permanecer reservado a futuras investigaciones acerca de las respectivas reglamentaciones violadas.

4. MEDIDAS LEGISLATIVAS

171 Si los legisladores se pudieran decidir acerca de la incrementada **normación de prohibiciones de aprovechamiento absolutas** (arriba, núm. de margen 150), no sólo aliviaría el trabajo diario, ante todo del práctico. También los legisladores podrían prevenir a través de ello el peligro del traslado al juez de decisiones de significancia fundamentalmente político-criminal, de manera ilícita borrando los límites entre poder legislativo y judicial. Por lo demás, habría que considerar aceptar también en el catálogo de las **causas absolutas de revisión** del art. 338, StPO algunas violaciones especialmente graves de las prohibiciones de aprovechamiento absolutas.

---

[279] En el resultado así también KNOLL, 143, 149 a pesar de —p. 142— una negación por principio de tasaciones de derecho revisional.

EN BÚSQUEDA DE LA VERDAD Y DE LA JUSTICIA.
FUNDAMENTOS DEL PROCEDIMIENTO PENAL ESTATAL CON ESPECIAL REFERENCIA A ASPECTOS JURÍDICO-CONSTITUCIONALES Y POLÍTICO-CRIMINALES, de KARL-HEINZ GÖSSEL,
se imprimió en la República Argentina en mayo de 2023.

www.ingramcontent.com/pod-product-compliance
Lightning Source LLC
LaVergne TN
LVHW082238051026
849532LV00012B/4024